Collection Archipel / APLAQA
Dirigée par Cécilia W. Francis et Robert Viau

AU-DELÀ DE L'EXIGUÏTÉ

Échos et convergences dans les littératures minoritaires

Tous droits réservés pour tout pays. © 2016, Les Éditions Perce-Neige.
Dépôt légal / Quatrième trimestre 2016, BNQ et BNC.

Conception de la couverture : Kinos.
Conception graphique : Jovette Cyr.

CATALOGAGE AVANT PUBLICATION DE BIBLIOTHÈQUE ET ARCHIVES CANADA

Au-delà de l'exigüité : échos et convergences dans les littératures minoritaires / Jimmy Thibeault, Daniel Long, Désiré Nyela, Jean Wilson.

(Archipel / APLAQA)
ISBN 978-2-89691-165-3 (couverture souple)

1. Littérature québécoise – Histoire et critique. 2. Littérature acadienne – Histoire et critique. 3. Littérature – Auteurs issus des minorités – Histoire et critique. I. Wilson, Jean, 1961-, auteur II. Thibeault, Jimmy, 1976-, auteur III. Nyela, Désiré, auteur IV. Long, Daniel, 1975-, auteur V. Collection : Collection Archipel

PS8073.5.A9 2016   C840.9'971   C2016-905856-5

Les Éditions Perce-Neige   editionsperceneige.ca
22-140, rue Botsford   perceneige@nb.aibn.com
Moncton (N.-B.)   Tél. : 506 383-4446
Canada E1C 4X4   Cell. : 506 380-0740

 Conseil des Arts du Canada / Canada Council for the Arts

La production des Éditions Perce-Neige est rendue possible
grâce à la contribution financière du Conseil des Arts du Canada
et de la Direction des arts et des entreprises culturelles
du Nouveau-Brunswick.

AU-DELÀ DE L'EXIGUÏTÉ

Échos et convergences dans les littératures minoritaires

Sous la direction de
Jimmy Thibeault, Daniel Long, Désiré Nyela et Jean Wilson

Archipel / APLAQA

INTRODUCTION

Jimmy Thibeault, Daniel Long,
Désiré Nyela et Jean Wilson

Cet ouvrage s'inscrit dans le sillage du colloque de l'Association des professeurs des littératures acadienne et québécoise de l'Atlantique (APLAQA), intitulé *Franchir les frontières de l'exiguïté : les lieux de rapprochement dans les littératures minoritaires*, qui s'est tenu du 11 au 14 août 2013 à l'Université Sainte-Anne. L'objectif du colloque était de s'interroger sur l'évolution des « littératures de l'exiguïté » – expression consacrée par la parution en 1992 de l'ouvrage phare qu'est devenu *Les littératures de l'exiguïté*[1] de François Paré – dans le contexte culturel actuel, c'est-à-dire dans un contexte de mondialisation où les frontières géographiques et culturelles semblent de plus en plus poreuses. Les espaces de l'exiguïté liés aux diverses communautés francophones du Canada ont souvent été étudiés par la critique comme des lieux en quête de légitimité et d'autonomie propres à les distinguer, par la constitution d'un « même » social et culturel, des cultures dominantes, mais peu sous l'angle de l'assouplissement des frontières géographiques et culturelles. En proposant un colloque sur le « franchissement » des frontières de l'exiguïté, nous pensions en quelque sorte à l'« affranchissement » d'un discours critique qui tend à confiner les « petites » littératures à leur rôle politique, qui serait de contribuer à la légitimation des communautés auxquelles elles sont liées. Pour cet ouvrage, nous nous sommes interrogés sur un possible « au-delà de l'exiguïté », c'est-à-dire

---

1. François Paré, *Les littératures de l'exiguïté*, Ottawa, Le Nordir, [1992] 2001.

sur la possibilité d'aborder les « petites » littératures en sortant de cette lecture légitimante, politique, d'une collectivité en mal de reconnaissance et en ouvrant les réseaux de communication avec les autres communautés, minoritaires et majoritaires, en tentant de se débarrasser de cette angoisse du minoritaire qui a peur de se voir disparaître aux confins de la marge. Il s'agissait aussi, surtout, d'une occasion pour explorer des zones moins visibles de ces littératures de l'exiguïté, des zones effacées par l'impératif institutionnel de confirmer les particularités culturelles devant prouver leur existence.

Il faut dire que la réflexion sur les « littératures de l'exiguïté » que François Paré met de l'avant dans son ouvrage coïncide, au début des années 1990, avec un intérêt de plus en plus marqué pour les cultures minoritaires dites « hors Québec » et va ainsi jouer un rôle déterminant dans la construction d'un discours critique propre aux différents espaces culturels francophones du Canada. Benoit Doyon-Gosselin et Rachel Veilleux remarquent justement que « [l']essai inaugural de François Paré a permis à toute une génération de chercheurs d'étudier [l]es littératures minoritaires en toute légitimité[2] ». Car il s'agit bien, dans l'étude des différents espaces minoritaires, de légitimer la présence et l'existence des communautés qui s'y rattachent à travers un champ d'études servant à nommer et à définir ces « petites » littératures malgré des conditions d'existence des plus précaires ; un champ d'études qui dépasse évidemment la seule littérature et dont les implications sociales et culturelles permettent une certaine régionalisation du discours identificatoire par l'affirmation du caractère distinct de chacune de ces communautés. Lucie Hotte souligne que cette quête de reconnaissance s'est imposée dans la mise en place d'une grille de lecture institutionnalisée des littératures minoritaires qui demeure « sous l'emprise du politico-national [, ce qui] fait en sorte que les lectures que les critiques font de ces littératures s'élaborent d'abord en fonction de corrélations entre le contexte sociologique et le monde représenté dans les textes[3] ». La littérature, donc, comme le portrait d'une famille qui

---

2. Benoit Doyon-Gosselin et Rachel Veilleux, « Les essais de François Paré. Une poétique du tourment », *Voix et Images*, vol. XXXIX, n° 3 (117), printemps-été 2014, p. 59.
3. Lucie Hotte, « L'universalisme et les conceptions des littératures minoritaires »,

Hélène Poitras répondra à l'époque en soulignant le décalage temporel entre l'écriture de Beaulieu et celle des jeunes écrivains de sa génération :

> [...] le Québec apparaît bien plus présent dans vos œuvres que dans les nôtres. Elles furent écrites à l'âge de la parole, au moment où le fait de la nomination était accordé à l'appropriation d'un territoire [...]. Le territoire a été nommé. Nous en sommes à l'étape suivante, un peu comme en musique où, à la suite des expérimentations sérielles des années 50 et 60, on revient au mélodique[10].

Dix ans après la sortie de Beaulieu, Mathieu Wade reprend le même discours, mais cette fois au sujet de la littérature acadienne : « C'est que depuis un bon bout de temps, l'essentiel de la production littéraire acadienne est insipide (lire individualiste, égotiste, narcissique, nombriliste, existentialiste, adolescente). [...] Elle ne revendique rien[11]. » Plus loin, alors qu'il reprend le discours d'« asservissement » de la littérature à la cause nationale, il précise :

> C'est la littérature qui a fait la révolution acadienne dans les années 1960-70. C'est elle qui a bouleversé de façon durable ce qu'être Acadien voulait dire. C'est dans la littérature que nous nous sommes représentés comme urbains, chiacs, undergrounds, nationalistes, intellectuels, révoltés, amants, homosexuels, drogués, ivres. La gamme de ce qu'il devint possible pour nous de devenir et de penser s'élargit d'un seul coup et ces œuvres qui ont réussi à nous dire autrement sont celles qui sont passées à l'histoire. Et je crois que les artistes peuvent encore nous aider à nous réinventer, à élargir ce qu'il nous est possible de faire et de penser collectivement. À redéfinir ce qu'on entend par *Acadie* et la manière dont elle habite sa société[12].

---

10. Marie-Hélène Poitras, « Nous ne sommes pas si seuls », *Voir*, 11 mars 2004, en ligne : http://voir.ca/livres/2004/03/11/lettre-reponse-a-victor-levy-beaulieu-nous-ne-sommes-pas-si-seuls/ (page consultée le 10 décembre 2015).
11. Mathieu Wade, « Blind spot de la littérature acadienne », *Astheure*, 31 mars 2014, en ligne : http://astheure.com/2014/03/31/blind-spot-de-la-litterature-acadienne-mathieu-wade/ (page consultée le 10 décembre 2015).
12. *Ibid.*

Ici, on pourrait citer de nouveau la réponse faite par Poitras à Beaulieu, mais, par souci de « distinction » des espaces littéraires, citons le constat que Raoul Boudreau faisait déjà en 2005 au sujet de la relève acadienne en poésie :

> Si au cours des années 1970, la survivance collective passait avant toute chose, aujourd'hui, la défense communautaire paraîtrait bien futile devant les impératifs d'une conscience individuelle en péril. Le poète acadien des années 1970 se trouvait doté d'une spécificité parce qu'il était le seul à parler de l'Acadie. Son confrère d'aujourd'hui a rejoint le discours universel de la poésie et il doit se forger une spécificité en trouvant une manière originale de l'aborder[13].

Pour donner la chance aux écrivains de la relève de réinventer le monde qu'ils habitent, il faut déjà accepter qu'ils le décrivent réellement « autrement ». C'est cette tension entre la distinction et l'universel que nous proposons de dépasser par le présent ouvrage en assouplissant les frontières entre les deux, en proposant une lecture qui n'est pas entièrement dans la distinction ou dans l'universalisation du discours littéraire.

Cette lecture n'exclut cependant pas la question identitaire qui reste, nous semble-t-il, au cœur de l'œuvre, mais elle tente de ne pas la forcer, de ne pas l'obliger à entrer dans le cadre identificatoire prédéterminé d'une critique en quête de légitimité. En fait, il semble qu'il soit plutôt difficile d'évacuer entièrement la problématique identitaire puisqu'elle demeure une préoccupation centrale « dans la mesure où elle n'est pas résolue […] et où elle continue de hanter la conscience collective[14] ». Le présent ouvrage ne propose donc pas d'exclure cet élément important des cultures de l'exiguïté, mais plutôt de l'aborder en tenant compte des implications que peut avoir un assouplissement des frontières géographiques et culturelles. Jean Morency, Hélène Destrempes, Denise Merkle et Martin Pâquet soulignent justement que, dans

---

13. Raoul Boudreau, « Les poètes acadiens de la relève », *Studies in Canadian Literature/Études en littérature canadienne*, vol. 30, n° 1, 2005, p. 213.
14. François Paré, « Pour rompre le discours fondateur : la littérature et la détresse », Lucie Hotte et François Ouellet (dir.), *La littérature franco-ontarienne : enjeux esthétiques*, Ottawa, Le Nordir, 1996, p. 18.

Dans cette logique de l'éclatement du Canada français, la distinction culturelle des différentes communautés francophones se fait sentir par l'impératif identitaire qui, note Lucie Hotte, « doit être entendu comme un "asservissement" du littéraire au politique et au communautaire[6] ». Impératif qui relève essentiellement du discours institutionnel, puisque les artistes s'intéressent souvent plus au processus de création lui-même qu'à la réception identitaire de leurs œuvres. Herménégilde Chiasson, par exemple, s'insurge contre un tel « asservissement » aux impératifs identitaires de la communauté :

> L'art en milieu minoritaire [...] se manifeste surtout sous forme de chronique, d'illustration ou d'archives. Il faut documenter le vécu de la collectivité, s'assurer qu'elle survivra dans les artefacts. [...] On veut voir et entendre la vérité. [...] Le réalisme donc et, si possible, l'hyperréalisme. [...] On veut du théâtre franco-ontarien, de la poésie acadienne ou de la musique franco-manitobaine. En deuxième lieu, on veut que cette forme d'art nous identifie, donc nous illustre, nous *archive*[7].

L'écrivain qui sort de ce cadre identificatoire semble d'emblée condamné pour un acte de trahison à la cause nationale. On n'a qu'à penser à la sortie publique de Victor-Lévy Beaulieu dans un article intitulé « Nos jeunes sont si seuls au monde[8] » où il reprochait le désengagement des jeunes écrivains québécois à l'égard de la région et des valeurs qui lui sont traditionnellement rattachées. Les jeunes, remarque Beaulieu, vivent « dans des petits appartements du Plateau Mont-Royal. Un simple aller-retour à Pointe-aux-Trembles est considéré comme un voyage au bout du monde. On abhorre tout ce qui ressemble de près ou de loin à la campagne parce que l'espace fait viscéralement peur et qu'il est plein de bêtes hostiles et cauchemardesques[9]. » Ce à quoi Marie-

---

6. Lucie Hotte, « L'universalisme et les conceptions des littératures minoritaires », p. 130.
7. Herménégilde Chiasson, « Toutes les photos... », Robert Dickson, Annette Ribordy et Micheline Tremblay (dir.), *Toutes les photos finissent-elles par se ressembler ? Actes du forum sur la situation des arts au Canada français*, Sudbury, Prise de parole et l'Institut franco-ontarien, 1999, p. 86-87.
8. Victor-Lévy Beaulieu, « Nos jeunes sont si seuls au monde », *La Presse*, 29 février 2004, p. 9.
9. *Ibid.*

se veut unique et bien vivante. Paré remarque que ce phénomène pose les petites littératures dans une logique de fragmentation à contre-courant des grandes littératures qui, elles, se veulent de plus en plus universelles :

> Autant les grandes littératures se sont efforcées de créer les conditions, hautement sacralisées, de l'universalité, autant les *petites*, celles que la grandeur des unes excluait, se sont exténuées dans le morcellement et la diversité. Cette diversité, vécue comme un effritement de leur être dans la Littérature, est d'ailleurs devenue très vite, au sein des discours du savoir, une de leurs conditions d'existence[4].

Cet effritement n'est pas sans conséquence puisque, à force de distinction, la critique qui constitue le discours du savoir risque de ne voir dans la littérature qu'elle veut sienne – en ne cherchant que cela, d'ailleurs – que le « nous » familier de la communauté, de passer aux côtés de ce que l'autre a à offrir (culturellement) et de sombrer dans une représentation folklorisante de soi-même.

Au Canada français, la fragmentation du discours identitaire francophone a marqué l'imaginaire des différentes communautés francophones alors que, dans le sillage de la Révolution tranquille québécoise, on a pu constater la mise en place d'une pluralité de discours pour définir les différentes réalités régionales et affirmer leurs particularités identitaires. Yves Frenette, dans sa *Brève histoire des Canadiens français*, remarque d'ailleurs dès les premières lignes de son ouvrage :

> Ce livre raconte l'histoire d'un peuple qui n'existe plus. Il retrace la genèse et l'évolution du groupe canadien-français. C'était un groupe doté d'une forte identité nationale qui s'est pourtant fragmentée de façon irrémédiable dans les années 1960. Son histoire nous plonge au cœur de la perception identitaire et de ses mutations dans le temps et l'espace[5].

Mourad Ali-Khodja (dir.), *Des apories de l'universalisme aux promesses de l'universel*, Québec, Presses de l'Université Laval, 2013, p. 134.
4. François Paré, *Les littératures de l'exiguïté*, p. 25.
5. Yves Frenette, *Brève histoire des Canadiens français,* Montréal, Boréal, 1998, p. 9.

le contexte de la mondialisation, « la notion d'identité acquiert sa pleine portée analytique lorsque, ramenée à sa composante individuelle, elle est saisie dans ses multiples dimensions relationnelles et dialogiques[15] ». C'est en quelque sorte ce que propose Daniel Poliquin lorsqu'il affirme que les identités ne sont jamais statiques, qu'elles sont dynamiques : « On se réinvente tout le temps, on prend des couleurs différentes au fur et à mesure qu'on avance dans l'existence. C'est ça le dynamisme, c'est ça l'identité[16]. » L'identité ne se construit donc pas sur des référents préétablis, mais progresse selon les expériences individuelles et collectives que vit le sujet. En repositionnant la problématique identitaire, il semble qu'il devient plus facile de négocier la tension qui persiste dans le discours institutionnel entre l'universel et le distinctif et, ce faisant, de mieux comprendre les enjeux qui se jouent au-delà de la position de minoritaires qui est celle des littératures de l'exiguïté. Il s'agit dès lors moins de chercher les particularités qui définissent les littératures de l'exiguïté que de souligner, sans nier les premières, la force qui rassemble les littératures de la contiguïté, c'est-à-dire des littératures qui, comme le souhaitent Catherine Leclerc et Lianne Moyes[17], se laissent travailler par le contact qui se crée entre elles sans nier leurs différences. Il s'agirait au contraire de mieux affirmer ces différentes littératures en les intégrant au maelström des voix qui habite l'espace littéraire de la francophonie canadienne.

***

Les contributions de ce recueil explorent donc les zones d'ombres qui persistent dans la lecture courante de l'exiguïté comme lieu de légitimation collective. Les auteurs réunis se proposent donc, dans

---

15. Jean Morency, Hélène Destrempes, Denise Merkle et Martin Pâquet, « Introduction », Jean Morency, Hélène Destrempes, Denise Merkle et Martin Pâquet (dir.), *Des cultures en contact. Visions de l'Amérique du Nord francophone*, Québec, Éditions Nota bene, 2005, p. 8.
16. François Ouellet, « Daniel Poliquin : L'invention de soi » (entrevue), *Nuit blanche*, n° 62, hiver 1995-1996, p. 56.
17. Voir Catherine Leclerc et Lianne Moyes, « Littératures en contiguïté. France Daigle au Québec, France Daigle et le Québec », *Voix et Images*, vol. XXXVII, n° 3 (111), printemps-été 2012, p. 127-143.

leur texte respectif, de réfléchir sur la construction d'un ensemble qui accepterait de négocier les tensions traditionnelles entre le distinct et l'universel; d'analyser des particularités littéraires qui auraient été repoussées en arrière-plan du fait qu'elles ne contribueraient pas directement au discours de légitimation; et de faire ressortir la richesse de certaines œuvres parfois marginalisées.

Les premiers textes s'intéressent plus particulièrement à l'aspect unitaire des différentes régions francophones du Canada. Jean Morency ouvre le bal en s'intéressant à la reconfiguration des espaces culturels qui a actuellement lieu dans les littératures francophones du Canada. Morency montre bien que la mort annoncée du Canada français n'a jamais véritablement eu lieu et qu'on assiste depuis quelque temps, notamment avec la résurgence de la région dans certains textes de la «régionalité», au retour du «refoulé canadien-français» dans les œuvres en provenance du Québec. Ce phénomène serait à même de rapprocher les différentes communautés francophones en instaurant un nouvel imaginaire commun, pris dans sa franco-américanité, contribuant à la transformation de la littérature de l'exiguïté en littérature de la contiguïté. Lucie Hotte s'attarde également à un trait commun des littératures de l'exiguïté en étudiant un aspect généralement évacué du discours sur les littératures minoritaires, qu'il s'agisse de la notion de littérature mineure de Gilles Deleuze et Félix Gattari ou de celle de littératures de l'exiguïté de François Paré, soit celui qu'elle définit comme «la voie de l'individualisme». Cet individualisme, précise Hotte, ne se définit pas dans ce que l'individu rejette toute participation au groupe, mais au contraire dans ce qu'il se fonde à travers le lien communautaire. C'est cette voie des littératures de l'exiguïté qu'elle propose d'étudier dans les œuvres de France Daigle, de Simone Chaput et d'Andrée Christensen. Le rapprochement entre les différents espaces culturels francophones est également au cœur des préoccupations de Pénélope Cormier et d'Ariane Brun del Re qui proposent de repenser les institutions littéraires «francophones hors Québec» en tenant compte des nouvelles solidarités qui tendent à se définir dans une certaine *littérature canadienne-française*. Cette nouvelle appellation, qui exclut le Québec, se veut une alternative pour contrer le centre littéraire que représente encore aujourd'hui l'espace québécois. Cormier et Brun del Re mettent ainsi en lumière les différentes caractéristiques propres à l'émergence d'une littérature canadienne-française autonome.

Les trois textes qui suivent tendent de mieux saisir la charge symbolique de certains espaces identitaires en s'intéressant plus particulièrement à des œuvres qui sortent du discours traditionnel et qui proposent d'en réinvestir le sens. Julie Delorme explore, par l'étude d'œuvres migrantes tirées des littératures québécoise et franco-ontarienne, les notions d'exil et d'errance à travers le prisme de l'emprisonnement. Delorme montre bien comment la rupture avec une certaine image que le migrant se fait de l'ailleurs originel, ou de l'ailleurs comme lieu du sens identitaire, se traduit parfois par un enfermement du sujet sur lui-même. Renvoyé à soi, sans véritable repère familier autour de lui, le sujet vit alors l'exil comme une métaphore de la prison. Daniel Long s'intéresse pour sa part à un lieu de la littérature acadienne qui se trouve souvent occulté par la critique. Long met en lumière les différentes représentations de la forêt dans plusieurs romans acadiens du XXe siècle. Qu'il s'agisse de la forêt comme lieu de protection ou de révélation, la forêt acadienne n'est jamais aussi ténébreuse qu'on a pu d'abord le croire, mais se poserait plutôt comme un lieu de renouvellement. Le texte de Jimmy Thibeault poursuit en quelque sorte dans la même veine alors qu'il met en relation une certaine représentation de l'Acadie urbaine chez les poètes du début du XXIe siècle avec celle de l'Acadie rurale telle qu'elle apparaît dans *Alma* de Georgette LeBlanc. Il semble que les deux univers aient d'abord été placés sous le signe de l'opposition traditionnelle qui persiste entre les imaginaires de la ville et celle de la campagne, comparant davantage la parole d'Alma à celle de la Sagouine d'Antonine Maillet qu'à celle de ses contemporains de Moncton. Pourtant, une fois l'image traditionnelle de la campagne mise de côté, on découvre des points de comparaison qui pose *Alma* dans le sillage de la poésie urbaine récente.

Dans les quatre textes suivants, les auteurs explorent l'univers d'un auteur ou d'une œuvre dont la critique aurait moins parlé, du moins, à partir de la notion de l'au-delà de l'exiguïté. Le texte de Renald Bérubé vise à mettre en lumière comment, dans le roman *Noces de sable* de Rachel Leclerc, la fiction pourchasse la réalité. La lecture de Bérubé est celle de l'enquêteur qui cherche à comprendre comment la fiction permet d'interpréter l'Histoire en faisant éclater les frontières de l'histoire. Dans la fiction de Leclerc, c'est donc tout un pan du récit historique de la baie des Chaleurs qui se dessine dans le récit intime des personnages fictifs. C'est également en s'intéressant au récit de fiction comme porteur d'un imaginaire régional qu'Isabelle Kirouac-Massicotte étudie l'univers minier du roman de Jocelyne Saucier, *Les héritiers de la mine*. En fait, le texte de Kirouac-Massicotte (mais aussi, en quelque sorte, celui de Bérubé) fait écho à celui de Jean Morency alors qu'elle place sa lecture du roman de Saucier sous le signe du phénomène récent que représente la « régionalité », soit le réinvestissement de l'univers régional par certains auteurs récents. Sans parler d'un « refoulé canadien-français », elle montre bien comment le récit de la mémoire familiale est au centre de la construction du sens que le sujet narratif tente de donner, aujourd'hui, aux espaces régionaux et, chez Saucier, à l'imaginaire minier. Désiré Nyela s'attarde, pour sa part, à un genre et à un auteur encore peu étudié en Acadie, c'est-à-dire aux romans policiers de Jacques Savoie. Nyela postule que le manque d'intérêt de la part de la critique à l'égard d'un écrivain à la feuille de route pourtant fort éloquente relève en partie d'une certaine prétention à l'universalité, ce qui l'exclut d'emblée du cadre institutionnel fondé sur le discours de la distinction. Or, l'intérêt des romans policiers de Savoie réside justement dans la mise au jour des tensions qui existent entre la quête de l'universel et celle de la singularité : c'est à travers les figures du père, pris dans les différentes dimensions symboliques que soulève la mise en contact de différentes cultures, que Jacques Savoie parvient à mieux saisir la nature humaine. La lecture que Myriam Vien propose de l'œuvre magistrale que représente *James Joyce, l'Irlande, le Québec, les mots* de Victor-Lévy Beaulieu, permet de mieux saisir le rôle symbolique que joue la figure de James Joyce, particulièrement son roman *Finnegans Wake*, sur l'interprétation que Beaulieu fait de l'histoire nationale du Québec. En se reconnaissant dans le projet littéraire de Joyce, le récit d'Abel Beauchemin, *alter ego* de Beaulieu, finit par y greffer celui de Beaulieu, faisant siens l'exil de l'auteur irlandais ainsi que sa démarche langagière. Joyce devient alors le catalyseur de la parole révolutionnaire d'Abel Beauchemin.

Enfin, le mot de la fin revient à François Paré qui signe une postface dans laquelle il rappelle que, s'il est important aujourd'hui d'explorer l'au-delà de l'exiguïté, comme le présent ouvrage se propose de le faire, il ne faut pas pour autant évacuer complètement la réflexion sur les littératures de l'exiguïté du champ d'études portant sur la situation des littératures francophones. Cette exiguïté, malgré l'ouverture sur le monde, malgré le déplacement dans l'espace, habite toujours le sujet. De fait, le sujet habite toujours la distance, se référant, pour se dire, à l'espace qui l'a vu naître, à une certaine mémoire du soi, de son enfance, de l'origine de ce qu'il est afin d'« habiter son nom ».

DE LA NATIONALITÉ À LA RÉGIONALITÉ : LA RECONFIGURATION ACTUELLE DES LITTÉRATURES FRANCOPHONES DU CANADA

Jean Morency
Université de Moncton

On sait que l'éclatement définitif du Canada français dans les années 1960 a entraîné l'émergence de plusieurs institutions littéraires distinctes qui sont caractérisées avant tout par leur appartenance géographique à une province (le Québec et l'Ontario) ou à des régions englobant plusieurs provinces (l'Acadie des Maritimes et l'Ouest canadien). Mais si le Québec a pu prétendre, dans le sillage de la Révolution tranquille et de la montée en puissance du Parti Québécois, qui accède au pouvoir en 1976, à une existence nationale, les quinze dernières années nous ont montré que ses acquis en ce sens s'avèrent fragiles et qu'il est menacé lui aussi par la minorisation et la marginalisation qui afflige les autres communautés francophones du Canada. En un sens, le Québec semble en train de redevenir une province comme les autres, ce qui explique sans doute pourquoi on est en mesure d'observer, dans une foule de textes récents, les signes évidents d'une franco-américanité qui traduisent un retour en force d'une identité canadienne-française qui avait été évacuée ou profondément refoulée[1]. Ce retour du refoulé canadien-français s'exprime entre autres par la place qu'occupe une certaine « régionalité » (qui ne doit pas être confondue avec le régionalisme traditionnel) dans la production

---

1. Jean Morency, « Romanciers du Canada français », *Habiter la distance. Études en marge de « La distance habitée »*, Lucie Hotte et Guy Poirier (dir.), Sudbury, Éditions Prise de Parole, coll. « Agora », 2009, p. 147-163.

littéraire récente, comme on peut l'observer par exemple dans les œuvres de Samuel Archibald (*Arvida*, 2011), de Raymond Bock (*Atavismes*, 2011), de Jocelyne Saucier (*Il pleuvait des oiseaux*, 2011) et de plusieurs autres écrivains. Loin d'être préjudiciable pour les cultures d'expression française du Canada, ce phénomène est susceptible de rapprocher les différentes communautés en leur proposant de s'arrimer à un imaginaire commun, tributaire de la franco-américanité, et à un ensemble de pratiques qu'elles ont en partage, contribuant du même coup à la transformation des littératures de l'exiguïté en littératures de la contiguïté. C'est ce que je me propose d'explorer dans le texte qui suit.

LA MÉMOIRE DU CANADA FRANÇAIS

Que reste-t-il du Canada français dans le Québec et le Canada d'aujourd'hui? Beaucoup plus de choses qu'on pourrait le croire. Au moment où le Québec semble vouloir rentrer dans le rang et redevenir une province comme les autres, une certaine mémoire du Canada français se manifeste avec assez d'insistance pour qu'il soit permis d'interroger ce phénomène pour le moins singulier. Certes, comme l'a bien montré l'historien Yves Frenette, le peuple canadien-français n'existe plus depuis belle lurette, son identité s'étant « fragmentée de façon irrémédiable dans les années 1960[2] », si ce n'est même bien avant, avec l'émergence de nouvelles références identitaires liées à la territorialité, pour ne pas dire à la provincialisation. Dans un texte qu'il a rédigé à la fin de sa vie, le grand sociologue Fernand Dumont a ainsi bien esquissé comment la référence fragile au Canada français s'est « effilochée » progressivement tout au long des premières décennies du XXe siècle avant d'aboutir « à la crise, peut-être à la fin du Canada français[3] ». Selon les dires de Joseph-Yvon Thériault, il ne resterait plus du Canada français qu'une trace mémorielle : « L'actualité du Canada français doit se comprendre, non pas dans le sens d'une réalité vivante, mais dans celle d'une mémoire vivante, d'une trace […][4] ».

---

2. Yves Frenette, *Brève histoire des Canadiens français*, avec la collaboration de Martin Pâquet, Montréal, Boréal, 1998, p. 9.
3. Fernand Dumont, « Essor et déclin du Canada français », *Recherches sociographiques*, vol. 38, n° 3, 1997, p. 458.

Pourtant, ne serait-ce que sur un plan symbolique, le Canada français semble encore bien vivant : plus que d'une simple trace, c'est d'une empreinte profonde qu'il faudrait parler, d'une marque indélébile, d'une mémoire tenace bien que souvent lancinante et même douloureuse. C'est en tout cas ce que nous suggèrent une foule d'œuvres littéraires publiées depuis les années 1960 jusqu'à nos jours, ainsi que de larges pans de la culture et de la musique populaires qui s'appuient sur une certaine nostalgie du Canada français et qui véhiculent les signes durables de notre appartenance au continent américain, à l'américanité. Car c'est le paradoxe de la référence au Canada français de ne pas être circonscrite dans une logique territoriale et linguistique dont elle se réclame pourtant : Rameau de Saint-Père, puis Henri Bourassa et Lionel Groulx l'avaient bien compris en considérant la Nouvelle-Angleterre comme un prolongement naturel du Canada français, comme un espace faisant partie intégrante de l'œcoumène canadien-français. Ceci explique pourquoi le phénomène de l'exode aux États-Unis occupe une place aussi importante dans notre imaginaire américain, et pourquoi la référence au Canada français s'avère indissociable de notre américanité, qui a été avant toute chose une *franco-américanité*, c'est-à-dire une forme de rapport au continent fortement médiatisé par la langue française, qui a imprimé sa marque de plusieurs façons, que ce soit dans la nomination des lieux, dans la façon d'habiter l'espace continental ou d'entrer en relation avec les autochtones. L'extraordinaire prégnance d'une figure comme celle de Jack Kerouac illustre bien cet état de fait : si « le grand Jack » s'avère aussi présent dans le roman québécois des cinquante dernières années, ainsi que dans la poésie et la chanson, c'est bien parce que sa figure incarne de façon exemplaire le rapport des francophones canadiens avec le continent américain, un rapport à la fois fusionnel et douloureux, mais aussi avec une certaine mémoire canadienne-française qu'il n'est pas toujours facile de regarder en face, dans le sens qu'elle est souvent synonyme de misère, de solitude et d'acculturation.

---

4. Joseph-Yvon Thériault, « Le Canada français comme trace », E. Martin Meunier et Joseph-Yvon Thériault (dir.), *Les impasses de la mémoire : histoire, filiation, nation et religion*, Montréal, Fides, 2007, p. 214.

Pourtant, cette mémoire n'en finit plus de s'imposer à la collectivité québécoise, non seulement par l'intermédiaire d'écrivains comme Jacques Poulin, Roch Carrier et Michel Tremblay, qui agissent comme de véritables réceptacles de cette mémoire[5], mais aussi d'une foule d'artistes et d'auteurs originaires de la francophonie à l'extérieur du Québec, depuis le poète Patrice Desbiens à la chanteuse Lisa Leblanc, en passant par Zachary Richard, Daniel Lanois, les Hay Babies, Radio Radio, Daniel Poliquin, Damien Robitaille, Gérald Leblanc et France Daigle, qui nous rappellent avec insistance que la référence franco-américaine (au sens large) s'avère toujours d'actualité et que le Canada français est toujours bien vivant, même s'il a beaucoup évolué. Plusieurs ont compris qu'il est temps de renouer avec cette francophonie et de cesser de la considérer comme un canard boiteux et comme la face obscure du Québec contemporain, sans verser pour autant dans la complaisance et dans un optimisme exagéré quant à son sort et à sa condition. Dans *Le fantasme d'Escanaba*, François Paré écrit ainsi que « le Québec actuel ne pourra saisir sa véritable américanité que le jour où il prendra acte du récit diasporal qui l'habite[6] ». Il semble que ce soit ce qui est en train de se produire dans le domaine du roman et de la chanson. En dépit des craintes (sans doute exagérées, mais parfois justifiées) d'un journaliste comme Christian Rioux, qui s'inquiète de l'attrait exercé par le groupe Radio Radio ou encore par Lisa Leblanc, le Québec est en voie de renouer, sinon avec sa mémoire, du moins avec la conscience qu'il est lié à une vaste diaspora qui lui renvoie non seulement un écho de ce qu'il a été, mais aussi une image de ce qu'il est. Par un singulier retour des choses, le foyer québécois semble nourri à nouveau par une diaspora qui revient le hanter par « la porte d'en arrière ». C'est ce qu'on pourrait nommer, en des termes psychanalytiques, le retour du refoulé canadien-français, c'est-à-dire d'une identité qu'on a reléguée aux oubliettes pendant les années soixante, mais qui n'est pas morte et qui revient

---

5. Jean Morency, « Les fictions de la Franco-Amérique, cartographies d'une diaspora oubliée », François Paré et Tara Collington (dir.), *Diasporiques. Mémoire, diasporas et forme du roman francophone contemporain*, Ottawa, Éditions David, 2013, p. 137-149.
6. François Paré, *Le fantasme d'Escanaba*, Québec, Éditions Nota bene, 2007, p. 171.

se manifester de nouveau. En un sens, ce retour d'une identité refoulée est la vague sur laquelle surfent actuellement les artistes et les écrivains du Canada francophone. L'image du mascaret, du « refoule » de la rivière Petitcodiac, vient d'elle-même à l'esprit pour évoquer ce mouvement d'une irrigation des mémoires qui se fait en un sens de l'aval vers l'amont, de la périphérie vers le centre. Pour filer cette métaphore géographique, tout se passe comme si les grandes plaines de l'Ouest, les forêts de la Huronie, les bayous de la Louisiane, les dunes de l'Acadie, mais aussi les villes de la Nouvelle-Angleterre et du Haut Michigan revenaient hanter la vallée du Saint-Laurent et entrer en dialogue avec ses habitants. Il existe même des auteurs anglophones qui frappent à cette porte avec assez d'insistance pour qu'il mérite de les saluer au passage, notamment Russel Banks et Edna Annie Proulx, deux écrivains remarquables à qui l'on doit deux des plus grands romans de la franco-américanité : *Continental Drift* et *Accordion Crimes*.

Ce mouvement d'ouverture manifesté par plusieurs écrivains québécois envers la réalité franco-américaine nous incline donc à penser que ce qu'on nomme un peu pompeusement l'américanité de la littérature québécoise s'avère souvent, dans les faits, une franco-américanité, qui renvoie davantage à une mémoire lancinante et à une conscience aiguë de la diaspora francophone qu'à la seule référence états-unienne. L'auteur qui apparaît le plus emblématique de ce phénomène est sans aucun doute le romancier Jacques Poulin. Bien qu'il se réclame sur un plan formel d'écrivains comme Ernest Hemingway, Raymond Chandler ou Richard Ford, Poulin est littéralement fasciné, sur le plan thématique, par l'Amérique francophone, qui forme l'essentiel de la trame de son roman le plus connu, *Volkswagen blues*, publié en 1984, qui a donné le véritable coup d'envoi au retour de l'identité canadienne-française refoulée dans le Québec contemporain. En un sens, *Volkswagen blues* ne va pas sans évoquer le fantasme états-unien du « grand roman américain », de l'œuvre qui viendrait exprimer la totalité de l'expérience américaine, à la différence que c'est bien du point de vue franco-américain que Poulin se propose de parcourir l'espace continental, de Gaspé jusqu'à San Francisco. Comme je l'ai montré ailleurs[7], cette entreprise apparaissait

---

7. Jean Morency, « 25 ans de présence américaine dans le roman québécois », *Études canadiennes/Canadian Studies*, n° 52, 2002, p. 197-208.

déjà en filigrane dans *Les grandes marées* (1978) un roman qui précède de six ans *Volkswagen blues* et en préfigure le projet, par l'intermédiaire du personnage de l'Auteur, qui croit être en mesure d'écrire le Grand Roman de l'Amérique, entre autres parce qu'il a marché sur la piste de l'Oregon. Il est d'ailleurs significatif de noter que ce personnage de l'Auteur, avec sa chemise à carreaux, son ton bourru et son air renfrogné, ne va pas sans évoquer la figure haute en couleur de Victor-Lévy Beaulieu, un autre écrivain québécois issu de la Révolution tranquille. On sait que Beaulieu s'est beaucoup intéressé lui aussi, au début des années 1970, à la franco-américanité, notamment dans son *essai-poulet* consacré à Jack Kérouac et dans son roman intitulé *Oh Miami Miami Miami*, sorte de complainte de l'exil des francophones dans le continent américain. Il convient d'ailleurs de noter au passage que Beaulieu est un grand admirateur de Jacques Ferron, mais aussi d'Antonine Maillet, deux écrivains qui se situent à la jonction de la tradition orale et de la culture écrite et qui se sont toujours montrés profondément solidaires du destin de leur communauté respective, mais aussi de ses dérives dans l'espace nord-américain.

Or ce mouvement de retour d'une mémoire refoulée ne se limite pas à des écrivains de la génération de Poulin, Beaulieu ou encore Michel Tremblay, dont le cycle romanesque intitulé *La Diaspora des Desrosiers* s'ingénie à retracer la filiation franco-américain et fransaskoise du plus montréalais de nos romanciers et dramaturges; il s'étend aussi à l'œuvre de plusieurs romanciers québécois plus jeunes, comme Nicolas Dickner, Éric Dupont, Samuel Archibald et Raymond Bock, pour ne mentionner que ceux-ci. Il trouve aussi des échos chez des romanciers franco-ontariens, franco-américains ou acadiens. On peut penser, par exemple, à Daniel Poliquin, dont toute l'œuvre romanesque gravite autour de la même conscience diasporale, incarnée par des personnages comme Thomas Obomsawin, Jude l'explorateur ou l'Acadienne Maud Gallant. Dans *L'historien de rien*, la figure de la jeune institutrice de l'Ouest évoque manifestement celle de Gabrielle Roy, laquelle exprime bien le véritable envoûtement exercé par la plaine chez de nombreux écrivains. Il est donc possible d'interroger de front les rapports que les écrivains francophones du Canada tout entier, y compris ceux du Québec, entretiennent avec la mémoire canadienne-française et avec la réalité de la diaspora.

LA DIASPORA CANADIENNE-FRANÇAISE, ENTRE CONTINENTALITÉ ET RÉGIONALITÉ

Une des particularités de la diaspora canadienne-française, en marge de son rayonnement à l'échelle du continent nord-américain, est son ancrage dans plusieurs petites villes industrielles, forestières ou minières, qu'il s'agisse de Lowell, de Lewiston, de Moncton, de Sudbury, de Timmins, de Rouyn-Noranda, de Jonquière ou encore d'Arvida. Ceci correspond à ce que Pierre Nepveu (1998) appelle « le complexe de Kalamazoo » : pour les Canadiens français, de même que pour les Acadiens, les contacts avec la culture nord-américaine ont souvent été médiatisés par l'expérience déterminante de tout un chapelet de petites villes qui forment la trame sans doute la plus tangible de la diaspora francophone et qui s'inscrivent avec force dans les écritures contemporaines. Si l'importance vitale de Moncton ou de Sudbury a été bien démontrée dans le cas des littératures acadienne et franco-ontarienne, on n'a pas encore pris l'exacte mesure de la présence de villes comme Rouyn-Noranda, Jonquière, Trois-Rivières ou Gatineau dans la littérature québécoise. Il n'en existe pas moins un mouvement perceptible dans les œuvres récentes visant à camper l'action romanesque non plus exclusivement à Montréal, mais bien dans toutes ces villes excentrées qui semblent exprimer la condition francophone de façon plus aiguë que la métropole ou la capitale. C'est d'ailleurs le génie de Jack Kerouac d'avoir exploré, en marge de la route et du continent, les ruelles et les fonds de cour du Lowell de son enfance, que ce soit dans *Docteur Sax* ou dans *Visions de Gérard*. Il en va de même pour Gabrielle Roy, qui s'est rapidement détournée de l'exploration de la grande ville pour retracer son enfance à Saint-Boniface, dans les nouvelles regroupées dans *Rue Deschambault*. C'est ainsi que les œuvres de Jack Kerouac et de Gabrielle Roy écrites dans les années 1950 forment une importante matrice des littératures d'expression française du Canada et de certaines de leurs œuvres les plus actuelles.

La présence de cette régionalité, qui se cristallise souvent dans l'image de la petite ville et remonte à Gabrielle Roy et Jack Kerouac, permet d'appréhender autrement les liens tenaces qui unissent la littérature québécoise actuelle aux autres littératures francophones du Canada. L'ancrage symbolique de ces littératures est de moins en moins la nation, une réalité battue en brèche par la mondialisation, et de plus en plus la région et la petite ville, qui semblent mieux résister au déferlement actuel des forces qui se conjuguent pour déconstruire les États-nations modernes et pour atomiser leurs citoyens en les désolidarisant les uns des autres. Par exemple, dans *Petites difficultés d'existence* (2002) de France Daigle, le personnage de Terry Thibodeau s'étonne ainsi que, dans une entrevue à la télévision, la chanteuse québécoise Mara Tremblay ait pu parler de Moncton sans juger bon de préciser « Moncton en Acadie, ou Moncton au Nouveau-Brunswick ni rien de même », « comme si on était une grande ville ou une place *right* connue[8] ». Ceci tend à montrer qu'une ville comme Moncton s'intègre dans une réalité et dans une symbolique qui sont désormais bien connues aux yeux de nombreux Québécois qui, à l'instar de Mara Tremblay, n'ont plus tendance à ignorer tout ce chapelet de petites villes qui tissent la trame de la Franco-Amérique. Soit dit en passant, la chanteuse Mara Tremblay n'est pas la première à évoquer Moncton en des termes familiers : bien avant elle, Jacques Ferron l'avait fait dans *Les roses sauvages* (1971), ainsi que Victor-Lévy Beaulieu dans son fabuleux *Docteur Ferron* (1990). Il convient d'ailleurs de noter que ces deux écrivains ont été, chacun à sa manière, des tenants d'une nouvelle forme de régionalisme ou de régionalité, Ferron avec son rêve d'une confédération de villages et Beaulieu avec sa geste de retour au pays des Trois-Pistoles. Toute l'œuvre de Beaulieu peut d'ailleurs être considérée comme un cahier du retour au pays natal, comme l'a bien pressenti Dany Laferrière dans les premières pages de *L'énigme du retour* (2009), en expliquant que le premier réflexe de son narrateur est, quand il apprend la mort de son père, de prendre la route de Trois-Pistoles.

Ferron, Beaulieu, Poulin, Carrier, Tremblay, Laferrière, pour ne citer que ceux-là, voici beaucoup de romanciers majeurs pourtant associés de près au Québec contemporain qui ont en fait tissé des liens profonds avec la réalité franco-américaine entendue au sens large et préparé le terrain à la tendance actuelle qui se dessine en faveur de l'expression d'une plus grande régionalité et

---

8. France Daigle, *Petites difficultés d'existence*, Montréal, Boréal, 2002, p. 137.

de la relativisation de la suprématie du centre montréalais sur la périphérie, aussi lointaine soit-elle, ainsi que d'une mise en balance des deux réalités. Les développements récents de la littérature québécoise illustrent bien ce mouvement de décentrement, dont la pierre d'assise pourrait être le roman de Nicolas Dickner intitulé *Nikolski*, publié en 2005, qui met en scène des personnages dont les destins se croisent et qui sont unis par une filiation commune à l'Acadie et à la lignée de la famille Doucet, qui a fui le village de Beaubassin pendant le Grand Dérangement pour aboutir dans la minuscule localité de Tête-à-la-Baleine, sur la Basse-Côte-Nord. *Nikolski* propose ainsi une nouvelle vision de l'Acadie imaginaire et de l'Amérique française, notamment par l'entremise du personnage énigmatique de Jonas Doucet, qui est non seulement le géniteur du narrateur, qui est né dans la banlieue montréalaise, et de Noah Riel, qui est issu pour sa part des grandes plaines de l'Ouest, mais aussi l'oncle de Joyce, une jeune fille qui a quitté son village des confins du Labrador pour devenir pirate informatique dans la métropole.

Nikolski marque donc une étape importante dans l'évolution de la franco-américanité. La floraison de romans consacrés à la condition canadienne-française et franco-américaine depuis 2005 tend d'ailleurs à confirmer qu'un véritable changement de paradigme est en cours, au Québec du moins, et que l'émergence d'une nouvelle forme de régionalisme littéraire constitue la pointe de l'iceberg du retour de l'identité canadienne-française refoulée. On en trouvera des exemples probants dans plusieurs romans récents comme *La sœur de Judith* (2007) de Lise Tremblay, *Les carnets de Douglas* (2008) de Christine Eddie ou encore *Tiroir N° 24* (2010) de Michael Delisle. Dans *La sœur de Judith*, par exemple, Lise Tremblay brosse un portrait saisissant de l'état d'esprit régnant dans les années suivant la Révolution tranquille, mais elle le fait en campant son récit dans une ville du Saguenay où viennent retentir les échos d'une époque en plein bouleversement. Faut-il s'en étonner, *La sœur de Judith* propose en filigrane une réflexion sur la franco-américanité telle que vécue dans les petites villes, dont la population est plus diversifiée que ce qu'on pense généralement, comme en témoigne le personnage de Pat Soucy, qui a de la famille non seulement à Saint-Boniface, mais aussi au Nouveau-Brunswick. L'année 2011 semble marquer un point culminant dans cette réflexion franco-américaine. Durant cette seule année, on assiste à la publication de *L'homme de la Saskatchewan* de Jacques Poulin, de *La grande mêlée* de Michel Tremblay, d'*Arvida* de Samuel Archibald, d'*Atavismes* de Raymond Bock, d'*Il pleuvait des oiseaux* de Jocelyne Saucier et de *Rose Déluge* d'Edem Awumey. *La fiancée américaine* d'Éric Dupont, publié en 2012, participe du même mouvement. Même si chacun de ces romans mériterait une longue analyse, il est possible d'en esquisser sommairement quelques tendances, qu'il s'agisse de la réflexion sur l'Amérique francophone, de la place dévolue à l'expression de la petite ville industrielle, du rôle essentiel joué par la nature et le paysage dans la constitution des personnages, de l'empreinte de la route et de l'omniprésence des figures associées à la mobilité, etc. : mis ensemble, ces éléments forment une méditation sur la diaspora franco-américaine, sur sa culture populaire et sur sa nature intrinsèquement mobile. Pour ne citer que cet exemple, l'image des grandes plaines de l'Ouest canadien et la figure du Métis occupent une place centrale dans *L'homme de la Saskatchewan* et dans *La grande mêlée*. Ces deux romans proposent en effet une réflexion assez élaborée sur l'Amérique francophone, tout particulièrement le roman de Poulin, qui constitue en quelque sorte une suite de *Volkswagen blues*, avec le retour du personnage de la Grande Sauterelle, qui revient enfin de San Francisco, et avec l'introduction du personnage d'Isidore Dumont, un Métis de la Saskatchewan qui rêve de jouer pour le Canadien de Montréal, mais qui est très sensible à la dégradation de la situation du français dans la Ligue nationale de hockey, de même qu'au Canada et en Amérique du Nord. Cela dit, Michel Tremblay n'est pas en reste, puisque *La grande mêlée*, défini par l'auteur comme un « roman intercalaire », vise à l'unification des deux branches de sa famille (celle originaire du Québec et l'autre de la Saskatchewan), et partant de tous ses personnages. Les grandes plaines sont aussi présentes dans une des nouvelles composant *Atavismes* de Raymond Bock, intitulée « Dauphin », qui s'inscrit à la fois dans le sillage de *La route d'Altamont* de Gabrielle Roy et de « La vache morte du canyon » de Jacques Ferron, comme on peut en juger dans ce passage :

> La plaine, superbe, lumineuse, ondoyait dans la chaleur de la fin d'août. Puis soudain j'en étais soûlé. Après trois cents kilomètres de route, je rêvais de voir apparaître dans la canicule la ligne sombre d'une forêt et le sommet râpé d'une petite montagne, de

la plus minuscule Montérégienne ou d'un restant d'Appalaches, entouré de vallées, de coteaux, et surtout d'arbres, partout[9].

Rose Déluge me semble particulièrement intéressant dans la mesure où il constitue lui aussi un grand roman de la franco-américanité, mais écrit par un Togolais d'origine entre Hull, New York, La Nouvelle-Orléans et Dieppe. *Rose Déluge* reprend à son compte l'idée de la dérive des continents exprimée par Russel Banks, mais avec une tonalité encore plus apocalyptique, exprimée par un poète, un vieil homme barbu et amaigri, qui confie à Louise Hébert, une jeune fille d'ascendance acadienne :

> Tu verras, petite, ils monteront un beau jour vers le nord, exténués, hagards, vidés par la traversée, fuyant la fureur des tempêtes, leurs maisons, quartiers, villes, pays auront été rayés de la carte par les plus terribles catastrophes, ils n'auront plus de chez-eux alors ils monteront plus haut pour en retrouver d'autres, la fureur des catastrophes naturelles aura transformé le Sud en ruines, et ceux qui le pourront viendront vers nous, jeune fille, ils arriveront de tous les Sud, de Louisiane, des Caraïbes, d'Afrique, de la Cordillère des Andes, finis et nous tendant la main [...][10].

Comme le suggère le titre du roman, l'Amérique de *Rose Déluge* est celle de l'eau et des grandes voies fluviales qui ont contribué à l'existence de la Franco-Amérique, comme le Mississipi et l'Outaouais, et il n'est pas étonnant de constater que la Louisiane, mais aussi l'Acadie, occupent une place importante dans le roman. *Rose Déluge* vient ainsi se superposer à *L'homme de la Saskatchewan*, *Il pleuvait des oiseaux*, *Atavismes* et *Arvida* pour brosser le tableau saisissant d'une Amérique de la marge, certes un peu boiteuse et *maghanée* mais étonnamment vivante, qui rappelle de façon troublante celle qui est dépeinte par les écrivains acadiens et franco-ontariens. Dans *Le deuxième train de la nuit* (2013), le roman récent du Franco-Manitobain d'origine Gérald Tougas, le personnage de l'oncle Philippe « a pour son dire (expression qu'il affectionne) que si notre destin est de chanter faux – aux oreilles

---

9. Raymond Bock, *Atavismes*, Montréal, Le Quartanier, 2011, p. 42.
10. Edem Awumey, *Rose Déluge*, Montréal, Boréal, 2011, p. 17-18.

de qui? – si notre vérité se trouve dans la bâtardise et le bancroche, l'à-peu-près, le pis aller, l'infirmité, c'est ce destin et cette vérité qu'il faut choisir[11] ».

***

Le phénomène de la franco-américanité s'avère ainsi un dénominateur commun des littératures d'expression française du Canada. Dans cette perspective, j'ai tenté de montrer que les thèmes et les motifs du roman québécois contemporain ne sont pas radicalement différents de ceux qui sont traités par les écrivains de la francophonie canadienne. En fait, ces thèmes et ces motifs tendent de plus en plus à se rapprocher de l'expression de la condition minoritaire telle qu'elle se manifeste dans le contexte acadien ou franco-ontarien. Certes, du point de vue institutionnel, il n'y a pas de commune mesure entre le Québec d'une part, l'Ontario français, l'Acadie et l'Ouest canadien d'autre part. Mais on doit convenir qu'autant les écrivains que les lecteurs québécois ont pris conscience qu'ils appartiennent au même univers que leurs homologues des autres provinces du Canada, un univers certes menacé, mais qui n'en garde pas moins un extraordinaire potentiel poétique, lequel est lié autant à la condition actuelle de la francophonie canadienne qu'à la survie de la mémoire canadienne-française et même canadienne tout court. De là découle la fascination exercée par des figures emblématiques comme celles de Gabrielle Roy, Jack Kerouac, Patrice Desbiens, France Daigle, qui sans cesser d'appartenir au contexte exigu dont ils sont originaires habitent désormais pleinement l'imaginaire québécois.

---

11. Gérald Tougas, *Le deuxième train de la nuit*, Montréal, Éditions Druide, 2013, p. 80.

AU-DELÀ DE L'EXIGUÏTÉ :
LES ŒUVRES DE FRANCE DAIGLE, D'ANDRÉE CHRISTENSEN ET DE SIMONE CHAPUT

Lucie Hotte
Université d'Ottawa

Depuis une trentaine d'années, la critique littéraire franco-canadienne essaie de comprendre comment se sont développées, dans les années 1970, des institutions littéraires autonomes en Acadie, en Ontario et dans l'Ouest canadien afin d'appréhender leur impact sur la constitution de corpus littéraires propres à ces régions. Ces recherches se fondent sur celles de théoriciens et critiques qui étudient le développement de corpus littéraires nationaux et plus particulièrement le fonctionnement des « petites » littératures, pour reprendre l'expression de François Paré[1]. Dans le cadre de ces travaux, plusieurs chercheurs ont proposé, au fil des ans, des définitions de ces littératures et ont tenté d'en identifier les caractéristiques communes. Tel est le cas, notamment, de Paré qui a longuement réfléchi à ce qu'il nomme, dans son essai fondateur de 1992, « les littératures de l'exiguïté », expression qui a connu une popularité foudroyante auprès de la critique littéraire franco-canadienne. J'aimerais revenir ici sur deux des réflexions critiques qui ont le plus fortement marqué la façon dont on conçoit les littératures minoritaires afin d'identifier les caractéristiques considérées comme spécifiques aux littératures de l'exiguïté. Mon objectif est de voir l'impact qu'a eu la prégnance de l'esthétique de l'exiguïté dans le discours critique sur les pratiques scripturaires

---

1. François Paré, *Les littératures de l'exiguïté*, Hearst, Le Nordir, coll. « Essai », 1992, p. 9.

franco-canadiennes, notamment celles des femmes qui privilégient bien souvent une écriture plus intimiste. C'est donc à partir d'une lecture des œuvres de France Daigle, de Simone Chaput et d'Andrée Christensen que j'explorerai la traversée des frontières de l'exiguïté. Dans un premier temps, je reviendrai sur les deux principales définitions des « petites » littératures utilisées par divers chercheurs pour penser le corpus franco-canadien, soit celle de Gilles Deleuze et de Félix Guattari ainsi que celle de François Paré, afin de cerner les caractéristiques qui sont le plus souvent attribuées aux « petites » littératures. Je procéderai, par la suite, à une analyse des œuvres des trois écrivaines en fonction des éléments jugés propres à ces corpus. Il me sera possible, en fin de parcours, d'illustrer comment les écrivaines remettent en question les présupposés que la critique entretient à l'égard des corpus minoritaires.

LES LITTÉRATURES DE L'EXIGUÏTÉ

L'intérêt de la critique pour les « petites » littératures naît dans les années 1980, en lien avec le développement des études postcoloniales qui s'intéressent aux littératures produites dans les anciennes colonies, mais qui restent dépendantes des institutions littéraires européennes coloniales où elles ont du mal à percer. Ces travaux fondateurs obligent à repenser, si ce n'est à penser, l'économie de l'espace littéraire mondial. Deux éléments en particulier sont au cœur des études de l'époque. La critique s'intéresse d'abord aux conditions d'existence des littératures, en particulier des littératures nationales, à leur institutionnalisation et à leur autonomisation. Les travaux de Jacques Dubois, dont son essai fondateur, *L'institution de la littérature. Introduction à une sociologie*[2], paru en 1978, comptent parmi ceux qui ont eu le plus grand impact. Au Québec, les travaux de Lucie Robert, particulièrement son essai *L'institution du littéraire au Québec*[3], s'inscrivent dans cette voie. Les critiques littéraires de cette époque

---

2. Jacques Dubois, *L'institution de la littérature. Introduction à une sociologie*, Paris, Nathan, coll. « Dossiers média », 1978, 188 p.
3. Lucie Robert, *L'institution du littéraire au Québec*, Québec, Presses de l'Université Laval, coll. « Vie des lettres québécoises », 1989, 272 p.

étudient également les rapports de force entre les différents corpus littéraires, notamment entre ceux écrits dans une même langue, souvent une langue de colonisation, mais dans des contextes institutionnels bien différents, comme Bruce King qui, dans les trois premiers chapitres de son essai, *The New English Literatures: Cultural Nationalism in a Changing World*[4], paru en 1980, analyse les forces en jeu sur la scène littéraire anglophone. Certaines des études portent plus spécifiquement sur les littératures minoritaires afin d'en cerner les particularités et de définir ce qui pourrait être regroupé sous une appellation commune tel l'essai de David Lloyd, *Nationalism and Minor Literature. James Clarence Mangan and the Emergence of Irish Cultural Nationalism*[5], qui date de 1987.

Une constante apparaît rapidement dans les études de la fin des années 1980 et du début des années 1990 qui portent sur les « petites » littératures : les chercheurs visent à rendre compte de leur spécificité et à les identifier par une appellation qui attesterait de leur particularité. Aucune des dénominations proposées n'est neutre, car elles mettent toutes en place une conception des « petites » littératures qui impose nécessairement un mode de lecture particulier. En ce sens, elles fondent également un horizon d'attente, selon la terminologie de Hans Robert Jauss. C'est donc dire qu'elles prescrivent un ou des modes de lecture particuliers auxquels la critique va souscrire. Ces conceptions proposent aussi, aux auteurs, des postures scripturaires qui seraient celles propres à l'écrivain en contexte minoritaire.

Aujourd'hui encore, certains littéraires suggèrent de nouvelles dénominations afin de mieux comprendre les « petites » littératures. C'est le cas, notamment des « littératures de l'intranquillité[6] », expression de Lise Gauvin, et des « littératures liminaires »,

---

4. Bruce King, *The New English Literatures : Cultural Nationalism in a Changing World*, New York, St-Martin's Press, 1980, 248 p.
5. Davie Lloyd, *Nationalism and Minor Literature : James Clarence Mangan and the Emergence of Irish Cultural Nationalism*, Berkeley, University of California Press, coll. « The New Historicism », 1987, 257 p.
6. Lise Gauvin, « Autour du concept de littérature mineure : variations sur un thème majeur », Jean-Pierre Bertrand et Lise Gauvin (dir.), *Littératures mineures en langue majeure : Québec/Wallonie-Bruxelles*, avec la collaboration de Laurent Demoulin, Bruxelles, P.I.E-Peter Lang ; Montréal, Presses de l'Université de Montréal, 2003, p. 19-40.

terme proposé par Michel Biron[7], dont l'usage reste très limité. D'autres dénominations, plus anciennes, ont en revanche connu un grand succès. Parmi celles-ci, deux en particulier ont suscité un intérêt soutenu des chercheurs. Il s'agit des concepts de « littérature mineure » de Gilles Deleuze et de Félix Guattari, ainsi que de celui de « littérature de l'exiguïté » de François Paré. J'aimerais revenir brièvement sur ces deux concepts afin de souligner les caractéristiques qui y sont associées.

    Dès sa parution, en 1978, *Kafka. Pour une littérature mineure* de Gilles Deleuze et Félix Guattari a suscité un engouement chez les chercheurs s'intéressant aux littératures minoritaires. L'expression « littérature mineure », qui n'a pas, du moins dans l'essai des deux philosophes et chez leurs lecteurs, les connotations négatives de « littératures minoritaires », mais qui renvoie tout de même à une situation hors centre, a fait couler beaucoup d'encre[8]. Plusieurs chercheurs, dont Pascale Casanova et Annie Pronovost, ont dénoncé l'utilisation, qu'ils jugeaient abusive, des réflexions de Kafka qui s'interroge dans son journal de décembre 1911 sur « les mécanismes généraux de l'émergence des jeunes littératures nationales à partir de son observation précise de la littérature yiddish d'Europe orientale[9] ». Il n'en demeure pas moins que Deleuze et Guattari s'inspirent de l'expression de Kafka pour décrire les littératures « qu'une minorité fait dans une langue majeure[10] ». L'expression laisse croire qu'ils s'intéressent à un genre particulier

---

7. Michel Biron, *L'absence du maître. Saint-Denys Garneau, Ferron, Ducharme*, Montréal, Presses de l'Université de Montréal, 2000, 320 p.
8. Voir en particulier : Pascale Casanova, « Nouvelles considérations sur les littératures dites mineures », *Littératures classiques*, n° 31, automne 1997, p. 233-247 ; Ronald Bogue, « Minor Writing and Minor Literature », *Symploke*, vol. 5, n° 1, 1997, p. 99-118 ; Karim Larose, « Major and Minor : Crossed Perspective », *SubStance*, vol. 31, n° 1, 2002, p. 36-47 et Annie Pronovost, « Et si nous pouvions dire autre chose de Deleuze et Guattari ? (proposition pour une nouvelle littérature mineure) », Lucie Hotte (dir.), *La littérature franco-ontarienne : voix nouvelles, nouvelles voies*, avec la collaboration de Louis Bélanger et de Stefan Psenak, Ottawa, Le Nordir, coll. « Roger-Bernard », 2002, p. 15-34.
9. Pascale Casanova, « Nouvelles considérations sur les littératures mineures », p. 242.
10. Gilles Deleuze et Félix Guattari, *Kafka. Pour une littérature mineure*, Paris, Éditions de Minuit, coll. « Critique », 1989 [1975], p. 29.

de « petite » littérature, soit celles qui proviennent d'un milieu utilisant une langue qui vient d'ailleurs, telles les anciennes colonies. Cependant, pour Deleuze et Guattari, « le "mineur" ne qualifie pas certaines littératures, mais les conditions révolutionnaires de toute littérature au sein de celle qu'on appelle grande (ou établie)[11] ». Ils identifient trois éléments qu'ils considèrent comme propres aux littératures mineures, éléments qui sont récurrents dans toutes les définitions proposées des « petites » littératures. Ce sont « la déterritorialisation de la langue, le branchement de l'individuel sur l'immédiat politique, l'agencement collectif d'énonciation[12] ». Ils soutiennent que, dans ces corpus, la langue est un élément identitaire qui reste néanmoins associé à la communauté qui la parle. Afin qu'elle devienne pleinement celle de l'écrivain, celui-ci doit se l'approprier et la déterritorialiser soit en la « gonfl[ant] de toutes les ressources d'un symbolisme, d'un onirisme, d'un sens ésotérique, d'un signifiant caché[13] », soit en « [allant] toujours plus loin dans la déterritorialisation... à force de sobriété[14] ». Utiliser une langue déterritorialisée, c'est prendre position idéologiquement, politiquement. L'écrivain « mineur » parle dès lors effectivement au « nous ».

Ces trois éléments – l'énonciation collective, le branchement sur le politique et la déterritorialisation de la langue – apparaissent sous une forme différente dans l'essai magistral de François Paré, *Les littératures de l'exiguïté*. Paré tente d'y cerner le propre de ces corpus ignorés, méconnus et incompris. Il propose donc une typologie des littératures de l'exiguïté qui comporte quatre formes de littératures exiguës soit « les littératures insulaires », « les *petites* littératures nationales », les « littératures coloniales » et les « littératures minoritaires ». Ces littératures sont toutes exiguës parce qu'elles partagent certaines conditions d'existence, principalement la dépendance extrême à des institutions littéraires extérieures ou, au contraire, leur « farouche autonomie, quand elles sont soutenues par des conditions économiques favorables[15] ». Elles connaissent toutes

---

11. *Ibid.*, p. 33.
12. *Ibid.*
13. *Ibid.*, p. 34.
14. *Ibid.*, p. 35.
15. François Paré, *Les littératures de l'exiguïté*, p. 17.

une faible diffusion hors de leur espace d'émergence. En outre, même chez elles, ces littératures rejoignent un faible lectorat. Dans cette typologie, les « littératures minoritaires » occupent une place de choix puisqu'elles subsument plusieurs des autres catégories bien que Paré restreigne ce type aux « œuvres littéraires produites au sein des minorités ethniques à l'intérieur des États unitaires[16] ». Il leur consacre d'ailleurs la majeure partie de son essai.

Les littératures de l'exiguïté sont ainsi définies en fonction des rapports qui les unissent aux autres corpus littéraires et en lien avec les communautés dont elles émanent. Ainsi, les « petites » littératures ne sont pas pensées hors du champ de l'identitaire puisqu'elles sont perçues comme étant la voix de communautés fragiles. Elles auraient donc comme mandat premier de les raconter, de les faire exister et de contribuer à leur survie. Les littératures minoritaires n'arriveraient donc pas à se détacher du contexte sociopolitique pour s'inscrire dans le littéraire. Elles seraient, d'entrée de jeu, contraintes à dire la communauté, à représenter la réalité. Aussi les littératures minoritaires mettraient-elles en scène des thématiques propres à la condition minoritaire, comme l'assimilation, le rapport difficile à l'autre. Selon François Paré, une de leurs caractéristiques principales, découlant sans doute de l'absence d'espace à soi qui marque leurs communautés d'origine, est leur tendance « à glorifier l'espace[17] ». Il soutient que « [t]outes les cultures minoritaires ont souffert et souffrent de cette hypertrophie du symbolisme de l'espace qui ne fait que révéler au grand jour leur absence séculaire de l'Histoire[18] ». Il en découle que « les littératures de l'exiguïté ont [également] tendance [...] à glorifier l'exil[19] » et les autres thématiques spatiales, de même qu'à valoriser les textes à valeur cosmogonique[20]. Les œuvres

---

16. *Ibid.*, p. 13.
17. *Ibid.*, p. 84.
18. *Ibid.*, p. 72.
19. *Ibid.*, p. 64.
20. François Paré, « L'institution littéraire franco-ontarienne et son rapport à la construction identitaire des Franco-Ontariens », Jocelyn Létourneau (dir.), *La question identitaire au Canada francophone. Récits, parcours, enjeux, hors-lieux*, avec la collaboration de Roger Bernard, Sainte-Foy (Québec), Presses de l'Université Laval, coll. « Culture française d'Amérique », 1994, p. 58.

minoritaires ne feraient donc que renvoyer au lieu dont elles émanent et seraient obsédées par leurs conditions d'existence.

Paré soutient toutefois que ce ne sont pas toutes les œuvres qui s'inscrivent dans ce courant. L'appartenance à une communauté minoritaire suscite, selon lui un « tiraillement idéologique[21] ». Ainsi, certains écrivains s'inscriraient dans ce premier courant, que Paré nomme la littérature de la conscience, parce qu'ils ne pourraient pas faire abstraction de leur milieu et écriraient des œuvres qui « marque[nt] et martèle[nt] l'origine du groupe culturel dont elle[s] émane[nt][22] », alors que d'autres choisiraient de pratiquer une littérature de l'oubli en refusant de représenter leur milieu d'origine dans leurs œuvres. Selon Paré, « [u]ne telle œuvre n'est pas déracinée. Elle est plutôt anhistorique et, en cela, elle ignore l'identification du groupe culturel à l'Histoire[23] ». D'un côté, les œuvres de la conscience ne peuvent s'extraire de leur difficile contexte d'émergence; de l'autre, les œuvres de l'oubli tendent à l'universalité en masquant tout ce qui pourrait connoter leur lieu d'origine.

Mes recherches m'ont amenée, en 2002[24], à identifier une troisième voie qui se profile entre le particularisme et l'universalisme, entre la littérature de la conscience et la littérature de l'oubli. J'ai alors proposé de nommer cette tendance l'individualisme. Comme je le soulignais à l'époque, il ne s'agit pas « d'un individualisme qui fait abstraction de l'appartenance de l'individu à un groupe, mais plutôt d'un individualisme qui fonde la communalité[25] ». Les œuvres qui s'inscrivent dans cette voie assument pleinement leur réalité sans en faire l'enjeu central de l'écriture. En conclusion de mon article de 2002, je me demandais si

> le discours idéologique et politique visant à mettre la littérature au service de la cause franco-ontarienne (mais ce pourrait aussi

---

21. François Paré, *Les littératures de l'exiguïté*, p. 125.
22. *Ibid.*, p. 123.
23. *Ibid.*, p. 124.
24. Lucie Hotte, « La littérature franco-ontarienne à la recherche d'une nouvelle voie : enjeux du particularisme et de l'universalisme », Lucie Hotte (dir.), *La littérature franco-ontarienne : voies nouvelles, nouvelles voix*, avec la collaboration de Louis Bélanger et de Stefan Psenak, Ottawa, Le Nordir, coll. « Roger-Bernard », 2002, p. 35-47.
25. *Ibid.*, p. 42.

bien être la cause acadienne ou franco-manitobaine) aurait […] été assez puissant pour occulter une production littéraire considérable qui s'écartait de la vision dominante des choses[26].

Une analyse que j'ai faite récemment de la réception critique des œuvres des écrivaines en Ontario français montre que leurs œuvres comptent pour une grande part de la production occultée. J'aimerais à présent examiner comment trois écrivaines – France Daigle, Simone Chaput et Andrée Christensen – refusent d'adhérer à l'esthétique de l'exiguïté en écrivant des œuvres qui transcendent les frontières identitaires et les frontières spatiales de la communauté d'origine et surtout en pratiquant des formes littéraires qui s'écartent du réalisme propre à l'esthétique de l'exiguïté.

TROIS ÉCRIVAINES FACE À L'EXIGUÏTÉ

Lorsque France Daigle, Simone Chaput et Andrée Christensen publient leur premier livre, en 1983[27], 1989[28] et 1990[29], la critique ne cesse de souligner l'originalité de leur pratique scripturaire, particulièrement en regard de la production locale habituelle. En effet, dès la parution de *Sans jamais parler du vent. Roman de crainte et d'espoir que la mort arrive à temps*, la critique signale l'aspect novateur de l'œuvre. Raoul Boudreau, par exemple, notait « l'absence de toute référence directe à l'Acadie » même s'il voyait « une présence masquée de la spécificité acadienne dans l'épuration de la langue[30] » privilégiée par l'écrivaine. Dix ans plus tard, Raoul

---

26. *Ibid.*, p. 45.
27. France Daigle, *Sans jamais parler du vent. Roman de crainte et d'espoir que la mort arrive à temps*, Moncton, Éditions d'Acadie, 1983, 141 p.
28. Simone Chaput, *La vigne amère*, Saint-Boniface, Éditions du Blé, 1989, 176 p.
29. Andrée Christensen, *Le châtiment d'Orphée : poème*, avec des photographies de Jennifer Dickson, Ottawa, Éditions du Vermillon, coll. « Rameau de ciel », 1990, 120 p.
30. Raoul Boudreau, « Le rapport à la langue dans les romans de France Daigle : du refoulement à l'ironie », *Voix et Images*, vol. 29, n° 3, 2004, p. 35. Boudreau parle de son article, « *Sans jamais parler du vent* ou La parole retenue », *Le papier. Journal de l'Association des professeurs de l'Université de Moncton*, vol. 1, n° 1, mars 1984, p. 16.

Boudreau et Marguerite Maillet considèrent toujours que ce roman, « résolument moderne », « représente pour l'instant le meilleur exemple de l'ouverture de la littérature acadienne vers la diversité et l'universalité[31] ». En effet, comme le signale Monika Boehringer, lorsque France Daigle « commence à publier au début des années 1980, son écriture se distingue passablement de celle des poètes revendicateurs dont l'écriture s'inspirait en partie de leur ferveur nationaliste[32] ». Boehringer soutient avec justesse que les textes des femmes, durant les années 1980,

> témoignent du fait que, à l'encontre de la poésie revendicatrice des années 1970, l'identité sociale et culturelle ne préoccupe plus ces écrivaines. Ni le « nous » communal ni l'avenir de l'Acadie ne forment la base de leurs écrits, comme c'était le cas chez LeBlanc [*sic*] ou Chiasson. Sans souci évident pour leur appartenance au peuple acadien, chacune des auteures s'embarque dans son propre projet d'écriture, l'un aussi distinct de l'autre, pour révéler ainsi sa subjectivité individuelle qui l'emporte sur la solidarité et les grandes visions nationalistes[33].

Il en est de même de l'œuvre d'Andrée Christensen qui, selon François Paré, dans le chapitre qu'il consacre à l'œuvre de la poète franco-ontarienne dans son essai *Théories de la fragilité*[34], offre un « *dépaysement* » aux lecteurs. D'après Paré, l'œuvre de Christensen se démarque de la production littéraire franco-ontarienne car elle « ne soulève aucune des grandes questions qui ont animé la littérature franco-ontarienne depuis son développement dans les

---

31. Raoul Boudreau et Marguerite Maillet, « Littérature acadienne », Jean Daigle (dir.), *L'Acadie des Maritimes : études thématiques des débuts à nos jours*, Moncton, Chaire d'études acadiennes, Université de Moncton, 1993, p. 738.
32. Monika Boehringer, « Introduction », France Daigle, *Sans jamais parler du vent. Roman de crainte et d'espoir que la mort arrive à temps*, édition critique par Monika Boehringer, Moncton, Institut d'études acadiennes, Université de Moncton, 2012, coll. « Bibliothèque acadienne », p. xv.
33. *Ibid.*, p. xvi.
34. Paré parle des quatre premiers recueils de Christensen qui paraissent coup sur coup : *Le Châtiment d'Orphée* en 1990, *Lèvres d'aubes*, suivi de *L'ange au corps* en 1992 et *Noces d'ailleurs* en 1993, ainsi que du drame poétique *Pavane pour la naissance d'une infante défunte*, qui date aussi de 1993.

années 70[35] ». Quant à Simone Chaput, la critique franco-albertaine, Estelle Dansereau signale pour sa part que :

> La démarche de Simone Chaput est assez radicale pour une écrivaine de l'Ouest canadien où les artistes et écrivains ont tardé (comparativement à ceux du Québec et de l'Ontario français) à abandonner les vieilles thématiques identitaires (caractérisées par la fixité et la perdurabilité)[36].

Ces œuvres singulières se distinguent en effet de ce que la critique considère être la quintessence de la littérature francophone minoritaire du Canada à la fin des années 1980 et au début des années 1990. Elles n'optent certainement pas pour une déterritorialisation de la langue, préférant le français normatif à l'acadien, au chiac ou au joual. L'anglais omniprésent au Nouveau-Brunswick, en Ontario et au Manitoba est tout aussi absent des premières œuvres de ces trois écrivaines. En outre, celles-ci ne sont nullement « branchées sur le politique ». Elles mettent plutôt en scène des drames personnels, des réflexions métaphysiques sur la vie et le monde. Ainsi, pas d'énonciation collective dans ces livres, mais plutôt des voix individuelles, personnelles. Les trois écrivaines ne présentent pas pour autant des œuvres similaires, uniformes. Au contraire, elles transgressent à des niveaux divers, consciemment ou non, les limites des littératures de l'exiguïté. Leurs œuvres connaissent aussi des évolutions distinctes. Voyons comment la traversée des frontières de l'exiguïté prend forme pour chacune de ces écrivaines en portant une attention plus particulière à l'éclatement de l'espace identitaire d'origine.

---

35. François Paré, « Mémoire. Andrée Christensen », *Théories de la fragilité*, Ottawa, Le Nordir, 1994, p. 83.
36. Estelle Dansereau, « Les pérégrinations linguistiques et identitaires dans le roman *Santiago* de Simone Chaput », *Cahiers franco-canadiens de l'Ouest*, vol. 20, n°s 1-2, 2008, p. 5.

France Daigle

Les quatre premiers romans de France Daigle, qui paraissent entre 1983 et 1985[37], de même que *La beauté de l'affaire*[38], publié en 1991, multiplient les stratégies d'écriture servant à décontextualiser l'œuvre. L'esthétique formaliste et minimaliste que favorise France Daigle dans ces cinq romans lui permet de ramener les personnages à leur plus simple expression. Ils incarnent des rôles narratifs ou sociaux, tels l'architecte, les écrivains communautaires ou l'homme à la chaloupe dans *La beauté de l'affaire*. Il n'y a, dans ces premiers romans, aucun développement psychologique, aucune volonté de construire un personnage qui donne l'illusion d'être une personne. De même, les lieux sont réduits à leur plus simple expression. Les toponymes, totalement absents dans le premier roman, apparaissent progressivement dans les romans subséquents, bien qu'ils demeurent très rares[39] jusqu'à *La vraie vie*[40] et *1953. Chronique d'une naissance annoncée*[41]. Ce dernier roman signe également la fin de l'esthétique minimaliste.

Ainsi, les sept romans daigliens parus entre 1983 et 1995 font fi du réalisme sociologique considéré comme typique des

---

37. Il s'agit de *Sans jamais parler du vent. Roman de crainte et d'espoir que la mort arrive à temps* (1983), *Film d'amour et de dépendance. Chef-d'œuvre obscur*, Moncton, Éditions d'Acadie, 1984, 119 p., *Histoire de la maison qui brûle. Vaguement suivi d'un dernier regard sur la maison qui brûle*, Moncton, Éditions d'Acadie, 1985, 107 p. et *Variations en B et K. Plans, devis et contrat pour l'infrastructure d'un pont.*, Outremont, Éditions La Nouvelle Barre du jour, 1985, 44 p.
38. France Daigle, *La beauté de l'affaire. Fiction autobiographique à plusieurs voix sur son rapport tortueux au langage*, Outremont/Moncton, Éditions La Nouvelle Barre du Jour/Éditions d'Acadie, 1991, 54 p.
39. Il y a quatre occurrences explicites dans *Film d'amour et de dépendance* : « les Acadiens » (p. 185); « St-Édouard de Kent au Nouveau-Brunswick » (p. 192); « les côtes salées du Nouveau-Brunswick » (p. 260) et « Halifax » (p. 261), ainsi qu'une dans *Histoire de la maison qui brûle* : « en campagne ou à Dieppe, sur la petite rue Doucet » (p. 348) qui situe la maison qui brûle au Nouveau-Brunswick.
40. France Daigle, *La vraie vie*, Montréal/Moncton, Éditions de l'Hexagone/Éditions d'Acadie, 1993, 165 p.
41. France Daigle, *1953. Chronique d'une naissance annoncée*, Moncton, Éditions d'Acadie, 1995, 165 p.

littératures de l'exiguïté. En revanche, depuis la parution de *Pas pire*[42], France Daigle propose

> à ses lecteurs des romans plus accessibles, bien ancrés dans la réalité sociale et linguistique de Dieppe et de Moncton, dans le sud-est du Nouveau-Brunswick, comme en témoigne la place grandissante qu'occupent, dans ses dernières œuvres, les formes variées du français acadien et le fameux "chiac" monctonien[43].

En effet, dans *Pas pire*, Moncton est bien présent, de même que Dieppe. Toutefois, France Daigle n'hésite pas à construire un Moncton tout à fait fictif. Plusieurs des toponymes mentionnés dans le roman n'existent pas dans la réalité, tel le quartier de la Terre-Rouge. De même, la rivière Petitcodiac du roman n'est pas celle de la réalité puisqu'elle a subi un réaménagement financé par la richissime famille Irving en lieu touristique. En outre, en dépit de l'agoraphobie de la narratrice – qui porte le même nom que l'auteure, elle-même agoraphobe – le roman s'ouvre sur l'ailleurs : la narratrice, France Daigle, s'échappera de son milieu refermé sur lui-même pour aller à Paris participer à l'émission littéraire de Bernard Pivot. Ce Moncton, mi-fictif, mi-réel, est aussi le cadre des romans *Petites difficultés d'existence*[44] et *Pour sûr*[45] qui mettent en scène les mêmes personnages de Terry et Carmen. Dans le deuxième roman de cette série, *Un fin passage*[46], le couple voyage cependant en France. Ainsi, en dépit de la présence de plus en plus prononcée de Moncton et du Nouveau-Brunswick dans l'œuvre de France Daigle, il ne faut pas croire que l'écrivaine réintègre le giron de l'exiguïté. Loin de là car, comme le dit Morency, la « réalité acadienne [y] est […] donnée comme allant de soi, sans aucune velléité d'affirmer ou de revendiquer une identité essentiellement définie par son côté pittoresque, comme c'est le cas pour Antonine Maillet, par exemple[47] ».

---

42. France Daigle, *Pas pire*, Moncton, Éditions d'Acadie, 1998, 169 p.
43. Jean Morency, « France Daigle : chronique d'une œuvre annoncée », *Voix et Images*, vol. 29, n° 3, 2004, p. 10.
44. France Daigle, *Petites difficultés d'existence*, Montréal, Boréal, 2002, 189 p.
45. France Daigle, *Pour sûr*, Montréal, Boréal, 2011, 746 p.
46. France Daigle, *Un fin passage*, Montréal, Boréal, 2001, 129 p.
47. Jean Morency, « France Daigle : chronique d'une œuvre annoncée », p. 10.

Andrée Christensen

L'œuvre poétique d'Andrée Christensen est encore plus décontextualisée que les premiers romans de France Daigle et elle le demeure en grande partie même dans les deux romans qu'elle fait paraître en 2007[48] et en 2010[49]. Christensen écrit une poésie que l'on pourrait décrire comme métaphysique, voire mystique, entièrement détachée du contexte socioculturel propre à l'Ontario français. Contrairement aux dramaturges et aux poètes, qui, comme elle, commencent à écrire durant les années 1980, tels Jean Marc Dalpé, Patrice Desbiens, voire Daniel Poliquin qui signe ses premiers romans sous l'influence de ce qu'il nomme « une impulsion idéologique[50] », Christensen opte pour une parole poétique véritablement universaliste. Plutôt que de s'inspirer de ses contemporains et de ses concitoyens, la poète trouve sa muse dans une riche et vieille tradition littéraire qui témoigne de sa grande érudition. François Paré signale d'ailleurs avec justesse que :

> L'œuvre de Christensen se situe [...] au sein d'une tradition du texte littéraire qui remonte aux écritures bibliques, d'une part, et à l'écrit gréco-romain, d'autre part; elle ne porte pas sur une représentation du réel sociopolitique, dont elle semble se détacher avec indifférence, mais sur l'ensemble de l'héritage littéraire occidental qu'elle incorpore selon le besoin. Christensen ne tire pas de contingences politiques – le sentiment de minorisation, l'aliénation, l'exclusion du pouvoir, la perte de la langue – le contenu thématique de ses œuvres. Elle ouvre son regard sur l'humanité tout entière[51].

Entre 1990 et 2007, Andrée Christensen publie onze recueils de poésie et un récit poétique, *Le livre de sept voiles*, qui mettent

---

48. Andrée Christensen, *Depuis toujours, j'entendais la mer : roman-tombeau*, Ottawa, Éditions David, coll. « Voix narratives et oniriques », 2007, 296 p.
49. Andrée Christensen, *La mémoire de l'aile*, Ottawa, Éditions David, coll. « Voix narratives », 2010, 371 p.
50. François Ouellet, « Daniel Poliquin : l'invention de soi », *Nuit blanche*, n° 62, hiver 1995-1996, p. 56.
51. François Paré, *Théories de la fragilité*, Ottawa, Le Nordir, coll. « Essai », 1994, p. 85.

en scène une quête ontologique[52]. Paré, fin lecteur qu'il est, avait déjà senti en 1994, que « la poésie est traversée, chez Christensen, par un intense désir de se connaître soi-même[53] ». Plus encore, pour Christensen, l'écriture est le seul moyen d'apprendre à vivre. *Sacra privata*, le deuxième volet de la trilogie *Miroir de la sorcière*, consiste en une messe alchimique poétique qui illustre la transmutation du monde ordinaire, de la voix et du souffle quotidien en langage poétique. La poésie permet de transmuter le réel en divin :

> Ne pas écrire
> se taire
> avec excès
>
> jeter ses mots au feu
> les livrer à la faim
> du silence
>
> [...]
>
> Écrire par refus
> pour les seules flammes liseuses
> n'écrire
> que pour nourrir le feu
> jusqu'à en croire
> que l'étincelle
> n'est ni le début
> ni la fin
> de l'incendie
>
> de la lecture des cendres
> perpétuellement
> le phénix[54]

---

52. Paré utilise l'expression « quête de la spiritualité » dans son analyse des quatre premiers recueils parue dans *Théories de la fragilité*.
53. François Paré, *Théories de la fragilité*, p. 87.
54. Andrée Christensen, « Rituel du phénix », *Miroir de la sorcière : triptyque de transformation. Livre II. Sacra privata*, Ottawa, Le Nordir, coll. « Poésie », 1996, p. 35-37.

Il faudra attendre la parution du premier roman de Christensen, en 2007, pour que l'Ontario français fasse son apparition dans l'œuvre. Le roman, qui poursuit la réflexion de Christensen sur la mort et la connaissance de soi, est construit sur le modèle des romans gigognes: le récit principal, qui raconte la vie de Thorvald Sorensen, est encadré par un autre récit qui raconte l'histoire d'Andrea, la narratrice et auteure de la biographie de Thorvald, son cousin. Dans la première section du livre qui en compte trois, intitulée «La Genèse», Andrea explique comment elle a découvert l'existence de son cousin alors que le long récit enchâssé relate, lui, l'histoire de la vie de Thorvald, une vie mouvementée et marquée par de nombreux deuils dont celui de sa mère et de sa sœur jumelle au moment de sa naissance, puis de sa mère adoptive à l'adolescence ainsi que de sa femme et de sa fille. Toutes meurent dans la mer. Ce récit est divisé en treize chapitres, la symbolique des nombres étant ici très importante[55].

Trois pays sont convoqués dans le roman. Le premier est le Canada où habite Andrea, et plus précisément Ottawa, puisqu'elle raconte qu'elle est née à Eastview (soit Vanier) et qu'elle semble toujours y habiter. Cette mention géographique combinée au prénom du personnage (qui explique que son nom est en fait Andrée), inscrit le roman dans un flou autofictionnel. En effet, la narratrice et l'auteure partagent un lieu de naissance, un prénom, un père danois, une mère canadienne-française et sont toutes les deux écrivaines. Le Canada disparaît cependant rapidement pour céder sa place au Danemark où se déroule la plus grande partie de l'histoire de Thorvald, plus particulièrement à l'île d'Endelave où il passe son enfance et une partie de sa vie adulte. Le troisième pays convoqué est l'Égypte où Thorvald séjourne en tant qu'archéologue. Les trois pays n'apparaissent pas dans le roman en lien avec une quelconque identité nationale ou ethnique à revendiquer, contrairement à ce que prône l'idéologie de l'exiguïté, mais en fonction de l'identité personnelle des personnages et de leur forte charge symbolique. Ils servent plutôt à construire une toile de fond symbolique qui permet de mieux comprendre le roman. Ils servent également à mettre en place un vaste réseau

---

55. Le chiffre 13, par exemple, est associé à la malédiction puisqu'il correspond au nombre de convives lors de la Cène, soit Jésus et les douze apôtres.

de références culturelles, mythologiques surtout, qui explique la quête initiatique de Thorvald – apprivoiser la mort et faire le deuil des femmes de sa vie qui sont mortes trop tôt, surtout de sa sœur jumelle : « Je cherchais ma sœur, comme Isis s'efforça de trouver, par monts et par vaux, son frère jumeau Osiris, dont elle était déjà amoureuse dans le sein de leur mère[56]. » Tous les lieux acquièrent ainsi une forte charge sémantique : les espaces naturels aquatiques (la mer, la rivière, le volcan glaciaire, l'île d'Endelave), la maison d'Ingelise et d'Erland, les parents adoptifs de Thorvald, à Endelave et la morgue où travaille Erland[57].

Ainsi, *Depuis toujours, j'entendais la mer* est un roman complexe, un roman chorale, qui est construit à partir d'un feuilleté de strates sémantiques, qui se répondent et s'appellent. Par un subtil jeu de miroir, Christensen propose une conception particulière de la vie et de la mort, qui n'est pas celle de la roue ou de l'éternel recommencement, mais plutôt celle de l'acceptation même de notre mortalité. Il n'est d'ailleurs pas anodin qu'une des pièces musicales qui ait inspiré Andrée Christensen durant l'écriture du roman soit « Spiegel im Spiegel », soit le miroir dans le miroir, du compositeur estonien Arvo Pärt. La référence à Vanier participe de cette structure fondée sur le double puisque Andrea devient ainsi un double d'Andrée Christensen. Il reste cependant apparent qu'Andrée Christensen est, encore à présent, plus intéressée par la « géologie de l'intime », pour reprendre le titre d'un recueil qu'elle co-signait avec Jacques Flamand en 2009[58], que par la représentation exacte du pays d'origine.

Simone Chaput

Simone Chaput, au contraire, demeure plus près du réalisme social propre aux littératures de l'exiguïté. D'une grande cohérence

---

56. Andrée Christensen, *Depuis toujours, j'entendais la mer*, p. 43.
57. Voir Sarah Abd El-Salam, « La spatialisation de la vie et de la mort dans *Depuis toujours, j'entendais la mer* d'Andrée Christensen », *Voix plurielles*, vol. 10, n° 1, 2013, en ligne : http://brock.scholarsportal.info/journals/voix-plurielles/article/view/788 (page consultée le 23 août 2013).
58. Andrée Christensen et Jacques Flamand, *Géologie de l'intime*, Ottawa, Vermillon, coll. « Rameau de ciel », 2009, 81 p.

thématique et formelle, l'œuvre de Chaput explore depuis *La vigne amère*[59] jusqu'à *Un vent prodige*[60], tant dans ses cinq romans en français que ses deux romans en anglais, des drames familiaux, qui se déroulent le plus souvent à des moments cruciaux de la vie tels que la fin de l'adolescence (*La vigne amère*, *Un piano dans le noir*[61], *Le Coulonneux*[62], *La belle ordure*[63]), un divorce (*Santiago*[64]), un deuil (*A possible life*[65]), la retraite (*Un vent prodige*).

Ses romans font par ailleurs une place de plus en plus importante au Manitoba et à Saint-Boniface depuis la parution de *La vigne amère* qui se déroule entièrement en France. Dans ce premier roman, le Manitoba, comme le signalait Gabrielle Pascal, « devient, en contrepoint, le lieu de la nostalgie et du rêve[66] ». En effet, le personnage principal, Judith Mathieu, souhaite fuir le vignoble paternel afin d'échapper à la violence de son père. Elle rêve donc de partir rejoindre Paul, l'artiste manitobain qui l'attend, mais le départ ne se réalisera pas. Dans chacun des romans suivants, les protagonistes sont attirés par l'ailleurs, mais leur séjour à l'étranger est toujours temporaire et souvent assez court. Dans *Un piano dans le noir*, Andrée qui se trouve en Grèce au début du roman est forcée de rentrer au bercail s'occuper de l'épicerie de son père qui a eu un infarctus. *Le Coulonneux* met aussi en scène des personnages attirés par l'ailleurs dont Gabriel, qui parcourt les routes d'Amérique pendant sept ans avant de revenir à Winnipeg, et Amandine, qui n'hésite pas à s'évader avec des camionneurs qui s'arrêtent au restaurant où elle travaille. Je pourrais multiplier les exemples : l'Espagne dans *Santiago*, l'Italie dans *A Possible Life*, l'Afrique dans *La belle ordure* offrent tous aux personnages des possibilités d'évasion. Seuls ceux de son plus

---

59. Simone Chaput, *La vigne amère*, Saint-Boniface, Éditions du Blé, 1989, 176 p.
60. Simone Chaput, *Un vent prodigue*, Montréal, Leméac, 2013, 235 p.
61. Simone Chaput, *Un piano dans le noir*, Saint-Boniface, Éditions du Blé, 1991, 206 p.
62. Simone Chaput, *Le Coulonneux*, Saint-Boniface, Éditions du Blé, 1998, 233 p.
63. Simone Chaput, *La belle ordure*, Saint-Boniface, Éditions du Blé, 2010, 202 p.
64. Simone Chaput, *Santiago*, Winnipeg, Turnstone Press, 2004, 229 p.
65. Simone Chaput, *A Possible Life*, Winnipeg, Turnstone Press, 2007, 257 p.
66. Gabrielle Pascal, « La fête de l'écriture », *Lettres québécoises*, n° 57, 1990, p. 23.

récent roman, *Un vent prodigue*, semblent à l'aise dans leur milieu d'origine même si la mère, ethnolinguiste de profession, a sillonné la planète afin d'étudier des langues en voie de disparition. Elle est d'ailleurs au Nunavut l'été durant lequel se déroule le roman.

L'espace manitobain n'est donc jamais présent dans les textes comme un lieu marquant l'appartenance à une communauté culturelle. Il est plutôt un espace familial, souvent étouffant. De même, les thèmes abordés ne s'inscrivent nullement dans un questionnement sur la condition franco-manitobaine. *Un vent prodigue*, par exemple, met en scène quatre membres d'une même famille qui font face à des drames personnels : le père, Yvan, professeur à la retraite, s'inquiète de la survie de la planète et des problèmes de sa famille, notamment de la santé de sa mère âgée ; la mère passe son dernier été sur le terrain à poursuivre ses recherches avant de prendre sa retraite ; Miguel, le fils, soutient son épouse qui se meurt d'un cancer, alors que Magali, la fille vit difficilement l'entrée dans la vie adulte. Paradoxalement, c'est dans *Santiago*, son premier roman en anglais, que l'écrivaine aborde une question propre à l'esthétique de l'exiguïté, soit l'assimilation. Le personnage principal, Dominique Kenyon LeQuéré, se rappelle, lors du pèlerinage à Compostelle qu'elle entreprend après son divorce avec une amie et le frère de celle-ci, comment elle s'est détachée de sa communauté d'origine lorsqu'elle est entrée à l'université :

> When Dominique arrived at university, everything changed. The professors called her LeQueer and were often bewildered by the convoluted structure of her English sentences. No one in her classes, at least as far as she could tell, had eight brothers and sisters at home, or regularly invited the parish priest for Sunday dinner, or made novenas to pass their exams. She was an anomaly. But she soon learned how easy it was to change all that. She simply stopped speaking French, refused to go to church, slowly began to ease her life out of the sticky tangle of family obligations […][67].

Toutefois, la question de l'acculturation de Dominique reste un drame bien secondaire dans ce roman, entièrement centré sur le

---

67. Simone Chaput, *Santiago*, p. 98.

deuil amoureux. Ce n'est que lors de sa marche vers Compostelle que Dominique fera la paix avec son passé, tant familial que conjugal, et parviendra à l'acceptation de soi. Comme le disait si bien Paul Savoie, dans la préface à la réédition de *La vigne amère*, « dans l'univers de Chaput, il faut toujours s'éloigner pour se connaître, fuir pour arriver, s'arracher à son lieu d'origine, pour se retrouver ou pour trouver ailleurs un lieu habitable[68] ».

Bref, le refus d'être confinée à l'exiguïté prend plusieurs formes dans l'œuvre des trois écrivaines. D'abord, celles-ci s'intéressent avant tout à l'identité personnelle et non pas à la politique ou à l'idéologie identitaire dont s'alimenteraient surtout les littératures minoritaires d'après les théoriciens. Elles délaissent donc les marques les plus apparentes d'appartenance à une collectivité culturelle telles que l'utilisation d'une langue vernaculaire, les thématiques collectives dont la minorisation et l'acculturation, mais c'est surtout par le traitement de l'espace, comme on a pu le voir, qu'elles se distinguent de leurs confrères. En effet, nulle obsession pour l'espace d'origine dans ces textes. Au contraire, l'ouverture sur l'ailleurs est peut-être leur caractéristique la plus marquée quoiqu'il aurait également été possible de montrer qu'elles privilégient un réseau intertextuel qui illustre leur conception du rôle de l'écrivain dans la société, un rôle qui se démarque également de celui dont sont investis les écrivains en contexte minoritaire par l'institution littéraire et par la communauté elle-même et qui est largement endossé par les hommes. Cela expliquerait d'ailleurs la place congrue faite aux femmes dans les littératures franco-canadiennes: le nombre d'études qui leur est consacré est de loin moindre que celui des analyses des textes masculins. François Paré signalait d'ailleurs cette situation dans son article sur l'écriture féminine en Acadie : « il est aussi évident que les luttes d'affirmation nationale ont fini par obscurcir la présence parcimonieuse, et pourtant insistante, d'une poésie écrite par des femmes[69] ». En effet, à part Gabrielle

---

68. Paul Savoie, « La beauté du déracinement », Simone Chaput, *La vigne amère*, 2ᵉ éd. revue et corrigée, Saint-Boniface, Éditions du Blé, coll. « Blé en poche », 2004, p. 13.
69. François Paré, « La chatte et la toupie : écriture féminine et communauté en Acadie », *Francophonies d'Amérique*, n° 7, 1997, p. 116.

Roy et Antonine Maillet, aucune écrivaine ni en Acadie, ni en Ontario, ni dans l'Ouest canadien ne connaît une importante réception critique avant les années 2000. Les cas de Gabrielle Roy et d'Antonine Maillet sont exceptionnels parce que ces écrivaines ont soit intégré le giron de la littérature québécoise (c'est le cas de Roy), soit écrit des œuvres à saveur particulariste et nationaliste qui avaient l'heur de correspondre aux attentes de la critique (c'est le cas de Maillet). Mais les écrivaines de la génération suivante, les Daigle, Chaput et Christensen, s'inscrivent dans des voies esthétiques différentes.

Cependant, il est nécessaire de préciser que ces écrivaines ne refusent pas tant l'exiguïté, qu'elles refusent d'y être confinées. En effet, nous l'avons vu, après avoir publié des œuvres décontextualisées, toutes trois font une place de plus en plus large à leur espace d'origine. En outre, Simone Chaput et France Daigle apprivoisent le vernaculaire. Évidemment, leur traversée des frontières de l'exiguïté ne se fait pas de la même façon ni au même rythme. L'œuvre de Simone Chaput connaît une évolution sans rupture marquée alors que celle de France Daigle se divise en deux périodes très distinctes l'une de l'autre. La première comprend ses sept premiers romans où la décontextualisation se fait de moins en moins marquée alors que la seconde est comme l'image inversée de la première : les quatre derniers romans sont plus ancrés dans le contexte acadien, mais ils restent néanmoins ouverts sur l'ailleurs. Dans le cas d'Andrée Christensen, le refus de l'exiguïté est sans doute le plus apparent. Il s'agit moins d'un refus de s'inscrire dans une norme prescrite que d'une pratique d'écriture éminemment subjective qui explore un imaginaire de la fin, qui s'exprime par une récurrence du thème de la mort dans l'ensemble de l'œuvre. Même dans *Depuis toujours, j'entendais la mer*, c'est la réflexion sur la mort qui donne à l'œuvre toute sa force et c'est la qualité de l'écriture qui lui confère sa valeur.

Qu'est-ce qui explique ces différences marquées dans l'évolution des trois œuvres ? Je pense qu'elles trouvent leur explication dans le contexte institutionnel où les œuvres voient le jour. Ainsi, bien que le refus d'être enfermées dans la littérature identitaire soit prégnant lorsque les trois écrivaines arrivent sur la scène littéraire, il n'en demeure pas moins qu'elles subissent malgré tout les effets de l'exiguïté littéraire institutionnel : là où la critique est la plus fortement encline à privilégier la lecture identitaire référentielle, soit en Ontario où René Dionne et Fernand Dorais ont donné le ton et ont privilégié une lecture hautement identitaire, l'écrivaine résiste le plus fortement; là où la critique a été la plus ouverte à l'écriture des femmes, sans doute à cause de la prégnance de Gabrielle Roy, l'écrivaine a moins senti le besoin de se libérer du carcan de l'exiguïté. Enfin, en Acadie, où une nouvelle génération de critiques, dont Raoul Boudreau qui a joué un rôle inestimable dans l'établissement d'un canon littéraire acadien moderne, l'écrivaine a eu une marge de manœuvre beaucoup plus large qui transparaît dans son œuvre par son passage d'un universalisme formaliste marqué par l'œuvre de Marguerite Duras à un particularisme individué et ludique qui lui permet de réinventer l'Acadie à sa propre mesure. Il me semble toutefois qu'une relecture des œuvres phares de l'exiguïté, écrites par des hommes, à partir de grilles de lecture qui délaisseraient l'obsession pour le politique, le communautaire et le particularisme permettrait de déceler chez eux une richesse dont la lecture référentielle n'a pas tenu compte. Eux aussi franchissent l'exiguïté et privilégient des lieux de rapprochement avec la littérature mondiale.

VERS UNE LITTÉRATURE FRANCO-CANADIENNE ? BASES CONCEPTUELLES ET INSTITUTIONNELLES D'UN NOUVEL ESPACE LITTÉRAIRE[1]

PÉNÉLOPE CORMIER
Université de Moncton, campus d'Edmundston

ARIANE BRUN DEL RE
Université d'Ottawa

Il est souvent question des littératures « francophones hors Québec » et des littératures « francophones minoritaires du Canada »; des littératures « acadienne » et « franco-ontarienne »; de *la* et *des* littératures « francophones de l'Ouest », ou encore, des littératures « franco-manitobaine », « fransaskoise », « franco-albertaine » et « franco-colombienne ». Voilà quelques façons de nommer, depuis l'éclatement du Canada français à la fin des années 1960, la totalité ou les parties de la défunte littérature « canadienne-française ». En forçant un peu la note, il serait même tentant de parler des « littératures-Canada en français », comme d'autres emploient la notion de « littérature-monde en français[2] ».

Depuis quelque temps, une autre expression fait surface ici et là : la *littérature franco-canadienne*, qui désigne l'ensemble des littératures de l'Acadie, de l'Ontario français et de l'Ouest

---

1. Cette réflexion vise à présenter les hypothèses du groupe de recherche *Nouvelles solidarités en littérature franco-canadienne*, composé des chercheures Ariane Brun del Re, Pénélope Cormier et Nicole Nolette. Nous remercions cette dernière de sa collaboration à la rédaction de cet article.
2. Muriel Barbery *et al.*, « Pour une "littérature-monde" en français », *Le Monde*, 15 mars 2007, en ligne : http://www.lemonde.fr/livres/article/2007/03/15/des-ecrivains-plaident-pour-un-roman-en-francais-ouvert-sur-le-monde_883572_3260.html (page consultée le 18 février 2014).

francophone tout en excluant celle du Québec[3], avec qui les rapports sont inégaux. Cette nouvelle dénomination ne règle sans doute pas pour de bon les problèmes définitoires auxquelles ces littératures sont confrontées depuis leur émergence[4], mais elle a certainement le mérite d'être plus euphonique que bien d'autres. Et elle tient compte de la multiplication et de la diversification des liens latéraux – c'est-à-dire sans passer par le centre québécois –, entre les espaces littéraires des trois grandes régions francophones minoritaires du Canada.

La question qui se pose maintenant est de voir si ces nouveaux liens sont simplement des alliances circonstancielles et stratégiques, ou s'ils constituent les signes précurseurs de la formation d'un ensemble littéraire cohérent. Afin d'explorer cette dernière possibilité, il s'agit de poser certaines bases conceptuelles concernant les ensembles littéraires plurinationaux, de revenir sur les phénomènes institutionnels qui permettent de croire à l'émergence d'une littérature franco-canadienne et de cerner quelques-unes des caractéristiques de ce nouvel espace littéraire.

LES ESPACES LITTÉRAIRES PLURINATIONAUX

Puisqu'il est question d'un ensemble réunissant plusieurs littératures, il est pertinent de s'attarder d'abord au mode de constitution des espaces littéraires plurinationaux. À cet égard, deux perspectives théoriques rivalisent. La première, celle de Pascale Casanova, postule une proximité entre la construction d'une nation et la construction d'une littérature[5]; l'internationalisation de l'espace

---

3. Cette dénomination exclut également les régions québécoises. Même si celles-ci entretiennent un rapport similaire au centre, Montréal, elles aspirent tout de même à faire partie de la littérature québécoise tandis que les littératures francophones du Canada – nous y reviendrons – se situent dans une logique d'affirmation par rapport au Québec.
4. À ce propos, voir Raoul Boudreau, « Paratopie et scène d'énonciation dans la littérature acadienne contemporaine », Lucie Hotte (dir.), *(Se) Raconter des histoires : Histoire et histoires dans les littératures francophones du Canada*, Sudbury, Prise de parole, coll. « Agora », 2010, p. 233-248.
5. Voir Pascale Casanova, *La République mondiale des lettres*, Paris, Seuil, coll. « Points », 1999 [2008], p. 62-65, de même que Itamar Even-Zohar, « The Role of Literature in the Making of the Nations of Europe: a Socio-

littéraire planétaire serait le résultat de trois étapes d'affirmation de littératures nationales. Le premier moment de son histoire correspondrait à l'autonomisation de la littérature française; le deuxième, à la fondation des littératures nationales européennes, et le troisième, à l'émergence de nouvelles littératures nationales à la faveur de la décolonisation[6].

Pour Casanova, les littératures nationales, de concert avec les États, se forment par « différenciation » : elles cherchent avant tout à affirmer leurs particularités, leur spécificité, bref, leur différence vis-à-vis d'un autre ensemble[7]. En ce sens, les paroles d'Immanuel Wallerstein sont bien à propos : « *the history of the world has been the very opposite of a trend towards cultural homogenization; it has rather been a trend towards cultural differentiation, or cultural elaboration, or cultural complexity*[8] ». De ce point de vue, qui met au centre de sa réflexion les littératures « nationales », les ensembles littéraires multinationaux sont surtout envisagés sur une base institutionnelle. S'impose alors le modèle relationnel centre-périphérie, très employé dans la Francophonie, car il rend compte des rapports asymétriques entre la capitale littéraire mondiale, Paris, et ses différentes périphéries francophones[9].

Semiotic Study », *Applied Semiotics = Sémiotique appliquée*, vol. 1, n° 1, 1996, p. 39-59 et Anne-Marie Thiesse, « Communautés imaginées et littératures », *Romantisme*, n° 143, 2008, p. 61-68.

6. Voir Pascale Casanova, *La République mondiale des lettres*, p. 78-79.
7. Voir *ibid.*, p. 63.
8. « [L]'histoire du monde n'a pas eu tendance à l'homogénéisation culturelle; elle a plutôt eu tendance à la différenciation culturelle, à l'invention culturelle et à la complexité culturelle » (Nous traduisons). Immanuel Wallerstein, « The National and the Universal: Can There be Such a Thing as World Culture? », Anthony D. King (dir.), *Culture, Globalization and the World-System. Contemporary Conditions for the Representation of Identity*, Minneapolis, University of Minnesota Press, 1997, p. 96.
9. Sur le modèle centre-périphérie dans la Francophonie, voir entre autres Pierre Halen, « Notes pour une topologie institutionnelle du système littéraire francophone », Papa Samba Diop et Hans-Jürgen Lüsebrink (dir.), *Littératures et sociétés africaines : regards comparatistes et perspectives interculturelles. Mélanges offerts à János Riesz*, Tübingen, Gunter Narr Verlag Tübingen, 2001, p. 55-67 et Pierre Halen, « Le "système littéraire francophone" : quelques réflexions complémentaires », Lieven D'hulst et Jean-Marc Moura (dir.), *Les études littéraires francophones : états des lieux*, Villeneuve-d'Ascq, Éditions du Conseil scientifique de l'Université Charles de Gaule – Lille III, 2003, coll. « UL3. Travaux et recherches », p. 25-37.

L'autre perspective théorique, qui est généralement le fait des comparatistes, s'intéresse à l'ensemble de la littérature planétaire. Plutôt que de se pencher sur le processus de différenciation nationale, elle s'attarde aux lieux de rassemblement et d'échanges de la «*world literature*». Depuis près d'un siècle et demi, cette notion a servi à désigner soit un canon littéraire – c'est-à-dire ce qu'on considère être les «meilleures» œuvres de toutes les littératures nationales[10] – qui, généralement par le biais de la traduction, circulent entre les frontières nationales, soit la somme de toutes les littératures qui s'influencent les unes les autres[11]. La décolonisation, avec les nombreuses différenciations nationales qu'elle a entraînées, a donné un nouvel élan à la «*world literature*» tout en rendant cette idée plus opératoire. Il s'agissait alors moins de trouver le plus petit dénominateur commun de l'ensemble littéraire planétaire que d'étudier des sous-ensembles internationaux, plus faciles à gérer.

À présent, l'idée de la «*world literature*» est surtout postcoloniale, et les systèmes littéraires proposés sont composés de multiples littératures nationales ayant une langue en partage, comme la littérature du Commonwealth ou la Francophonie littéraire – jusqu'à la tentative, en 2007, d'imposer la notion de «littérature-monde en français». Cette perspective reconnaît ainsi le triomphe d'espaces littéraires intermédiaires, à mi-chemin entre les littératures nationales prises isolément – qui sont un mythe, puisque les frontières littéraires ne correspondent pas nécessairement aux frontières politiques[12] et que les écrivains ont parfois davantage en commun avec des artistes d'ailleurs qu'avec leurs collègues immédiats – et l'unité tout à fait imaginée de la planète littéraire.

Curieusement, la littérature canadienne-française fonctionnait approximativement, il y a un demi-siècle, comme un

---

10. Sur cette première conception de la «world literature», voir notamment David Damrosch, *What is World Literature?*, Princeton, Princeton University Press, coll. «Translation/Transnation», 2003, 324 p.
11. Sur cette seconde conception de la «*world literature*», voir plutôt Franco Moretti, «Conjectures of World Literature», *New Left Review*, n° 1, 2000, p. 54-68 et Franco Moretti, «More Conjectures», *New Left Review*, n° 20, 2003, p. 73-81.
12. Voir Pascale Casanova, *La République mondiale des lettres*, p. 29.

espace littéraire intermédiaire. La suite de l'histoire est connue : à la fin des années 1960, le Québec adopte la stratégie de différenciation nationale, ce qui sonne le glas du Canada français. D'après François Charbonneau :

> [O]n assiste à l'émergence d'une « question nationale », c'est-à-dire que les francophones du Québec vivent une transformation identitaire qui les fait se concevoir comme appartenant désormais à la « nation québécoise » plutôt qu'à la nation canadienne-française comme c'était plutôt le cas jusque-là[13].

Or, dans la mesure où l'affirmation littéraire est menée conjointement à l'affirmation politique, la littérature canadienne-française ne pouvait exister puisque l'État-nation canadien-français était lui-même impossible. Autrement dit, si le Québec tenait à une reconnaissance politique classique, il n'avait d'autre choix que de se distancier du reste du Canada français de même que de son destin minoritaire. Et tout naturellement, la littérature a suivi. Elle se redéfinit alors comme une « *petite* littérature nationale », type d'ensemble littéraire exigu qui tend, selon François Paré, à « œuvrer au sein des grands projets politiques d'émancipation nationale et à y trouver une place privilégiée en tant que parole structurée[14] ».

En réaction à cette distanciation, les francophones du reste du Canada adoptent eux aussi le modèle de différenciation malgré l'inachèvement qui s'impose à leur situation minoritaire, dont l'impossibilité d'atteindre l'autonomie politique ou littéraire. Les littératures de l'Acadie, de l'Ontario français et de l'Ouest francophone, nouvellement constituées, cherchent à s'autonomiser du Québec en se rassemblant autour d'un certain nombre de centres régionaux. Moncton, Caraquet, Sudbury, Ottawa, Toronto et Saint-Boniface sont de ceux-ci. La nécessité de telles « capitales littéraires », même à des échelles aussi réduites, est ainsi décrite par Raoul Boudreau, qui résume les propos de Casanova :

---

13. François Charbonneau, « L'avenir des minorités francophones du Canada après la reconnaissance », *International Journal of Canadian Studies = Revue internationale d'études canadiennes*, n° 45-46, 2012, p. 163-186.
14. François Paré, *Les littératures de l'exiguïté*, Hearst (Ontario), Le Nordir, coll. « Essai », 1992, p. 18.

> [L]a construction d'une capitale littéraire est [...] un processus constitutif de l'émergence et de l'institutionnalisation d'une littérature, comme le sont la publication d'anthologies et la création de prix littéraires. Une littérature nationale sera plus visible si elle peut s'ancrer dans un lieu qui en rassemble les principales institutions[15].

Ces capitales cumulent habituellement deux fonctions: l'une symbolique, acquise à travers les représentations littéraires, et l'autre, institutionnelle, repérable à la concentration de lieux voués aux activités littéraires et culturelles, telles que les maisons d'édition, les compagnies et salles de théâtre ou les associations d'écrivains[16].

Malgré la mise en place de ces centres de création, les littératures francophones du Canada demeurent dans la sphère d'influence de Montréal, capitale de la production culturelle francophone tant du Québec que de l'Amérique[17]. C'est ainsi que l'ensemble «canadien-français», une fois morcelé, s'est reformé selon le schéma classique centre-périphérie, qui a dominé pendant quarante ans et demeure, pour une part, encore pertinent. En revanche, comme les institutions littéraires acadienne, franco-ontarienne et franco-ouestienne sont de plus en plus solides et mieux reconnues par la littérature québécoise, la rigidité du modèle centre-périphérie peut être contestée afin qu'on puisse plutôt envisager une reconsolidation des espaces franco-canadiens d'un point de vue littéraire.

UN ARCHIPEL FRANCO-CANADIEN

Des tentatives en ce sens ont déjà été entreprises par certains chercheurs[18], qui postulent la formation d'une Franco-Amérique

---

15. Raoul Boudreau, «La création de Moncton comme "capitale culturelle" dans l'œuvre de Gérald Leblanc», *Revue de l'Université de Moncton*, vol. 38, n° 1, 2007, p. 36.
16. Sur les capitales littéraires, voir Pascale Casanova, *La République mondiale des lettres*, p. 47.
17. Voir Pierre Halen, «Le "système littéraire francophone": quelques réflexions complémentaires», p. 32-33.
18. Voir notamment Yves Frenette, «Les mutations de la francophonie contemporaine», Yves Frenette, Étienne Rivard et Marc St-Hilaire (dir.),

incluant le Québec. Tirant profit de toutes les métaphores maritimes qu'une telle image entraîne – l'impression d'être *noyé* dans une mer anglophone, d'être *englouti* –, Pierre Nepveu décrit cet ensemble comme un « océan Amérique », duquel émergerait un archipel francophone. Il reconnaît du même coup les inégalités entre l'île principale, le Québec, et les autres :

> L'impossible ou du moins l'improbable, l'invraisemblable, n'y a-t-il pas là quelque chose qui décrit avec justesse le fait d'écrire *des poèmes en français* en Amérique du Nord ? N'est-ce pas ce qui, tout compte fait et malgré l'évidente asymétrie entre le Québec et l'ensemble de la Franco-Amérique, nous rassemble quelque part[19] ?

La figure de l'archipel, d'abord mise de l'avant par Édouard Glissant puis reprise par François Paré[20], est encore plus efficace pour décrire un éventuel « Franco-Canada ». Les littératures acadienne, franco-ontarienne et franco-ouestienne s'accommodent tout naturellement de cette pensée en archipel, chacune étant constituée d'un groupement d'îles, qu'on songe au « triangle franco-ontarien[21] » dont Sudbury, Ottawa et Toronto forment les pointes, au tiraillement de l'Acadie entre une demi-douzaine de régions isolées, ou à la répartition de l'Ouest francophone entre plusieurs provinces. En outre, l'archipel franco-canadien repose sur une réalité institutionnelle qui fait défaut à sa contrepartie franco-américaine.

Depuis la fin des années 1980, les littératures de l'Acadie, de l'Ontario français et de l'Ouest francophone tendent à converger sur le plan des institutions grâce à des instances comme

---

La francophonie nord-américaine, Québec, Presses de l'Université Laval, 2012, p. 281-285.
19. Pierre Nepveu, « L'océan Amérique : notes sur un archipel identitaire », Jocelyne Le Ber et Lélia L. M. Young (dir.), *Langages poétiques et poésie francophone en Amérique du Nord. Actes du colloque tenu à Toronto du 1er au 3 octobre 2009*, Québec, Presses de l'Université Laval, 2012, p. 21.
20. Voir Édouard Glissant, *Introduction à une poétique du divers*, Paris, Gallimard, 1996 [1995], p. 43-44 et François Paré, *La distance habitée*, Ottawa, Le Nordir, coll. « Roger-Bernard », 2003, p. 185.
21. *Ibid.*, p. 182.

le Regroupement des éditeurs canadien-français (RECF), la collection « Bibliothèque canadienne-française », la revue *Liaison* et le prix des lecteurs Radio-Canada. Le milieu littéraire emboîte ainsi le pas aux initiatives de la communauté théâtrale qui met sur pied l'Association des théâtres francophones du Canada (ATFC) – alors connue sous le nom d'Association nationale des théâtres francophones hors Québec – dès 1984. Fondé dans le but de « former un front commun inclusif visant à défendre les intérêts et à assurer le développement et la promotion des théâtres francophones professionnels œuvrant dans les régions canadiennes où les francophones sont minoritaires[22] », l'organisme compte aujourd'hui quatorze membres répartis à travers le pays. Cette association était responsable du Masque de la production franco-canadienne, distinction attribuée chaque année lors de la Soirée des Masques, à Montréal, jusqu'à la disparition de cet évènement en 2008. Au fil des ans, le réseau mis en place par l'Association a facilité les collaborations et les coproductions entre compagnies de différentes régions, en particulier grâce à leur programme des Voyagements[23].

De telles collaborations doivent également à la biennale Zones théâtrales, produite par le Centre national des arts du Canada. Le festival, qui en était à sa sixième édition à l'automne 2015, a pour objectif de « proposer un temps de rencontre et un lieu de rayonnement pour le théâtre professionnel des communautés francophones canadiennes et des régions du Québec, ceux qui le créent et ceux qui s'y intéressent[24] ». Avec ses spectacles, mais

---

22. « Mission et vision », site Web de l'Association des théâtres francophones du Canada, en ligne : http://atfc.ca/index.cfm?Voir=sections&Id=17927&M=4104&Repertoire_No=-589634889 (page consultée le 21 février 2014).
23. Jane Moss, « Les théâtres francophones post-identitaires : état des lieux », *Canadian Literature*, n° 187, 2005, p. 66-67.
24. « À propos », site Web de Zones théâtrales, en ligne : http://zonestheatrales.ca/about/ (page consultée le 25 février 2014). Dans sa première mouture, le festival s'adressait uniquement aux créateurs franco-ontariens : les 10 jours de la dramaturgie franco-ontarienne organisés par le Théâtre français du Centre national des arts du Canada en 1994 sont devenus les 15 jours de la dramaturgie des régions. L'évènement a ensuite été rebaptisé Festival du théâtre des régions avant de prendre sa forme actuelle. Voir Danièle Vallée, « Quand Paul Lefebvre parle des Zones théâtrales », *Liaison*, n° 145, 2009, p. 18.

aussi avec ses mises en lecture et ses ateliers, ce festival permet aux artisans du milieu théâtral qui évoluent à l'extérieur des grands centres canadiens de réseauter tout en brisant l'isolement inévitable de la périphérie[25].

Du côté de la littérature, le pendant de l'ATFC, le Regroupement des éditeurs canadiens-français (RECF), est fondé cinq ans plus tard pour permettre aux principales maisons d'édition de la francophonie canadienne minoritaire de «mener des actions concertées dans le domaine de la commercialisation, de la promotion, de la représentation et de la formation[26]». Depuis, l'organisme s'est notamment chargé d'assurer la distribution des livres à travers le pays grâce à une entente collective avec Prologue, de représenter les éditeurs franco-canadiens auprès des libraires québécois et étrangers, ainsi que de préparer un kiosque commun lors des principaux salons du livre[27]. Ces réalisations ont permis de fédérer les éditeurs franco-canadiens qui évoluaient jusque-là en parallèle, et de les présenter comme des alliés, unis sous une même bannière.

Le même effet est obtenu par la collection «Bibliothèque canadienne-française», initiative des maisons d'édition Le Nordir et L'Interligne. Ouverte à plusieurs membres du RECF, cette collection rend accessibles à petit prix les incontournables de la littérature franco-canadienne. Sa création a contribué à la légitimation des littératures francophones du Canada, comme l'explique Yvan G. Lepage:

> En rééditant sous un même label de qualité des œuvres qui, prises isolément, risquent de tomber dans l'oubli ou de rester clandestines, on leur confère l'indispensable visibilité que requiert le marché pléthorique du livre, et on en décuple la valeur symbolique[28].

---

25. Voir à ce propos le témoignage d'un comédien de l'Ouest recueilli lors de l'édition 2005 et cité dans Danièle Vallée, «Ô festives: zones théâtrales!», *Liaison*, n° 130, 2005-2006, p. 19.
26. «À propos du RECF», site Web du Regroupement des éditeurs canadiens-français, en ligne: https://avoslivres.ca/about/ (page consultée le 20 février 2014).
27. *Ibid.*
28. Yvan G. Lepage, «Rôle et enjeux de la collection "Bibliothèque canadienne-française"», *Liaison*, n° 129, 2005, p. 73.

Le catalogue comprend en 2014 plus d'une trentaine de titres qui, malgré une forte prédominance ontarienne, sont tirés des trois régions francophones minoritaires.

Plusieurs écrivains acadiens, émergents ou confirmés, publient également en Ontario depuis la fermeture des Éditions d'Acadie en 2000. C'est dans cette foulée que Prise de parole, maison d'édition traditionnellement associée au réveil identitaire franco-ontarien du début des années 1970, prend la décision « d'élargir [son] mandat pour englober l'ensemble du Canada francophone [...], intégrant dans ses comités d'édition des représentants de l'Acadie[29] ». Prise de parole a par ailleurs acquis une partie des stocks de son homologue acadienne afin d'assurer la disponibilité de certains livres, dont elle s'occupe maintenant, dans certains cas, de la réédition.

Les auteurs franco-canadiens se côtoient également au sein de *Liaison*, la seule revue entièrement vouée aux arts de l'Ontario, de l'Acadie et de l'Ouest francophone. À l'origine, cette publication n'était qu'un modeste bulletin d'information pour l'organisme Théâtre Action, qui opère à l'échelle franco-ontarienne. La revue adopte officiellement un mandat pancanadien en 2006, accomplissant alors les objectifs qu'elle s'était fixés dans un numéro précédent consacré à la francophonie canadienne, soit de « [c]réer un espace pour toutes les provinces canadiennes qui donnerait la possibilité aux artistes de vivre une interaction avec une critique sérieuse et avertie » et de « [r]approcher les communautés : les artistes, les critiques, les intervenants des milieux des arts et créer une unité plus soudée et harmonieuse[30] ».

Le prix des lecteurs Radio-Canada connaît une évolution similaire à *Liaison* en ce sens qu'il s'est d'abord adressé à l'Ontario avant de s'étendre à l'ensemble de la francophonie canadienne en 2007. Lancé par la Première Chaîne de Radio-Canada dans le Nord de l'Ontario en 2000, le prix acquiert une portée provinciale l'année suivante. Il a alors pour objectif de « créer une communauté de lecteurs intéressés à la littérature

---

29. David Lonergan, « Préface : un peu d'histoire », *Paroles d'Acadie : anthologie de la littérature acadienne (1958-2009)*, Sudbury, Prise de parole, coll. « Agora », 2010, p. 30.
30. Arash Mohtashami-Maali, « Éditorial : sous le signe de l'unité », *Liaison*, n° 129, 2005, p. 6.

contemporaine ontarienne, souvent méconnue[31] ». Par la suite, ce prix vise plutôt à « faire découvrir les œuvres littéraires de la francophonie canadienne[32] », notamment au Québec où il était fortement médiatisé jusqu'à sa dernière édition en 2014. Tout comme les œuvres littéraires éligibles, le jury était lui aussi pancanadien : tous les ans, deux lecteurs de l'Ouest, de l'Ontario et de l'Atlantique étaient sélectionnés pour évaluer les titres finalistes et décerner le prix.

En 1992, dans *Les littératures de l'exiguïté*, un ouvrage autour duquel s'est constituée une communauté interprétative de chercheurs de l'Ontario, de l'Acadie et de l'Ouest, Paré insistait précisément sur la nécessité de bâtir une solidarité entre les marges sans toutefois qu'elle nuise à leur identité respective :

> Ce qui sauvera les laissés pour compte, c'est la solidarité de leur geste ironique. *L'amitié*. Cette solidarité n'est pas identitaire : elle ne permet pas de récupérer l'espace et le temps dérobés. Mais les *petites* cultures sont métamorphiques. Il est possible d'être à la fois juif, hottentot, arabe, berbère, indien, zoulou et métis[33].

C'est ce même type de solidarité, que Marcel Olscamp désigne de son côté par l'idée de « convivialité[34] », qui semble animer la littérature franco-canadienne. Elle se manifeste d'abord par un « réseau de sociabilité » commun à plusieurs écrivains et, au sein des œuvres, par des salutations, des citations, des épigraphes et des dédicaces[35]. Quoique, d'une part, ces alliances permettent de reconnaître l'existence d'un système institutionnel commun, d'autre part, chaque composante de l'archipel maintient une

---

31. « Prix des lecteurs Radio-Canada 2014. Pour une littérature franco-canadienne », site Web de Radio-Canada, en ligne : http://ici.radio-canada.ca/prixdeslecteurs/pdl/prix-des-lecteurs/ (page consultée le 31 août 2014).
32. *Ibid.*
33. François Paré, *Les littératures de l'exiguïté*, p. 74.
34. Voir Marcel Olscamp, « Les poètes de la convivialité », Robert Viau (dir.), *La création littéraire dans le contexte de l'exiguïté*, Beauport (Québec), Éditions MNH, coll. « Écrits de la francité », 2000, p. 495-507. Tout comme Boudreau, Olscamp revient lui aussi sur la difficulté de nommer ces littératures.
35. Voir *ibid.*, p. 500 et 497.

autonomie et ses particularités dans l'ensemble franco-canadien. Il est possible, en d'autres mots, d'envisager *une* littérature franco-canadienne tout comme *des* littératures franco-canadiennes[36]. Ainsi, ce que nous appelons *différenciation solidaire* – nous croisons ici la notion de « différenciation » de Pascale Casanova, désignant la nécessité des communautés et des littératures de se définir en s'affirmant par rapport aux autres, avec la « solidarité » de François Paré – serait fondateur de cet espace littéraire nouvellement reconstitué. La « différenciation solidaire » agit à plusieurs niveaux qu'il convient à présent d'examiner.

LES DIFFÉRENCIATIONS SOLIDAIRES

La première « différenciation solidaire » de la littérature franco-canadienne se fait en fonction du Québec, qui n'est donc pas, en fin de compte, absent de la configuration. Suite à la rupture du Canada français, le modèle centre-périphérie fonctionne plutôt bien pour la littérature québécoise et les autres littératures francophones du Canada. Examinant les rapports entre le Québec et ses marges, Benoit Doyon-Gosselin avance que

> bien au-delà des œuvres, la dépendance envers le centre littéraire québécois se fait sentir au plan sociologique. On pense entre autres au choix du lieu d'écriture. Un bon nombre d'écrivains reconnus de la francophonie canadienne liminaire, pour emprunter le magnifique adjectif de Michel Biron, ont pris la décision de s'établir au Québec. Que ce soit pour des raisons professionnelles ou personnelles, les départs de la périphérie vers le centre permettent aux auteurs d'obtenir un meilleur rayonnement[37].

Mais les artistes sont de moins en moins contraints de déménager au Québec comparativement aux écrivains de la génération

---

36. Dans une même logique, les différentes configurations possibles – Franco-Canada et Franco-Amérique avec ou sans le Québec – permettent d'examiner différents phénomènes.
37. Benoit Doyon-Gosselin, « (In)(ter)dépendance des littératures francophones du Canada », *Québec Studies*, vol. 49, 2010, p. 48.

de Gabrielle Roy ou d'Antonine Maillet. Là où les littératures franco-canadiennes sont solidaires, c'est justement dans leur affirmation périphérique commune, dans leur différenciation du Québec. Herménégilde Chiasson en disait tout autant, au début des années 2000, dans un texte presque programmatique concernant la littérature franco-canadienne :

> Du centre, on nous renvoie dans la périphérie, dans une solitude circulaire où nous tournons en rond. C'est pourquoi ma proposition pour rompre cette solitude serait de briser ce cercle vicieux pour proposer un cheminement parallèle. Je vois déjà poindre nombre de scénarios-catastrophes dont on craint la réalisation à plus ou moins long terme, car plusieurs sont convaincus que la francophonie américaine est impensable sans le secours du Québec. Or, il se trouve que le Québec a autre chose à vivre. Culturellement parlant, la société québécoise s'affiche déjà comme une société distincte qui nous exclut dans cette solitude qui nous rassemble aujourd'hui[38].

Pour Chiasson, la remise en question d'un rapport au centre jugé inadéquat passe nécessairement par une solidarisation des périphéries.

Il reste à voir si le rôle du Québec a évolué au cours des dernières années. La reconnaissance d'une littérature « franco-canadienne » dans l'institution littéraire québécoise de même que l'établissement de nouvelles solidarités entre ces deux ensembles sont-ils envisageables ? Jean Morency et Pamela Sing constatent tous les deux une ouverture, quoique timide, dans la représentation que le Québec se fait du Canada francophone. Alors que Morency traite du possible « retour du refoulé canadien-français[39] », Sing avance que « *contemporary voices appear eager to imagine a revival of the country's francophone spaces from an inclusive and*

---

38. Herménégilde Chiasson, « Les solitudes parallèles », Simon Langlois et Jean-Louis Roy (dir.), *Briser les solitudes. Les francophonies canadiennes et québécoise*, Québec, Nota bene, 2003, p. 88.
39. Jean Morency, « Dérives spatiales et mouvances langagières : les romanciers contemporains et l'Amérique canadienne-française », *Francophonies d'Amérique*, n° 26, 2008, p. 32.

relational perspective that also acknowledges the distance that has developed[40] ».

Sing examine notamment la place accordée à la littérature franco-canadienne dans la nouvelle *Histoire de la littérature québécoise* (2007)[41]. La section est certes brève et incomplète – l'Ouest est entièrement évacué –, mais elle se veut encourageante, surtout lorsqu'on songe aux nombreuses revues québécoises, comme *Voix et Images*, *Tangence*, *Québec français* et *Nuit blanche*, qui ont consacré des articles ou des numéros complets aux littératures franco-canadiennes au cours des dernières années[42]. En somme, il est indéniable que les littératures francophones du Nouveau-Brunswick et de l'Ontario jouissent d'une reconnaissance grandissante au Québec. Si elles sont moins reconnues, celles de la Nouvelle-Écosse et de l'Ouest font cependant preuve d'un dynamisme prometteur pour l'avenir, comme en témoignent les succès récents de Georgette LeBlanc et de Gilles Poulin-Denis.

Une deuxième « différenciation solidaire » est peut-être apte à modifier les rapports avec le Québec : la consolidation des instances institutionnelles en un centre franco-canadien. Étant donné la nature plurielle de la littérature franco-canadienne, un tel centre n'aurait pas nécessairement à endosser la fonction symbolique d'une capitale littéraire – il n'est pas question de créer un espace littéraire uniforme qui atténuerait les particularités de chaque région –, mais seulement sa fonction institutionnelle, qui permet de solidifier l'ensemble et de maximiser sa visibilité. Située à mi-chemin entre l'Ouest et l'Acadie, de même qu'entre Montréal et Toronto, les pôles culturels du Québec et du Canada anglais, Ottawa constitue l'emplacement idéal pour un tel centre, d'autant plus que toutes les composantes du réseau institutionnel franco-canadien sauf exception y ont élu domicile.

---

40. « [L]es voix contemporaines semblent désireuses d'imaginer un renouveau des espaces francophones du pays dans une perspective inclusive et relationnelle qui tient également compte de la distance qui s'est développée » (Nous traduisons). Pamela V. Sing, « Writing the hinterland (back) into the heartland: the Franco-Canadian Farouest in two novels by Nicolas Dickner and D. Y. Béchard », *British Journal of Canadian Studies*, vol. 24, n°2, 2011, p. 222.
41. *Ibid.*, p. 224.
42. Voir Benoit Doyon-Gosselin, « (In)(ter)dépendance des littératures francophones du Canada », p. 55-56.

La capitale fédérale abrite les bureaux de plusieurs instances littéraires pancanadiennes tels que ceux de l'Association des théâtres francophones du Canada, du Regroupement des éditeurs canadiens-français et de *Liaison*. Elle accueille aussi le festival Zones théâtrales. Incidemment, les deux maisons d'édition à l'origine de la collection « Bibliothèque canadienne-française » étaient elles aussi situées à Ottawa[43]. C'est sans mentionner les nombreuses associations franco-canadiennes non artistiques qui ont choisi de s'installer dans la capitale fédérale, telles que la Fédération des communautés francophones et acadienne ou l'Alliance des radios communautaires[44].

Cette concentration d'institutions francophones à Ottawa, qui s'explique assurément par son rôle de capitale fédérale, contribue néanmoins à l'impression que la ville agit à titre de carrefour de la francophonie canadienne. Cette fonction aurait par ailleurs déjà été sienne au tout début de la Confédération canadienne. Selon Paré, « dès le tournant des années 90, Ottawa a recommencé à jouer le rôle matriciel que la ville avait adopté […] au XIXe siècle[45] ». L'affirmation concerne en particulier la littérature franco-ontarienne, mais elle est tout aussi pertinente pour l'ensemble du Canada francophone. Devenue capitale fédérale contre toutes attentes en 1857, Ottawa attire rapidement bon nombre de francophones lettrés en provenance des quatre coins du pays. Ces francophones, désireux d'alimenter une scène culturelle à l'image de celle qui prévaut à Montréal ou à Québec, graviteront autour d'organisations tels que l'Institut canadien-français, fondé dès 1852, qui sert à accueillir des conférences littéraires, un cabinet de lecture et un cercle dramatique plutôt prolifique. Rapidement, le milieu théâtral et littéraire d'Ottawa prend une ampleur qui surpasse celle qu'on retrouve habituellement dans les villes de cette taille.

---

43. Jusqu'à la fermeture des Éditions du Nordir en 2012.
44. Soulignons qu'un certain nombre d'institutions francophones véritablement pancanadiennes – car elles englobent le Québec – se situent également à Ottawa, comme le Centre national des arts. Malgré tout, le dynamisme culturel du Québec prend plutôt racine à Montréal. D'ailleurs, le Centre national des arts a été fondé dans le cadre du centenaire du pays, soit au moment même de la rupture du Canada français.
45. François Paré, *Théories de la fragilité*, Ottawa, Le Nordir, coll. « Essai », 1994, p. 17.

À l'échelle de l'Ontario français, Ottawa perd son statut de pôle artistique au début des années 1970[46]. « Trop outaouaise pour être ontarienne, trop fédérale pour recevoir un titre provincial, trop fonctionnaire pour prétendre à un statut populaire[47] », la ville s'avère peu propice à l'accueil du renouveau culturel qui anime la communauté franco-ontarienne d'alors et qui prend racine à Sudbury. Et pourtant, ces mêmes caractéristiques qui empêchaient Ottawa de l'emporter sur Sudbury et de devenir la principale capitale littéraire de l'Ontario sont précisément celles qui en font un centre adéquat pour la littérature franco-canadienne : sa frontière avec l'Outaouais facilite le tremplin des artistes vers Montréal ; son rôle sur le plan fédéral en fait un point de ralliement évident pour les francophonies canadiennes ; et sa fonction publique lui donne l'expertise nécessaire à la gestion de l'appareil littéraire franco-canadien. Ainsi, la consolidation de l'institution littéraire à Ottawa pourrait assurer une plus grande visibilité à la littérature franco-canadienne et permettre la mise en place d'un nouveau rapport avec le Québec, relevant cette fois non plus d'une relation centre-périphérie, mais de la « contiguïté », pour reprendre la notion de Catherine Leclerc et de Lianne Moyes[48].

Une telle contiguïté régit déjà les liens entre l'Acadie, l'Ontario français et l'Ouest francophone. Grâce à cette solidarité interne, troisième « différenciation solidaire », la littérature franco-canadienne semble réussir ce que Lise Gauvin reproche à un autre ensemble regroupant plusieurs littératures d'avoir échoué : « Il y aura une véritable "littérature-monde en français" lorsque des liens

---

46. Sur le rôle d'Ottawa pour la littérature franco-ontarienne, voir Ariane Brun del Re, « À la croisée de *La Côte de Sable* et de *King Edward*. Ottawa, capitale littéraire de l'Ontario français ? », *Francophonies d'Amérique*, n° 34, 2012, p. 105-135 et Ariane Brun del Re, « Ottawa, entre capitale fédérale et capitale littéraire », Anne-Yvonne Julien (dir.), *Littératures québécoise et acadienne contemporaines. Au prisme de la ville*, avec la collaboration de André Magord, Rennes, Presses universitaires de Rennes, coll. « Plurial », p. 139-149.
47. Marc Haentjens, « Ottawa, capitale en trompe-l'œil : introduction », *Liaison*, n° 72, 1993, p. 16.
48. Voir Catherine Leclerc et Lianne Moyes, « La littérature en contiguïté : France Daigle au Québec, France Daigle et le Québec », *Voix et Images*, vol. 27, n° 3, 2012, p. 127-143.

seront créés d'une littérature à une autre sans passer par quelque centre que ce soit. Cela reste à venir[49]. » Au sujet des rapports latéraux, souvent absents entre espaces littéraires, Françoise Lionnet et Shuh-Mei Shih renchérissent : « *More often than not, minority subjects identify themselves in opposition to a dominant discourse rather than vis-à-vis each other and other minority groups. We study the center and the margin but rarely examine the relationships among different margins*[50]. »

Au contraire, l'ensemble franco-canadien est exemplaire du « micro-cosmopolitisme » de Michael Cronin, qu'il conçoit comme « une défense des différences non pas au-delà, mais au sein même de l'unité nationale[51] ». La littérature franco-canadienne recouvrant d'emblée plusieurs espaces littéraires, elle correspond encore mieux à la notion voisine de « *minor transnationalism* », définie par Lionnet et Shih en ces termes :

> *Unlike the post-national or nomadic identities that are relatively unmoored from the control of the state and bounded territories, minor transnationality points toward and makes visible the multiple relations between the national and the transnational. It recognizes the difficulty that minority subjects without a statist*

---

49. Lise Gauvin, « La francophonie littéraire, un espace encore à créer », Lise Gauvin (dir.), *Les littératures de langue française à l'heure de la mondialisation*, Montréal, Hurtubise/Académie des lettres du Québec, 2010, p. 29.
50. « Plus souvent qu'autrement, les sujets minoritaires s'identifient en opposition à un discours dominant plutôt que par rapport à eux-mêmes et aux autres groupes minoritaires. Nous étudions le centre et la marge, mais nous examinons rarement les relations entre les différentes marges. » (Nous traduisons) Françoise Lionnet et Shuh-Mei Shih, « Introduction », Françoise Lionnet et Shuh-Mei Shih (dir.), *Minor Transnationalism*, Durham, Duke University Press, 2005, p. 2. On se souviendra de la tirade suivante de Marc Prescott : « Je suis tanné qu'on me dise que je suis un francophone "hors" Québec. Je ne suis pas à l'extérieur de quoi que ce soit. » Voir Marc Prescott, « Je suis tanné », *taGueule!*, 13 avril 2012, en ligne : http://tagueule.ca/2012/04/13/je-suis-tanne/ (page consultée le 28 février 2014).
51. Michael Cronin, « Identité, transmission et l'interculturel : pour une politique de micro-cosmopolitisme », Jean Morency *et al.* (dir.), *Des cultures en contact : visions de l'Amérique du Nord francophone*, Québec, Nota bene, 2005, p. 21.

> *parameter of citizenship face when the nation-state remains the chief mechanism for dispersing and regulating power, status, and material resources*[52].

Paradoxalement, cette solidarité « transnationale » fera sans doute émerger d'autres différenciations, c'est-à-dire dégagera les spécificités de chacun des sous-ensembles franco-canadiens. La littérature acadienne, par exemple, se situe dans un double rapport centre-périphérie, vis-à-vis du Québec d'abord, mais aussi de la France, ce qui n'est pas le cas de ses contreparties franco-canadiennes[53]. En revanche, on peut concevoir la littérature franco-ouestienne comme étant dans une position similaire par rapport au Québec et à l'Ontario[54]. Quant à la littérature franco-ontarienne, elle se démarque par la solidité et l'étendue de son réseau institutionnel. Encore une fois, il est possible d'aller et de venir entre *la* et *les* littératures franco-canadiennes sans se buter à une rigidité incontournable.

Le pari de cette position est de faire ressortir les stratégies créatrices communes aux auteurs franco-canadiens. Car là où le transnationalisme mineur devient véritablement intéressant, c'est lorsqu'il transcende les simples rapports institutionnels pour marquer également les pratiques d'écriture d'un espace littéraire

---

52. « Contrairement aux identités post-nationales ou nomades qui sont relativement affranchies du contrôle de l'État et des territoires qu'il délimite, le transnationalisme mineur souligne et rend visible les multiples relations entre le national et le transnational. Il reconnaît les difficultés auxquelles font face les sujets minoritaires sans les paramètres étatistes d'une citoyenneté alors que l'état-nation demeure le principal mécanisme pour la distribution et la régulation du pouvoir, du statut et des ressources matérielles. » (Nous traduisons) Françoise Lionnet et Shuh-Mei Shih, « Introduction », p. 8.
53. Voir Raoul Boudreau, « La littérature acadienne face au Québec et à la France. Une double relation centre/périphérie », Madeleine Frédéric et Serge Jaumain (dir.), *Regards croisés sur l'histoire et la littérature acadiennes*, Bruxelles, P.I.E.-Peter Lang, coll. « Études canadiennes », 2006, p. 1-15.
54. L'exemple de Paul Savoie, originaire du Manitoba, est très évocateur à ce propos : plutôt que de s'installer à Montréal, il choisit de déménager à Toronto et d'intégrer l'institution littéraire de l'Ontario français. On le considère aujourd'hui à la fois comme un écrivain franco-manitobain et un écrivain franco-ontarien.

à l'autre. L'examen des œuvres franco-canadiennes pourrait ainsi, comme certains observateurs l'ont déjà fait, situer les innovations scripturaires au centre de la réflexion :

> *Common conceptions of resistance to the major reify the boundaries of communities by placing the focus on action and reaction, excluding other forms of participation in the transnational that may be more proactive and more creative even while economically disadvantaged*[55].

Ces stratégies créatrices répondent à l'aporie des petites littératures, c'est-à-dire à la tension synchronique entre l'impératif identitaire et l'impératif esthétique, que François Paré nomme la littérature de la conscience et la littérature de l'oubli[56].

Les pratiques d'écriture communes à l'Acadie, à l'Ontario et à l'Ouest mènent à une dernière « différenciation solidaire », vis-à-vis de leur communauté cette fois-ci. Lors des premières années d'existence d'une petite littérature, l'écrivain minoritaire est sans cesse tiraillé entre la défense – parfois volontaire, mais souvent perçue comme une obligation – de sa collectivité et son travail proprement littéraire, pourtant jamais remis en question pour les artistes évoluant en milieux majoritaires. C'est ce que dénonçait justement Herménégilde Chiasson en employant une formule dans laquelle se reconnaissent tous les artistes évoluant dans des petites cultures : « Nous sommes donc devenus des Acadiens avant

---

55. « Les conceptions habituelles de la résistance à la majorité brouillent les frontières des communautés en mettant l'accent sur l'action et la réaction, tout en excluant d'autres formes de participation au transnational qui pourraient être plus proactives et plus créatives, même si elles représentent économiquement un désavantage. » (Nous traduisons) Françoise Lionnet et Shuh-Mei Shih, « Introduction », p. 7.
56. Voir François Paré, *Les littératures de l'exiguïté*, p. 123-136. Pour Lionnet et Shih, le transnational permet justement de surmonter cette dichotomie : « *The transnational [...] is not bound by the binary of the local and the global and can occur in national, local or global spaces across different and multiple spatialities and temporalities.* » « Le transnational ne dépend pas d'un raisonnement binaire qui l'obligerait à choisir entre le local et le global ; il peut prendre forme dans des espaces nationaux, locaux et globaux à travers des spatialités et des temporalités différentes et multiples. » (Nous traduisons) Françoise Lionnet et Shuh-Mei Shih, « Introduction », p. 6.

d'être des artistes. L'adjectif a supplanté le nom[57].» Ce rapport ambivalent à la communauté, propre à toutes les littératures franco-canadiennes, ajoute à leur différenciation à l'égard de la littérature québécoise, qui a largement dépassé ce débat en période contemporaine.

Au Canada francophone, les chercheurs tentent depuis une vingtaine d'années de trouver les moyens, critiques et analytiques, de résoudre ce paradoxe, c'est-à-dire de mettre en valeur les propositions esthétiques des œuvres minoritaires tout en reconnaissant que l'identité demeure une référence importante sans pour autant être essentielle[58]. Au milieu des années 1990, Paré s'interrogeait à savoir si le rapport entre le littéraire et l'identitaire était inévitablement polarisé :

> Les enjeux esthétiques qui animent toute œuvre de littérature doivent-ils nécessairement provoquer un éclatement de la communalité, mener à une irrecevabilité du *nous*? N'y a-t-il de rupture esthétique que dans la singularité d'un sujet, posant radicalement sa différence sur le monde? Ou, au contraire, est-il possible d'envisager la réversibilité du discours critique dans les termes mêmes qui lient de manière extrêmement complexe tout texte à la communauté, du moins à une communauté[59]?

Boudreau ne se demandait pas autre chose dix ans plus tard : « Ne pourrait-on pas imaginer une forme de conscience du contexte d'énonciation qui puisse s'associer à une véritable invention de formes poétiques[60]? »

---

57. Herménégilde Chiasson, «Toutes les photos...», Robert Dickson, Annette Ribordy et Micheline Tremblay (dir.), *Toutes les photos finissent-elles par se ressembler? Actes du forum sur la situation des arts au Canada français*, Sudbury, Prise de parole/Institut franco-ontarien, 1999, p. 87.
58. Voir notamment les articles parus dans Lucie Hotte et François Ouellet (dir.), *La littérature franco-ontarienne: enjeux esthétiques*, Hearst (Ontario), Le Nordir, 1996, 137 p.
59. François Paré, «Pour rompre le discours fondateur: la littérature et la détresse», Lucie Hotte et François Ouellet (dir.), *La littérature franco-ontarienne: enjeux esthétiques*, Hearst (Ontario), Le Nordir, 1996, p. 18.
60. Raoul Boudreau, «La poésie acadienne depuis 1990: diversité, exiguïté et légitimité», Robert Yergeau (dir.), *Itinéraires de la poésie: enjeux actuels en Acadie, en Ontario et dans l'Ouest canadien*, Ottawa, Le Nordir, 2004, p. 95.

Les deux termes de la « différenciation solidaire » expriment les pôles de ce paradoxe. D'une part, l'auteur franco-canadien se veut solidaire de la communauté dont il relève ; d'autre part, il cherche à se distancier du rôle social de l'artiste en milieu minoritaire, ce qu'il accomplit entre autres en priorisant le travail formel ou en abordant des thèmes décontextualisés. Or, depuis les années 1990, les deux attitudes coexistent non seulement chez les mêmes auteurs, mais au sein de certaines de leurs œuvres. Pour Lucie Hotte, les écrivains parviennent à réconcilier les deux pôles de ce paradoxe en adoptant une « troisième voie », qui serait celle de l'individualisme, « [n]on pas d'un individualisme qui fait abstraction de l'appartenance de l'individu à un groupe, mais plutôt d'un individualisme qui fonde la communauté[61] ». Autrement dit, l'auteur est tout autant un individu membre d'une collectivité qu'un individu poussé par ses aspirations artistiques. Et c'est avec son parcours individuel au sein de la communauté qu'il écrit.

De son côté, Raoul Boudreau observe que bon nombre de poètes acadiens adoptent une autre solution pour réconcilier les deux impératifs auxquels ils font face. Ils développent des thèmes non spécifiques à l'Acadie – ceux-ci sont parfois intimes, parfois mondiaux –, mais dans une langue culturellement marquée qui permet de situer leur écriture. Notons aussi le phénomène d'auteurs (notamment Herménégilde Chiasson et France Daigle en Acadie, J. R. Léveillé au Manitoba) écrivant à partir de contraintes formelles. Le travail esthétique sur les formes mêmes de l'œuvre libère un nouvel espace pour que se développe un contenu identitaire[63]. En somme, le développement de nouvelles stratégies de conciliation (ou de réconciliation) entre l'activité littéraire conçue comme expression d'une collectivité et l'activité littéraire conçue comme travail esthétique décontextualisé est un phénomène qui

---

61. Lucie Hotte, « La littérature franco-ontarienne à la recherche d'une troisième voie : enjeux du particularisme et de l'universalisme », Lucie Hotte (dir.), *La littérature franco-ontarienne : voie nouvelle, nouvelles voix*, Ottawa, Le Nordir, 2002, p. 42.
62. Voir Raoul Boudreau, « La poésie acadienne depuis 1990 : diversité, exiguïté et légitimité », p. 95.
63. C'est l'idée développée dans Pénélope Cormier, *Écritures de la contrainte en littérature acadienne. France Daigle et Herménégilde Chiasson*, thèse de doctorat, Montréal, Université McGill, 2014, 267 p.

s'étend à toutes les littératures franco-canadiennes, ce qui renforce encore une fois l'idée de leur proximité naturelle.

Les quatre « différenciations solidaires » de la littérature franco-canadienne – vis-à-vis le Québec, à l'égard d'Ottawa, entre les littératures franco-canadiennes et envers leur communauté –, dont nous avons brièvement situé les enjeux, permettent de postuler l'occurrence d'une littérature franco-canadienne[64]. Malgré les contours un peu flous de ce nouvel ensemble littéraire, toujours en constitution, et la coexistence de phénomènes qui, comme la Franco-Amérique, lui font concurrence, son existence est de plus en plus irréfutable, en particulier grâce à la présence d'un solide réseau institutionnel reliant l'Acadie, l'Ontario français et l'Ouest francophone sans le Québec. En effet, la mise sur pied d'initiatives telles que l'Association des théâtres francophones du Canada, le Regroupement des éditeurs canadiens-français, la revue *Liaison*, le prix des lecteurs Radio-Canada ou encore la collection « Bibliothèque canadienne-française » a certainement eu un effet performatif sur la littérature franco-canadienne, que le présent travail de conceptualisation a voulu poursuivre en cherchant d'autres types de liens entre les espaces littéraires qui la composent.

La notion de « littérature franco-canadienne » ne fera véritablement ses preuves que lorsque les pratiques d'écriture des auteurs acadiens, franco-ontariens et franco-ouestiens auront été étudiées selon une perspective *franco-canadienne* afin de dégager les thèmes, imaginaires, espaces, rapports à la langue et formes littéraires qui leur servent de points de rencontre. Depuis plus de vingt ans déjà, plusieurs recherches comparatistes ont étudié

---

64. Ces alliances ne sont sans doute pas les seules à animer les littératures francophones minoritaires du Canada ; d'autres solidarités et d'autres différenciations sont à l'œuvre et deviendront plus apparentes au fil des ans. Par exemple, on observe de plus en plus de liens entre les littératures franco-canadiennes et les littératures anglophones du Canada. Leurs différenciations linguistiques et leurs solidarités territoriales sont notamment mises en valeur par les pratiques de la traduction. Voir Catherine Leclerc, *Des langues en partage ? Cohabitation du français et de l'anglais en littérature contemporaine*, Montréal, XYZ, « Théorie et littérature », 2010, 411 p. et Nicole Nolette, *Jeux et enjeux de la traduction du théâtre hétérolingue franco-canadien (1991-2013)*, thèse de doctorat, Montréal, Université McGill, 2014, 277 p.

d'œuvres et d'auteurs de différentes régions franco-canadiennes en leur postulant d'emblée une parenté[65]. Penser *la* littérature franco-canadienne permet d'observer la suite d'un phénomène qui se poursuit sous nos yeux. Jusqu'où se *solidariseront* les auteurs franco-canadiens et leurs pratiques d'écriture ? Peut-on, à l'extrême, envisager des lectures d'œuvres de différentes régions franco-canadiennes qui ne soient plus comparatives ? Quel équilibre s'établira entre le processus de solidarisation – la littérature franco-canadienne – et le processus de différenciation – les littératures franco-canadiennes ? Quoi qu'il en soit, on constate déjà, grâce à la consolidation institutionnelle, que les littératures franco-canadiennes individuelles sont passées de la « fragilité[66] », qui les caractérisait selon François Paré, à la « résilience[67] » comme le propose Raoul Boudreau[68].

---

65. Parmi les contributions les plus récentes, mentionnons François Paré, *La distance habitée*; François Paré, « Identités symbiotiques et dialogisme chez Herménégilde Chiasson et Andrée Lacelle », *@nalyses*, vol. 6, n° 1, 2011, p. 93-114 ; Marcel Olscamp, « Les poètes de la convivialité » ; Benoit Doyon-Gosselin, « (In)(ter)dépendance des littératures francophones du Canada » ; Benoit Doyon-Gosselin, *Pour une herméneutique de l'espace. L'œuvre romanesque de J. R. Léveillé et France Daigle*, Québec, Nota bene, coll. « Terre américaine », 2012, 382 p. ; Jean Morency, « L'image de la maison qui brûle : figures du temps dans quelques romans d'expression française du Canada », *@nalyses*, vol. 6, n° 1, 2011, p. 197-215 ; Nicole Nolette, *Jeux et enjeux de la traduction du théâtre hétérolingue franco-canadien (1991-2013)*, et Ariane Brun del Re, *Portrait de villes littéraires : Moncton et Ottawa*, thèse de maîtrise, Montréal, Université McGill, 2012, 114 p.
66. Voir François Paré, *Théories de la fragilité*.
67. Voir Raoul Boudreau, « Paratopie et scène d'énonciation dans la littérature acadienne contemporaine », p. 246.
68. Voir Ariane Brun del Re, « Littératures franco-canadiennes : de la fragilité à la résilience », *La Relève*, vol. 4, n° 1, 2013, p. 1 et 4.

EXIL, ERRANCE ET EMPRISONNEMENT DANS LES LITTÉRATURES MIGRANTES AU QUÉBEC ET EN ONTARIO FRANÇAIS[1]

Julie Delorme
Université de Montréal/Université d'Ottawa

> *Je me suis échappé de l'île*
> *qui me semblait une prison*
> *pour me retrouver enfermé*
> *dans une chambre à Montréal.*
> Dany Laferrière, « Derrière la fenêtre givrée »,
> *L'Énigme du retour*

> *En fait, on ne se perd que si on sait*
> *où aller et qu'on ne parvient pas à y arriver.*
> *Si nous ne nous préoccupons pas de notre destination,*
> *il n'y a pas lieu de nous intéresser au point de départ.*
> Dany Laferrière, « L'art de se perdre »,
> *L'Art presque perdu de ne rien faire*

Dans le contexte de la mondialisation des marchés où les frontières tendent à se faire de plus en plus poreuses, les déplacements des individus sur l'échiquier international n'ont jamais été aussi nombreux. Depuis la Révolution industrielle, le monde moderne est entré dans ce que Stephen Castles et Mark J. Miller appellent

---

1. Cet article fait partie d'un projet de recherche subventionné par le CRSH intitulé : « L'exil comme métaphore de la prison : la parole migrante en Ontario français ».

l'« ère des migrations² ». En l'espace de quelques décennies, un grand nombre de cultures ont franchi les frontières de l'exiguïté pour aller à la rencontre d'autrui, transformant de façon permanente le paysage social et culturel des nations. La planète est donc devenue, à l'aube du XXIe siècle, ni plus ni moins qu'un village global où toutes les cultures sont appelées à se côtoyer, à se mélanger. D'où l'émergence des concepts d'hybridité, de métissage, d'interculturel, de transculturel ou encore de transmigrance aujourd'hui à l'œuvre. L'image du village global – un cliché à bien des égards – résulte ainsi d'une quête épistémologique poussée à l'excès qu'Ulysse, bien avant la lettre, avait entamé. Figure mythique de l'*Odyssée*, le roi d'Ithaque « préfigure et anticipe sur le processus de mondialisation³ » en ouvrant la voie à une réflexion sur les aléas du voyage lorsque celui-ci est motivé par un désir extrême de savoir. La société canadienne en général et les sociétés québécoise et ontarienne en particulier n'échappent d'ailleurs pas à ce processus d'hybridation en raison, notamment, d'un accroissement important et rapide de la migration internationale dans le cadre de la postmodernité tardive⁴. Or, quoiqu'elles soient multiculturelles, elles sont paradoxalement confrontées à des difficultés d'intégration de leurs immigrés, faisant en sorte que ces derniers se sentent parfois mis à l'écart, voire carrément « emprisonnés », dans leur lieu d'adoption. Les nombreuses pertes auxquelles doit faire face le sujet venu d'ailleurs transforment l'étranger au point de faire de lui un Autre⁵. En ce sens, l'exil peut être considéré comme une métaphore de la prison. C'est ce rapport entre l'univers carcéral (entouré de murs et flanqué de barbelés) et l'espace d'exil (délimité par des frontières qui ne sont pas toujours visibles) que cet article souhaite interroger dans

---

2. Voir Stephen Castles et Mark J. Miller, *The Age of Migration: International Population Movements in the Modern World*, London, Macmillan, 1993, 307 p.
3. Daniel Castillo Durante, *Les dépouilles de l'altérité*, Montréal, XYZ éditeur, coll. « Document », 2004, p. 24.
4. Voir Frederic Jameson, *Postmodernism, or the Cultural Logic of Late Capitalism*, Durham, Duke University Press, coll. « Post-contemporary interventions », 1981, 438 p.
5. Afin d'éviter toute ambiguïté, je précise que le concept d'« Autre », bien qu'écrit avec une majuscule, ne se réfère pas ici à celui développé par la psychanalyse lacanienne. Par conséquent, le concept de « Même » auquel je fais allusion dans cet article, porte aussi une majuscule initiale.

le contexte de la littérature migrante. En réagissant aux circonstances sociohistoriques – vagues migratoires, mondialisation –, cette dernière donne la parole à des sujets qui vivent dans un interstice linguistique et culturel. Il s'agira donc d'étudier le paradoxe qui sous-tend la représentation de l'exil dans deux œuvres québécoises : *Le Pavillon des miroirs* (1994) de l'écrivain d'origine brésilienne, Sergio Kokis, et *La Brûlerie* (2004) de l'écrivain d'origine haïtienne, Émile Ollivier. Celles-ci seront mises en rapport de comparaison avec *Le Silence obscène des miroirs* (2011) du romancier et essayiste d'origine argentine, Daniel Castillo Durante. Ce dernier roman s'inscrit non seulement par son lieu de production, mais aussi par les problématiques qui y sont abordées, dans un contexte frontalier entre le Québec et l'Ontario. En fait, l'on tentera de déterminer en quoi ces écritures nomades, voire « interstitielles » pour reprendre l'expression d'Hédi Bouraoui[6], se rapprocheraient ironiquement de la parole carcérale[7].

L'EXIL : LIEU DE DÉPOUILLE ET DE DÉPRISE TOUT À LA FOIS

Certains parallélismes sembleraient, en effet, pouvoir s'établir entre la représentation de la prison, en tant que phénomène punitif et répressif[8], et celle de l'exil compris au sens de séjourner hors d'un lieu qu'on regrette. Bien que, de manière générale, l'exil des personnages mis en scène dans la littérature migrante au Québec et en Ontario français ne relève pas d'un châtiment moyennant lequel le sujet est expulsé de sa patrie avec défense d'y rentrer parce qu'il a commis quelque crime que ce soit (comme c'était le cas en France jusqu'à la naissance de la prison pénale en 1791) –, il semblerait parfois représenté comme une forme d'emprisonnement. D'où le rapprochement pouvant s'établir entre la seconde acception du terme d'exil et l'expérience de

---

6. Hédi Bouraoui, *Livr'errance*, Mareuil sur Ourcq, Éd. D'Ici et D'Ailleurs, 2005, p. 7.
7. Voir Julie Delorme, *Du huis clos au roman : paroles carcérales et concentrationnaires dans le cadre de la littérature contemporaine*, thèse de doctorat, Département de français, Université d'Ottawa, 2011, 398 p.
8. Selon Michel Foucault, depuis la réforme du XVIIIe siècle, « il faut punir exactement assez pour empêcher [la récidive] ». *Surveiller et punir : naissance de la prison*, Paris, Gallimard, coll. « Tel », 1975, p. 111.

l'éloignement vécu par les personnages étrangers. Dans le cadre de la littérature migrante, l'exil constituerait, comme la prison, un lieu privatif, c'est-à-dire un lieu qui *prend*, qui « dépouille » le sujet de sa liberté et de son identité au point de le rendre méconnaissable à son « soi » originel. Dans cette perspective, l'exil transformerait l'Autre au point de l'empêcher de se révéler au monde autrement que par l'entremise de ses restes, de ses détritus. C'est en ce sens que l'exil peut être considéré comme un lieu de dépouille et non pas seulement de dépouillement. Si ce dernier concept est nourri par une forme de liberté (allant dans le sens du détachement, du renoncement, de la déprise), la notion de dépouille est, quant à elle, sous-tendue par une logique de transformation qui opère souvent dans un contexte d'enfermement. Or, aussi paradoxal que cela paraisse, pour plusieurs de ces étrangers, s'exiler c'est s'emprisonner.

Dans *La Brûlerie* d'Émile Ollivier, la représentation de l'exil repose sur un simulacre dans la mesure où l'espace fantasmé du pays d'accueil (le Québec) ne correspond pas tout à fait à la « réalité » à laquelle les « étrangers du dedans[9] » sont confrontés. En fait, Montréal se révèle pour eux un espace d'oppression. Si le personnage de Virgile a quitté son pays natal, Haïti, c'était d'abord pour échapper à l'emprise du régime totalitaire de Duvalier, régime que le narrateur, Jonas Lazare, compare à un véritable « enfer[10] ». Ses confrères et lui se sont « évadés de la terre natale ou [ils] l'[ont] désertée, non sans laisser dans [leur] fuite de grands lambeaux d'[eux]-mêmes : [leur] jeunesse, [leurs] illusions, [leur] sol, [leurs] familles, mais aussi [leurs] peurs » (*B*, 71-72). Quitter cette île-prison dans l'espoir d'une vie meilleure, c'était pour ces exilés « une manière de protester, de proclamer qu'il[s] étai[en]t [des] homme[s] libre[s], et cette liberté, il[s] voulai[en]t d'abord la reconnaître tout entière grâce à la plante de [leurs] pieds, comme un aveugle reconnaît les objets en les touchant de la paume de ses mains » (*B*, 119). Or, une fois arrivés au Canada, ils sont en

---

9. Voir Clément Moisan et Renate Hildebrand, *Ces étrangers du dedans : une histoire de l'écriture migrante au Québec (1937-1997)*, Québec, Nota Bene, « Collection études », 2001, 363 p.
10. Émile Ollivier, *La Brûlerie*, Montréal, Boréal, 2004, p. 70. Désormais, les références à cet ouvrage seront indiquées par le sigle *B*, suivi du folio, et placées entre parenthèses dans le texte.

quelque sorte pris au piège d'une société qui les exclut et qui les marginalise tout à la fois. La liberté à laquelle ils aspiraient ne s'avère donc qu'une illusion.

Montréal se révèle, pour ces personnages, en particulier pour Dave Folantrain, ni plus ni moins qu'une prison à ciel ouvert, car cette ville les prive et de leur liberté d'action et de leur identité véritable :

> L'exil est une perte de consistance. Au point de départ, on fait l'expérience de la vacuité, de la légèreté, de l'absence de pesanteur. On croit déboucher sur la liberté, mais cette liberté est accompagnée d'indifférence et progressivement de détachement. Il faut prendre acte de cette disjonction, il faut prendre acte du malheur qu'est l'exil, de cette tristesse, du vide qui nous prive de notre être, de cette impuissance à agir [...]. (*B*, 166)

Les personnages d'Ollivier sont, comme de véritables prisonniers, altérés par l'espace urbain qui les consume au point de les rendre méconnaissables à leur première identité. C'est d'ailleurs cette forte impression d'incarcération qui pousse le narrateur à affirmer, à la dernière page du roman, qu'« [i]l est plus facile de s'évader d'Alcatraz que de quitter Côte-des-Neiges » (*B*, 246). Situé au pied de l'Oratoire Saint-Joseph sur le versant nord-ouest du mont Royal, Côte-des-Neiges constitue une sorte d'épiphanie de la diversité culturelle au cœur de la métropole québécoise, réunissant des individus de tout acabit en raison de sa proximité avec le campus de l'Université de Montréal, de plusieurs librairies, de nombreux restaurants et cafés, bref d'autant de lieux fermés qui se veulent ironiquement ouverts aux quatre vents. Pour le narrateur, « les cafés et leurs terrasses sont des points cruciaux qui déterminent les coordonnées des destins. Le café est à la fois un salon, une académie, un conservatoire, un cabinet ministériel. Lieu miraculé de la vie, vaste et insondable » (*B*, 69). Il s'agit donc d'un lieu de passage, de rencontre et d'échange où se développe, presque en abyme, « une multiplicité de voix[11] ». Ainsi, « Vito, Paesano, La Brioche Dorée, La Brûlerie ont[-ils] laissé une trace profonde dans la mémoire des hommes et des femmes qui y

---

11. Mikhaïl Bakhtine, *Problème de la poétique de Dostoïevski*, traduit du russe par Guy Verret, Lausanne, Éd. L'Âge d'Homme, 1970, p. 22.

ont passé une partie non négligeable de leur existence» (*B*, 69). Or, aussi paradoxal que cela paraisse, la terrasse du café où se rencontrent quotidiennement les intellectuels, Haïtiens pour la plupart, formant le ministère de la parole, devient pour eux une sorte d'*asile* au milieu de l'*exil*. Autrement dit, le café (et sa terrasse) constitue un espace de liberté à l'intérieur de la prison.

En effet, La Brûlerie est, pour les personnages du roman homonyme, à l'image de ce que l'atelier-monde est pour l'artiste-narrateur du *Pavillon des miroirs* de Kokis: un lieu de *pansement*, de *re-construction*, voire de *re-naissance*. Il s'agit en fait d'un huis clos où le narrateur étranger se met en retrait, se replie sur lui-même et laisse libre cours à ses fantasmes:

> J'aimerais mettre en exergue l'esprit de ces lieux, un esprit aux formes innombrables, changeantes, éphémères. Après tout, le café est une agora qui possède la vertu d'un champ magnétique. J'aime les terrasses des cafés, surtout celles qui ont vue sur la rue, sur la mer des passants appliqués à passer. À la Côte-des-Neiges, il ne manque que le port, la rouille des cargos, les grues géantes, le ronflement des chalands, les cales sèches et, au loin, l'horizon bleuté. Vous vous demandez pourquoi j'aime les terrasses des cafés? Probablement parce que je suis nostalgique des baignades, des mares à crevettes, des eaux impures, des bords de plages où flottent des carcasses de crabes. Habiter une terrasse, c'est une manière de regarder, de voir le monde. L'être humain a besoin de s'échapper, de partir pour espérer mieux revenir, même s'il ne revient jamais. (*B*, 69-70)

À la Brûlerie, comme dans tous les cafés de la Côte-des-Neiges qu'ils fréquentent depuis plus de trente ans (*B*, 70), les exilés brûlent du temps, des espoirs déçus, des rêves écorchés et leur gorge desséchée à force de parler de ces pays qui les ont vus naître et partir. Ce sont des lieux où se consume la mémoire du migrant, là où la nostalgie se transforme en mélancolie[12]: «Virgile ne s'était

---

12. Voir Julie Delorme, «Mélancolie, nostalgie et désir de l'américanité: la parole migrante au Québec», Amaryll Chanady, George Handley et Patrick Imbert (dir.), *Les mondes des Amériques et les Amériques du monde/Americas' Worlds and the World's Americas*, Ottawa, Legas, «Collection des Amériques», 2006, p. 223-236.

jamais remis de cet abandon; Pélissier ne supportait pas de n'être plus de nulle part; Folantrain crevait de son exil même s'il l'avait choisi. Mais nous avions tous un port d'attache, un asile: les terrasses de café. » (*B*, 72) *La Brûlerie* est une parole qui n'évoque que des lieux où l'étranger raconte tout ce qui est emprisonné dans sa mémoire. Le narrateur est donc, contrairement à celui de *Silence obscène des miroirs*, un voyageur immobile, c'est-à-dire un étranger qui ne retourne « chez lui » que par l'intermédiaire de la mémoire.

Tout comme le protagoniste de *La Brûlerie*, l'exilé mis en scène dans *Le Pavillon des miroirs* n'a pas besoin d'être physiquement enfermé pour se sentir prisonnier, car « [l]es murs, [il] les porte en [lui][13] ». L'effet d'exil chez Kokis ressemble, à bien des égards, à celui qui est représenté dans l'œuvre d'Ollivier, car le narrateur éprouve un sentiment d'exclusion (malgré son apparente capacité à imiter l'environnement qui l'accueille: il est Blanc et parle français) qui le pousse à se retrancher dans un huis clos lui donnant paradoxalement accès à une certaine marge de liberté. Or, plutôt que de trouver refuge auprès de ses semblables dans un café du centre-ville de Montréal, l'étranger de Kokis s'isole dans son atelier qu'il conçoit, d'après Daniel Castillo Durante, comme une sorte de « laboratoire mémoriel[14] » où il peut « enfin donner libre cours au conglomérat d'images que constitue son "passé"[15] ». En libérant ses fantasmes, l'atelier-monde lui permet de faire le « deuil de l'origine[16] », c'est-à-dire « le deuil de la langue maternelle ou plus exactement de la croyance qu'il a de la langue maternelle[17] » comme le postule Régine Robin, mais aussi le deuil de tout ce qu'il a laissé derrière: son pays, sa famille, sa culture, son histoire. Dans ce contexte, l'atelier de cet artiste-peintre est un peu comme le café de Jonas Lazarre: un espace où l'étranger s'exclut du reste de la

---

13. Sergio Kokis, *Le Pavillon des miroirs*, Montréal, Éditions de l'Aube, coll. « Regards croisés », 1999, p. 18. Désormais, les références à cet ouvrage seront indiquées par le sigle *PM*, suivi du folio, et placées entre parenthèses dans le texte.
14. Daniel Castillo Durante, *Les dépouilles de l'altérité*, p. 179.
15. *Ibid.*
16. Régine Robin, *Le deuil de l'origine: une langue en trop, la langue en moins*, Saint-Denis, Presses universitaires de Vincennes, coll. « L'Imaginaire du texte », 1993, p. 13.
17. *Ibid.*

société pour exorciser ses peurs et ses angoisses «escortée[s] de nausée» (*B*, 72).

Cet atelier-monde est un espace de création, un huis clos à partir duquel l'artiste-peintre établit son rapport à l'altérité en *pansant* la perte de sa terre natale, de ce «Sud perdu» qu'il ravive sans cesse dans sa mémoire[18]. Contrairement au narrateur du *Silence obscène des miroirs* qui semble avoir définitivement perdu le Nord, les narrateurs des romans de Kokis et d'Ollivier ont perdu le Sud, sans avoir pour autant réussi à *gagner* le Nord. D'où le besoin pour le narrateur de Kokis de recréer dans l'espace d'adoption un pavillon des miroirs: un lieu spéculaire, où il peut encore tenter de récupérer les savoirs, les saveurs et les odeurs de son Brésil natal en évitant les pièges du stéréotype. En remettant en question les clichés, les redites, les poncifs, les métaphores lexicalisées, les proverbes, brefs les «unités d'emprunt[19]» qui sont censées confirmer l'identité de l'Autre (brésilien), cet exilé se dédouane aux frontières: «Étranger partout, y compris chez lui, le personnage se découvre de nulle part à partir du moment où il refuse d'être enfermé dans une idée toute faite de son lieu d'origine. Les clichés sur le carnaval et les lieux communs sur la samba ne font qu'approfondir son sentiment d'étrangeté[20].» À cela s'ajoute le fait que cet éternel errant «pratique un art figuratif dont les portraits torturés ne cadrent pas avec l'idée que l'on se fait du Brésil[21]», pays d'origine de l'auteur dans lequel se déroule la majeure partie du roman:

> Tout gênait mes visiteurs. Je me sentais encore plus mal à l'aise de devoir expliquer les légendes ou les références historiques que personne ne connaissait, les citations de poèmes que personne n'avait lus. Leurs commentaires étaient déplacés, avec des silences lourds comme lorsque quelqu'un n'ose pas demander où sont les toilettes. Le pire, c'étaient les réflexions béates sur le malheur des pauvres gens, sur le tiers monde ou, lorsque trop angoissés, ils poussaient la bienséance

---

18. Je joue ici avec le titre du roman de Nancy Houston: *Nord perdu*, Arles/Montréal, Actes Sud/Leméac, 1999, 129 p.
19. Daniel Castillo Durante, *Du stéréotype à la littérature*, Montréal, XYZ éditeur, coll. «Théorie et littérature», 1994, p. 41
20. Daniel Castillo Durante, *Les dépouilles de l'altérité*, p. 180.
21. *Ibid.*

> jusqu'à suggérer des interprétations sauvages sur ma propre personne. Très pénible, en effet. Je ne sais pas vraiment quoi faire dans ces situations, quand je dois arrêter de parler, si je dois montrer d'autres tableaux, comment je devrais abréger la visite. Heureusement que les gens savent réagir, qu'ils sont mondains, jouant avec le regard et le corps pour changer de sujet, s'extasiant sur un objet quelconque de mon atelier pour dévier des tableaux. Ou alors sachant que je viens de là-bas, ils bifurquent sur le carnaval ou la samba [...] (*PM*, 42).

Le pavillon évoqué dans le titre du roman constituerait ainsi une métaphore de l'atelier de l'artiste-peintre. Quant à ses toiles, elles projettent un univers en trompe-l'œil, car celui-ci peint à partir d'une dépouille (topographique et mémorielle) auquel il n'appartient plus, auquel il n'appartiendra jamais plus. Il lui est désormais impossible de s'identifier à ce pays qu'il s'efforce de représenter dans ses tableaux, car au fond, l'artiste-peintre évoque et convoque tout à la fois un Brésil qui n'existe que dans sa mémoire. En somme, l'exilé de Kokis est en porte-à-faux : incapable de s'intégrer à sa terre d'accueil, il n'a que son Brésil natal auquel se rattacher pour ne pas sombrer.

L'EXIL COMME LIEU D'ALTÉRATION

L'exil, en tant que phénomène carcéral, a également tendance à altérer les sujets qui y sont condamnés afin de les rendre anonymes face à leur identité d'origine. Comme la prison, l'exil transforme autrui au point de le rendre méconnaissable. Bien que l'identité des étrangers ne soit pas remplacée par un numéro de matricule, comme c'est le cas dans les prisons (et comme ce fut le cas dans les camps de concentration nazis), il n'en demeure pas moins que les étrangers sont souvent contraints à perdre leur nom.

Quoique cette déprise onomastique ne soit pas à l'œuvre dans le roman d'Ollivier, elle est bien présente dans *Le Pavillon des miroirs* puisque le narrateur se dérobe à la dialectique de la reconnaissance[22]. Loin de revendiquer un moi exilé, il cherche à se

---

22. Voir le chapitre IV de *La phénoménologie de l'esprit* de Georg Wilhelm Friedrich Hegel (Paris, J. Vrin, 2006).

fondre dans le décor, à « passer inaperçu, [à] fuir les sollicitations, [bref, à] faire le caméléon » (*PM*, 18). En fait, il s'agit d'un personnage masqué, car plus le sujet s'intègre à Montréal, plus il se dédouble et parvient à imiter l'environnement urbain qui l'accueille :

> Je me revois à la sortie de l'aéroport, m'étonnant de la taille énorme des automobiles, de l'apparence moderne de cette grande ville où je pouvais enfin me perdre, passer inaperçu. Rien ne m'y attachait, aucun souvenir, aucune souffrance. L'étranger porte un masque d'apparence anodine pour être accepté, pour qu'on le laisse en paix. Il n'est pas sûr des autres, ni prêt à abandonner sa nature profonde. Il joue un jeu pour s'intégrer. Par l'orifice des orbites il essaie d'apprendre à son corps cette danse qu'il singe mais qu'il ne ressent pas. Tel un nègre sur une patinoire, je m'agitais, maladroit et déséquilibré, cherchant à ne pas être ridicule à leurs yeux. Rien que pour un certain temps, en attendant que les choses se tassent là-bas. (*PM*, 39-40).

Comme le détenu dans sa cellule, le narrateur-exilé est dépouillé de toute identité l'associant à un lointain en pleine mutation. Nommé que par l'intermédiaire d'une étiquette – celle d'étranger – et coiffé d'un « mimétisme » l'empêchant de se faire repérer, il échappe aux stéréotypes en revêtant le masque de l'anonyme. Voir sans être vu – tel est d'ailleurs le principe même du panoptisme – pourrait s'avérer le projet utopique qui sous-tend l'attitude de ce personnage étranger.

Quant à l'exil « talonn[ant][23] » le protagoniste du *Silence obscène des miroirs*, il entraîne, comme chez Kokis et Ollivier, la perte de l'identité originelle du sujet au point de le rendre méconnaissable vis-à-vis de son pays d'adoption : le Canada. Quoique l'expérience de l'exil ne transforme pas le narrateur canadien d'origine argentine au point de le rendre anonyme comme le narrateur du *Pavillon des miroirs* (puisque Jean-Marie Castel ne perd ni son prénom ni son patronyme), ce personnage est confronté à la

---

23. Daniel Castillo Durante, *Le Silence obscène des miroirs*, Montréal, Lévesque éditeur, coll. « Réverbération », 2011, p. 93. Désormais, les références à cet ouvrage seront indiquées par le sigle *SOM*, suivi du folio, et placées entre parenthèses dans le texte.

perte de tous ses repères identitaires, ce qui fait de lui un étranger. Or, dans ce roman, cette perte d'identité accentue l'effet d'exil.

À partir du moment où son passeport canadien lui est dérobé, Jean-Marie Castel se rend compte qu'il est prisonnier et qu'il ne peut plus revenir en arrière :

> Dans un monde où les frontières se rapprochaient de plus en plus, ne pas pouvoir embarquer dans un avion constituait la pire des prisons. Avec le moral cloué au sol, il ne contemplait plus le paysage qu'au ras des pâquerettes. Finis pour lui les décollages, qui en vous arrachant au sol, vous donnent l'impression que vos problèmes sont restés en bas pour toujours. Condamné à se traîner sur une route dont on ne voyait jamais le bout, il essayait en vain de s'adapter à son entourage. (*SOM*, 133)

Aussi le narrateur porte-t-il en lui l'enfermement dans la mesure où son patronyme – Castel – signifie « château » en ancien provençal (fin du Xe siècle). En France, sous l'Ancien Régime, les prisons étaient d'ailleurs aménagées à même les châteaux, de sorte qu'il n'y avait pratiquement aucune différence architecturale entre ces deux structures[24]. Or, quoiqu'il soit incapable de véritablement s'acclimater à son nouvel environnement, le narrateur du *Silence obscène des miroirs* ne s'apitoie pas plus sur son sort qu'il ne sombre dans la mélancolie. Il choisit plutôt de prendre acte de ses responsabilités en s'engageant dans une agonistique de reconnaissance afin de tenter de récupérer ce qu'il a perdu : « C'était sans doute ça l'exil pour lui, ce trou noir qui vous dépouille de vos signes d'identité, vous contraignant à vous en bricoler une autre faite de ceci et de cela, de petits riens qui vous rapaillent un homme jusqu'à la méconnaissance » (*SOM*, 93). Dans ce contexte, l'étranger serait, à l'instar du titre du recueil de poésie de Gaston Miron, un « homme rapaillé[25] ». Dépouillé du

---

24. Pour plus de détails sur le rapport pouvant être établi entre la prison le château, voir Julie Delorme, « Du cri à la parole carcérale : pouvoir et jouissance de la représentation chez Sade », *Boréal*, n° 2, Département de français, Université de Victoria : http://www.uvic.ca/humanities/french/assets/docs/colloque-boreal/2008/Delorme.pdf, 2009, p. 47-65.
25. Gaston Miron, *L'Homme rapaillé*, Montréal, Presses de l'Université de Montréal, 1970, p. 5.

signe archétypal de son identité canadienne, Jean-Marie Castel n'a plus aucun moyen de se faire reconnaître, ni dans son Argentine natale qu'il parvient à quitter (à bord d'un Learjet 31A) pour l'Uruguay grâce à l'intervention de doña Saliha qui lui procure un sauf-conduit fabriqué de toutes pièces, ni dans son Canada d'adoption. Cependant, une fois arrivé à la station balnéaire de Punta del Este, il est pris au piège. Malgré la porosité des frontières entre les différents pays des Amériques, et particulièrement entre l'Argentine et l'Uruguay, rien ne semble indiquer que Castel puisse à nouveau rentrer à Montréal, ce qui était tout de même son objectif ultime : « Il n'était qu'un étranger après tout, un homme venu du Nord qui rentrerait chez lui dès qu'il aurait recouvré ses pièces d'identité attestant sa nationalité canadienne » (*SOM*, 51). Pour ce personnage « qui vi[t] dans l'opacité du monde, l'adieu à la frontière [semble] peut-être le seul pays possible » (*SOM*, 261) où il puisse encore poser ses valises. En fait, c'est comme si le Sud emprisonnait le sujet, le condamnant ainsi à l'errance tel un Bédouin[26]. Bien que les personnages mis en scène dans *La Brûlerie* ne soient pas d'origine argentine à l'instar du protagoniste du roman de Daniel Castillo Durante, ils sont eux aussi comparés à ces Arabes nomades du désert, figures de prou du sujet migrant :

> Les vagues d'émigrants se succèdent et ne se ressemblent pas. Nous sommes tous des naufragés. Notre mémoire n'est pas seulement un paradis perdu, elle porte la marque de la brûlure d'un enfer d'où nous nous sommes échappés. Et depuis, projetés dans un monde de chaos, nous sommes voués à l'errance, formant ainsi un troupeau de Bédouins qui ne connaissent pas d'autres lois que le respect, l'échange et la complicité des sentiments. (*B*, 70-71)

Jean-Marie Castel, ce « bourlingueur impénitent » (*SOM*, 10), s'avère donc victime d'une Amérique latine qui, tout en mettant en place des stratégies en trompe-l'œil, parvient à le *séduire*, c'est-à-dire à le *couper* de son pays d'origine et, du coup, de tous ses repères

---

26. Le lecteur intéressé par la représentation du « bédouin » dans la littérature est invité à se reporter au roman de l'Argentin Domingo Faustino Sarmiento, *Facundo : civilización y barbarie*, Buenos Aires, Editorial Universitaria de Buenos Aires, « Serie del siglo y medio », 1961 [1845], 259 p.

identitaires : « L'exil, c'était peut-être ça aussi, une incapacité à lire les signes d'une société qui multiplie les simulacres. Dire qu'il avait conseillé à Madou de venir ici ! [...] Probablement que sa marge de liberté se rétrécissait de jour en jour, comme une peau de chagrin. » (*SOM*, 81). En perdant son passeport, Jean-Marie Castel finit par perdre le Nord avant de se perdre littéralement lui-même. Il n'est plus « Canadien » puisqu'il en a perdu la preuve matérielle, mais il n'est certes plus tout à fait Argentin et encore moins Uruguayen. Il s'agit donc d'un «*no name*» (*SOM*, 73), d'un « sans-identité-fixe[27] », que la perte du passeport, ce reflet obscène, a transformé, bien malgré lui, en apatride.

Contrairement aux étrangers représentés dans *Le Pavillon des miroirs* et dans *La Brûlerie*, le protagoniste du *Silence obscène des miroirs* n'a pas quitté son pays natal dans le dessein d'aller s'installer définitivement ailleurs. Ce qui se voulait d'abord être un voyage entrepris « pour porter secours à une amie en détresse [Madou], et par la même occasion donner un nouveau départ à [l]a carrière de photographe » (*SOM*, 103) de Castel, s'est en quelque sorte retourné contre lui. En fait, son séjour en Argentine a rapidement pris la forme d'un exil obligé, voire d'une véritable incarcération. Si, dans son message téléphonique, Madou avoue à Jean-Marie être «*tombée dans un traquenard [alors qu'elle] étai[t] censée enseigner le français et l'anglais en échange de [s]es cours d'espagnol, [...] [car son patron, Juan Nougués,] s'est débrouillé pour [la] couper du monde [...][28]*» (*SOM*, 10), il suffit de peu pour que ce sentiment de claustration ne s'empare de Castel au point de l'empêcher de repartir. Dans ce contexte, c'est le pays natal de l'exilé (l'Argentine) qui retient le sujet migrant et non le pays d'accueil (le Canada) comme c'est le cas dans les romans d'Ollivier et de Kokis. Pour le sujet venu d'ailleurs, et ce, même s'il est ironiquement né sur place, il n'y a plus de retour en arrière possible. Une fois qu'il a gagné le Sud, le Nord devient irrécupérable. Le narrateur du *Silence obscène des miroirs* n'a donc pas délibérément *choisi* son exil, c'est plutôt l'exil qui l'a choisi :

> Tout se passait comme si, au lieu de faire un voyage, c'était le voyage qui le faisait. À croire que, le voyage ayant pris le volant, il

---

27. Henri Lopes, *Dossier classé*, Paris, Seuil, 2002, p. 248.
28. C'est l'auteur qui souligne.

> devait épouser les détours, les méandres et les passages à pic d'une route dont il n'avait pas les plans. Buenos Aires, où il se rendait à présent, s'était imposée comme une exigence de la route qui vous reprend d'une main ce qu'elle vous donne de l'autre. (*SOM*, 103)

Le déplacement et le déracinement prennent ici une dimension à ce point cruciale et stratégique que, comme le propose l'écrivain et voyageur suisse, Nicolas Bouvier, c'est le voyage qui façonne le sujet et non l'inverse: «Un voyage se passe de motifs. Il ne tarde pas à prouver qu'il se suffit à lui-même. On croit qu'on va faire un voyage, mais bientôt c'est le voyage qui vous fait, ou vous défait[29].» D'où le pouvoir d'altération de l'exil sur le sujet qui s'y prête.

Un renversement des perspectives à l'œuvre dans la plupart des paroles migrantes au Québec s'opère alors ici dans la mesure où ces écritures nomades ont tendance à représenter le pays d'accueil (le Québec) comme un huis clos, c'est-à-dire comme un espace replié sur le Même. Sans chaîne ni boulet ni barreau, le photographe est *pris* en otage par un territoire qui ne veut pas vraiment de lui, ce qui est tout à fait paradoxal. Plutôt que de *prendre* le Sud en photo – comme le voudrait le cliché –, c'est le Sud qui *prend* Jean-Marie Castel tout entier dans ses filets, le coinçant dans un interstice où il ne semble y avoir d'issue: le Nord ne le reconnaît plus parce que le Sud lui en a volé la preuve, mais ce Sud ne fait rien pour que ce personnage s'y enracine non plus. Saltimbanque en équilibre «sur la corde de ses propres dépouilles[30]», Castel ne peut être qu'un «contorsionniste dans un monde où l'acrobatie majeure est de demeurer en vie[31]».

Le regard que Castel pose sur ce Sud qui l'adopte et qui le rejette tout à la fois est teinté par le déracinement et la perte d'«objets d'amour» qui lui filent entre les doigts. Insaisissables donc (comme le réel[32]), les repères identitaires de ce personnage ne sont visibles qu'à distance. Les nombreuses rencontres, souvent

---

29. Nicolas Bouvier, *L'usage du monde*, Paris, Payot, 1963, p. 12.
30. Daniel Castillo Durante, *Les dépouilles de l'altérité*, p. 198.
31. *Ibid.*
32. Selon Roland Barthes, «[le] réel n'est pas représentable, et c'est parce que les hommes veulent sans cesse le représenter par des mots, qu'il y a une histoire de la littérature». Roland Barthes, *Leçon*, Paris, Seuil, coll. «Points Essais», 1978, p. 21-22.

furtives, qu'il y fait au gré de ses pérégrinations finissent d'ailleurs toutes, comme des mirages au milieu de la traversée du désert, par disparaître au fur et à mesure qu'il s'en approche. L'altérité y demeure inaccessible. Comme Tantale, Jean-Marie Castel est le héros malheureux d'une quête vouée à l'échec. Chaque fois qu'il tente une manœuvre pour récupérer le fruit de son désir, il est trompé : jamais il ne peut *saisir* (dans tous les sens du terme) ce qui est pourtant à portée de main (ou d'objectif). Castel est donc condamné, pour l'éternité, à l'errance sans que sa soif ni sa faim de l'Autre – et de lui-même par la même occasion – ne soient assouvies. Que ce soit Madou (Marie-Dominique) – son ex-maîtresse franco-ontarienne d'origine québécoise faite « prisonnière [à Buenos Aires] d'un obsédé qui ne la quitt[e] pas d'une semelle » (*SOM*, 10), Verónica Riera / Emily Westlake – la fille qui est venue frapper à sa porte en lui demandant de la prendre en photo nue le matin où il a été agressé –, Nadie – la cireuse de chaussures dont le nom signifie « personne » en espagnol –, doña Saliha, Rita Ricci, Amalita Hernández, Ana Pizarro, ou encore Elvira, ce sont toutes des femmes qui demeurent, à bien des égards, étrangères, voire énigmatiques pour le protagoniste puisqu'il ne parvient jamais véritablement à entrer en contact avec elles. Ces dernières vont et viennent dans la vie de Castel, mais aussitôt qu'il s'en approche et qu'il s'efforce de les *(re)connaître*, elles le fuient. C'est ce qui expliquerait, au demeurant, l'absence de relation charnelle explicitement représentée dans le roman. Bien que Jean-Marie Castel s'apparente « à un don Juan venu du Nord avec un objectif à la main » (*SOM*, 156) parce qu'il multiplie les « conquêtes », ce sont, en revanche, les femmes qui le séduisent et qui finissent, au bout du compte, par le laisser tomber juste avant qu'il n'ait pu goûter au fruit convoité. Les femmes mises en scène dans *Le Silence obscène des miroirs* séduisent plus qu'elles ne consomment. En fait, elles ne se font pas prendre : ce sont-elles qui prennent – c'est-à-dire qui emprisonnent[33] – Castel dans leur filet. Une fois que le sujet s'y trouve coincé, elles lui posent un lapin, c'est le cas de le dire. Ce parcours rappelle le destin inverse du personnage principal du *Tunnel* d'Ernesto Sábato, Juan

---

33. Je rappelle ici que l'étymologie du mot « prison » – du latin *prehensionem*, accusatif de *prehensio* – désigne l'« action de prendre », en particulier l'« action d'appréhender quelqu'un au corps ».

Pablo Castel, qui *doit* tuer la femme qu'il aime le plus au monde, Maria Iribarne Hunter, car elle l'a laissé seul[34]. Jean-Marie Castel – dont le nom constitue un amalgame de celui des protagonistes du *Tunnel*[35] – ne tue pas les femmes qu'il rencontre sur sa route et qui l'abandonnent : ce sont plutôt elles qui, comme des sirènes l'ayant attiré, cherchent à le tuer (métaphoriquement du moins) en le dépouillant des signes archétypaux de son identité, ce qui n'a d'autre effet que de l'entraîner dans une chute (à la fois physique et symbolique). En effet, le coup que Jean-Marie-Castel reçoit sur la nuque, alors qu'il se tient sur la terrasse de la maison en flanc de colline qu'il a louée à Tucumán, serait la manifestation tangible de l'effondrement du sujet, mais également, la représentation d'un désir inassouvi puisque le personnage se méprend sur le rôle stéréotypé des femmes qu'il côtoie : pour lui, la femme évoque l'amour et la beauté. C'est en tout cas les attentes qu'il cultive à l'égard de l'anonyme venue se faire prendre en photo un matin d'hiver et qui, contre toute attente, lui exhibe sa nudité en ouvrant son manteau d'un geste brusque, et qu'il croise à quelques reprises – est-ce là le fruit du hasard ? – au cours de son séjour en Amérique du Sud. Il la revoit, une première fois, un soir de pleine lune alors qu'elle est attablée en tête à tête avec Pablo Olmos (le patron de Jean-Marie) dans un restaurant de l'allée centrale du Parque 9 de Julio à Tucumán (le Béluga), puis une seconde fois dans un pub (le Moby Dick) situé juste en face du Puerto de Punta del Este.

Le nom de l'établissement, ironique à bien des égards, est également à mettre en rapport avec l'univers maritime, en particulier avec celui des baleines, car il fait implicitement référence au célèbre roman d'Herman Melville – *Moby Dick ou la Baleine blanche* – qui raconte le naufrage d'un baleinier au large des îles Gilbert dans le Pacifique sud survenu au terme d'une poursuite forcenée d'un grand cachalot ayant, par le passé, amputé le capitaine Achab d'une jambe[36]. La vengeance engendrée

---

34. Ernesto Sábato, *Le Tunnel*, trad. de l'espagnol par Michel Bibard, Paris, Seuil, coll. «Points», 1995 [1948], p. 138.
35. Jean-Marie Castel est constitué de «Jean» (qui est la traduction française du prénom hispanique «Juan»), de «Marie» (qui est la traduction française de «Maria») et de Castel (qui rappelle l'un des deux patronymes de l'auteur, Castillo).
36. Le roman *The Moby-Dick, or the Whale* de Melville (New York, Harper and Brothers Publishers, 1851) serait inspiré par le naufrage du Essex survenu le

par la perte de ce membre inférieur est donc, en définitive, ce qui conduit le marin à sa propre perte. Ses démarches pressantes pour tenter d'obtenir « réparation » vis-à-vis de la partie de lui-même que le plus grand odontocète (dont la taille peut atteindre plus de vingt mètres de long) lui a arrachée finissent par l'entraîner dans les bas-fonds. Or, bien que la quête de Jean-Marie Castel ne soit pas, à l'instar de celle du héros de Melville, motivée par un désir de vengeance, les efforts que ce voyageur déploie (en poursuivant malgré lui cette fille anonyme qui le tente) pour découvrir les motifs de son agression le plongent dans un abîme sans fin. Esquivant chacune des questions de Castel, jouant pour l'occasion les « détectives[37] », cette belle et mystérieuse inconnue, dont il avait vainement tenté de capter sur image la beauté du corps sous prétexte qu'il était « étranger » (*SOM*, 13), ne lui fournit aucun détail sur les motifs entourant l'attaque dont il a été victime quelques semaines plus tôt, le condamnant ainsi à voguer en eaux troubles. D'où le rapprochement pouvant être établi entre le naufrage du Essex ayant inspiré le roman de Melville et le bar de Punta del Este où Jean-Marie Castel fait la rencontre de cette jeune femme qui détiendrait le secret du vol de ses pièces d'identité. Motivé par une curiosité exacerbée, ou à tout le moins par un désir de découvrir la *vérité* et de comprendre ce qu'elle peut bien receler d'« inquiétante étrangeté[38] », Jean-Marie Castel consent à

---

20 novembre 1820 au large des côtes sud-américaines dans l'océan Pacifique à la suite d'une violente attaque d'un grand cachalot. Les naufragés auraient dérivés pendant dix-huit semaines à bord de trois petites baleinières et certains d'entre eux, affamés et déshydratés, se seraient livrés à des actes de cannibalisme pour survivre. En 1841, Hermann Melville, qui s'était lui-même enrôlé dans l'équipage d'une baleinière des mers du Sud, rencontra le fils d'Owen Chase, l'un des deux survivants, qui lui remit le récit de son père, et dont l'écrivain américain s'inspira pour son roman.

37. Je souligne au passage que le terme argotique anglais « dick » signifie non seulement « pénis », mais « détective ».

38. Selon Sigmund Freud, « le domaine de l'inquiétante étrangeté [...] ressortit à l'effrayant, à ce qui suscite l'angoisse et l'épouvante » (p. 213), est généralement employé pour désigner « ce qui suscite l'angoisse en général ». (p. 214) Or, en allemand, l'expression « *Das Unheimliche* » constitue l'antonyme de *heimlich* (du pays), et *vertraut* (familier). C'est ce qui fait dire au psychanalyste autrichien « qu'une chose est effrayante justement pour la raison qu'elle *n'est pas* connue ni familière. Mais il [...] n'est pas effrayant tout ce qui est nouveau ou non familier; la relation

quitter le bar en sa compagnie et va jusqu'à l'embrasser sur la bouche avant de lui proposer de la photographier. Croyant qu'il passerait la nuit avec elle, il monte en vitesse à sa chambre pour récupérer son appareil-photo et ramasser le reste de ses affaires, mais lorsqu'il revient au pied de l'esplanade quelques minutes plus tard, la belle inconnue a disparu sans laisser la moindre trace, l'abandonnant ainsi à lui-même. En ce sens, *Le Silence obscène des miroirs* serait à mettre en rapport avec la figure du tango, car celle-ci véhicule une image de la femme comme un personnage séduisant, sensuel, changeant et difficile à saisir. Le tango, faut-il le rappeler, est une danse originaire de l'Argentine se caractérisant par une part importante d'improvisation dans la mesure où les pas des partenaires ne sont pas prévus : ces derniers progressent plutôt vers une direction impromptue. Or, il semblerait en être de même dans le roman de Daniel Castillo Durante puisque le protagoniste est séduit par des femmes «insaisissables» : des femmes-sirènes qui, grâce à leur chant, le précipitent non seulement vers un lieu qui lui est étranger, mais un lieu d'écueil. Le roman de l'écrivain d'origine argentine serait donc à certains égards une parole-tango, c'est-à-dire une parole qui montre l'agonistique (le jeu et la lutte tout à la fois) entre l'homme (celui qui a dû se déraciner pour aller s'installer ailleurs) et la femme (celle qui incite son partenaire, bien malgré lui, à s'exiler).

Ainsi, tout comme les étrangers mis en scène dans *La Brûlerie* (mais aussi dans *Moby Dick*), Castel est-il un «naufragé» (*B*, 70). Sans repère ni attache, il tente en vain de s'accrocher aux femmes qu'il croise sur son parcours (en particulier celle qu'il soupçonne de détenir la vérité sur la disparition de ses dépouilles identitaires). En fait, c'est comme si ce personnage féminin (une bouée à la dérive) n'était pour Castel que la projection en trois dimensions, sorte d'hologramme, de sa propre imagination, de son propre désir. Ainsi s'agit-il du reflet (obscène) d'une femme-poisson n'ayant fait – comme toutes les autres du reste – qu'attiser son désir. Contrairement à Ulysse qui sut écouter le chant des

---

n'est pas réversible. On peut seulement dire que ce qui a un caractère de nouveauté peut facilement devenir effrayant et étrangement inquiétant [...]. (p. 215-216) *L'inquiétante étrangeté et autres essais*, trad. de l'allemand par Fernand Cambon, Paris, Gallimard, 1985.

sirènes sans se précipiter vers elles en s'attachant au mât de son navire, Castel est charmé par des « créatures » qui le confrontent à une série de rendez-vous manqués. Alors qu'il croit pouvoir accéder à l'Autre féminin, elle se dérobe. À force d'être aveuglé par le stéréotype, de vouloir « remplacer l'original par la copie » (*SOM*, 260) et de se laisser « [l]eurr[er] par les sens qui brouillent plaisir et connaissance » (*SOM*, 53) en photographiant ceux (mais surtout celles) qu'il croise sur son passage, Jean-Marie Castel finit par « sorti[r] bredouille » (*SOM*, 53), c'est-à-dire par tout laisser échapper (ou presque) : sa liberté, son identité, l'amour et la sexualité : ne lui reste que le fantasme ou la perspective dépravée, en trompe-l'œil, comme seul et unique point de repère dans un monde meurtri par l'opacité des sens, c'est-à-dire un monde où les miroirs ne réfléchissent que ce que le sujet veut bien y (laisser) voir. Là opère leur véritable « obscénité ». D'où le rapport pouvant être établi entre *Le Silence obscène des miroirs* et la citation de Borges figurant en épigraphe :

> Du fond lointain du couloir le miroir nous guettait. Nous découvrîmes (à une heure avancée de la nuit cette découverte est inévitable) que les miroirs ont quelque chose de monstrueux. Bioy Casares se rappela alors qu'un des hérésiarques d'Uqbar avait déclaré que les miroirs et la copulation étaient abominables, parce qu'ils multipliaient le nombre des hommes[39].

La monstruosité des miroirs à laquelle fait référence l'écrivain argentin est ici à mettre en rapport avec l'obscénité dont il est question dans le roman de Daniel Castillo Durante. Ne pouvant reconnaître sa canadianité ni son argentinité que par l'entremise de son passeport volé, Jean-Marie Castel est confronté à une mémoire qui, comme un miroir au tain endommagé, réfléchit en trompe-l'œil l'image du sujet. C'est d'ailleurs ce qui expliquerait pourquoi le narrateur n'arrive jamais à entrer en contact avec lui-même ni avec aucune des femmes qu'il rencontre d'ailleurs. Il essaie de comprendre ce qui se produit lorsqu'il prend autrui en photo, mais quand il appuie sur l'obturateur de son appareil-photo pour capter

---

39. Jorge Luis Borges, « Tlön Uqbar Orbis tertius », *Fictions*, traduit de l'espagnol par P. Verdevoye, Paris, Gallimard, coll. « Folio », 1983 [1956], p. 11.

l'instant présent, c'est lui qui est pris au piège. En cherchant sans cesse à immortaliser le réel, celui-ci finit par prendre le photographe à son propre jeu, de sorte que l'argentinité dont Castel se réclame ne lui apparaît plus que sous la forme d'un simulacre. D'ailleurs, à force de torturer son rapport au réel, l'identité que le passeport est censé attester s'avère elle aussi dépravée : ce personnage venu du Nord, né en Argentine et qui aboutit en Uruguay par quelques frauduleuses manigances finit par tout perdre : de la vieille dame qui lui procure un laissez-passer artisanal pour se rendre en Uruguay jusqu'à la jeune femme qui semblerait détenir le secret de son agression et, par la même occasion, de sa véritable identité. Qui est donc Jean-Marie Castel ? Dans la mesure où le roman ne fournit que très peu d'indices sur ce personnage principal, l'exil dont Castel est « victime » semble tout aussi illusoire que son identité, car à force de se transformer, il ne ressemble à aucun autre. C'est, en définitive, ce qui permettrait de considérer *Le Silence obscène des miroirs* comme un roman apocalyptique, c'est-à-dire une parole qui, malgré le « silence » dont elle se réclame, explore les limites du sujet en « révélant[40] » les conditions de possibilité du « mal », de l'abandon et de la déchéance humaine.

Les différentes représentations de l'exil se dégageant de ces trois romans sont donc en rupture avec le cliché moyennant lequel le réfugié, l'itinérant, le diasporique, le nomade, l'étranger, bref l'exilé semblerait complètement « libre ». L'exil, tel qu'il est représenté dans cette littérature nomade, relève plutôt d'un paradoxe dans la mesure où, tout en privant le sujet de sa liberté, il lui accorde une certaine marge de manœuvre. Autrement dit, ce qui peut être perçu comme un lieu carcéral opère une alchimie qui transforme l'enfermement en ouverture. C'est le cas du café chez Ollivier et de l'atelier-monde chez Kokis, qui modifient le rapport que ces personnages entretiennent face au monde, mais aussi, face à eux-mêmes. En somme, l'exil se révèle à la fois comme un lieu de dépouille et d'altération. Montréal est bien, pour les personnages du *Pavillon des miroirs* et de *La Brûlerie* une ville-prison. Quoique ces étrangers aient tous délibérément

---

40. Je souligne au passage que l'étymologie grecque du terme « apocalypse » signifie « révélation ». Le concept d'« apocalypse » pourrait en ce sens être rapproché de celui d'« épiphanie » dont l'origine latine veut dire « manifestation de ce qui est caché ».

choisi (dans le sens sartrien du terme[41]) de quitter leur pays d'origine pour venir s'installer dans la métropole québécoise, ils demeurent coincés dans un entre-deux perpétuel : ils ne sont pas d'*ici*, mais en même temps, ils ne sont plus – et ne seront plus jamais du reste – de *là-bas*. *Le Silence obscène des miroirs* est particulier dans la mesure où c'est le pays d'origine, l'Argentine, qui retient captif celui qui a osé transgresser les frontières pour aller s'établir définitivement au Canada avant de revenir séjourner au pays natal. Tout se passe comme si l'Argentine, en dépouillant le sujet de son passeport canadien, avait eu le dernier mot sur le personnage nomade qui a volontairement tourné le dos à sa patrie d'origine lorsqu'il a immigré au Canada. Une seule frontière lui est désormais accessible sans son passeport : celle qui sépare l'Argentine de l'Uruguay. Bref, le personnage de ce roman est, au sens propre comme au figuré, déboussolé. Or, si dans le contexte de la parole migrante le lieu géographique prend des allures de prison, il n'en demeure pas moins que la mémoire semble, elle aussi, emprisonner l'étranger, l'empêchant ainsi de faire le deuil du *topos* à jamais perdu.

---

41. Pour l'existentialisme sartrien, le choix opère dans le cadre d'une liberté aussi restreinte soit-elle : « Le choix est possible dans un sens, mais ce qui n'est pas possible, c'est de ne pas choisir. Je peux toujours choisir, mais je dois savoir que si je ne choisis pas, je choisis encore. » Jean-Paul Sartre, *L'existentialisme est un humanisme*, Paris, Gallimard, coll. « Folio essais », 1996 [1946], p. 63.

LES HORIZONS SYLVESTRES : LA FORÊT COMME LIEU DE RÉVÉLATION ET DE RENOUVELLEMENT DANS LE ROMAN ACADIEN

Daniel Long
Université Sainte-Anne

De tous les espaces géographiques modelant le paysage dans le roman acadien, la forêt constitue sans doute le lieu infréquenté par excellence. La raison principale en est bien connue, soit la longue réclusion dans cette étendue sauvage à la suite d'un traumatisme collectif. Jusqu'à très récemment, les représentations s'en sont tenues à celles de la forêt-refuge, de la forêt-obstacle et de la forêt-épouvante[1]. Le plus souvent, le tableau des contrées forestières était brossé à gros traits d'où ressortaient nettement les tons sombres, si bien que l'espace forestier a été généralement écarté de toute entreprise d'affirmation identitaire. Cela dit, à compter du milieu des années 1990, une évolution dans la vision de la forêt est perceptible chez quelques romanciers, qui ne dépeignent plus les bois comme une zone interdite, mais comme un lieu d'élargissement et de redécouverte du territoire habitable. Au surplus, la forêt a pu dès lors servir de cadre pour la méditation introspective et la contemplation esthétique qui permettent de poser un regard affûté sur le présent et l'avenir.

La première analyse détaillée du rôle joué par la forêt dans la littérature romanesque acadienne a été réalisée par René Blais dans un article intitulé « L'Acadie, est-ce aussi la forêt? L'espace

---

1. Les termes « forêt-refuge » et « forêt-épouvante » ont été employés par René Blais dans son article intitulé « L'Acadie, est-ce aussi la forêt? L'espace forestier dans le roman acadien », *Revue de l'Université de Moncton*, vol. 27, n° 1, 1994, p. 73-95.

forestier dans le roman acadien[2] ». Paru en 1994, cet article propose une « lecture socio-spatiale » en tâchant de « décrire les métaphores les plus significatives pour parler de la forêt[3] ». Dans cette étude, René Blais s'est inspiré notamment des travaux de Claude Raffestin[4], de Luc Bureau[5] et de Gilles Sénécal[6] sur le potentiel métaphorique de l'espace géographique et sur la fonction primordiale qu'assume l'imaginaire dans cette symbolisation continuelle. Considérant le roman acadien depuis ses débuts jusqu'à la fin des années 1970, l'auteur s'est attardé à l'étude des régions forestières en tant que milieu d'habitation, en concluant que la forêt « occupe [...] une place [...] très réduite dans le roman acadien » et que « le symbolisme de la forêt [y] est implicite et, la plupart du temps, absent[7] ». Précisons cependant que cette présence très discrète de la forêt est à inscrire dans un réseau de signes et de symboles qui s'est développé consécutivement à un isolement forcé dans les bois, tel qu'en témoigne les nombreuses évocations de l'après-Déportation comme un siècle de ténèbres et de misère. En ce sens, l'espace forestier aurait été sciemment exclu de l'écriture fictionnelle, non seulement parce qu'il tendait à réveiller des souvenirs pénibles, mais parce qu'il n'autorisait pas véritablement les romanciers à concevoir des mondes imaginaires à la fois harmonieux et exemplaires. On en voit une illustration éloquente dans un texte comme *Cent ans dans les bois* (1981) d'Antonine Maillet, où l'image de la forêt conserve sa tonalité traditionnelle de lieu inhospitalier. Tel qu'indiqué plus haut, cette donnée a changé au cours des quelque vingt dernières années, et on en retrouve la manifestation dans des œuvres comme *Loin de France* de Germaine Comeau, *La danse sauvage* d'Ulysse Landry, *La revanche du pékan* de Jacques Ouellet, *Le Métis de Beaubassin* de Melvin Gallant et *Chacal, mon frère* de Gracia Couturier.

---

2. *Ibid.*
3. *Ibid.*, p. 78.
4. Claude Raffestin, *Pour une géographie du pouvoir*, Paris, Librairies Techniques, 1980, 249 p.
5. Luc Bureau, *Entre l'Éden et l'Utopie : les fondements imaginaires de l'espace québécois*, Montréal, Québec/Amérique, 1984, 235 p.
6. Gilles Sénécal, « Aspects de l'imaginaire spatial : identité ou fin des territoires ? », *Annales de Géographie*, vol. 101, n° 563, janvier-février 1992, p. 28-42.
7. René Blais, « L'Acadie, est-ce aussi la forêt ? L'espace forestier dans le roman acadien », p. 93.

Dans un premier temps, il convient de porter un regard sur un texte qui fait figure d'exception à plus d'un égard dans le corpus du roman acadien, à savoir *Le chef des Acadiens* de J. Alphonse Deveau. Publié en 1956, ce roman d'aventures est manifestement tributaire de la littérature populaire du XIXe siècle – notamment du *Dernier des Mohicans* de James Fenimore Cooper –, quoiqu'il tire aussi son inspiration d'Évangéline et de *Jacques et Marie*. *Le chef des Acadiens* raconte les tribulations et les actions héroïques de Jehan Martin, un irréductible coureur des bois à la tête d'un groupe de rebelles lors de la Déportation. Dans ce récit, la forêt exerce un rôle de premier plan dans l'enchaînement dramatique et dans la mise en scène du mouvement de révolte; le milieu forestier s'avère donc indispensable à la résistance tenace et victorieuse. Il se pose en quelque sorte en génie tutélaire et permet aux insubordonnés non seulement de subsister, mais de sortir aguerris et ragaillardis d'une cruelle épreuve. Sous le couvert des bois, les résistants parviennent à mener une guérilla contre l'ennemi et à lui saper peu à peu le moral. Ceci dit, l'œuvre tout entière est marquée, d'après une perspective visiblement manichéenne, par une représentation dichotomique des figures et des emblèmes qui donne lieu à la formation de nombreuses images doubles, en l'occurrence, la terre et la mer à la fois bienveillantes et menaçantes, l'Autochtone volontiers placide et sanguinaire et l'Acadien tour à tour sûr de lui-même et découragé. Une fois la Déportation amorcée, la forêt devient le repaire obligé des insoumis, qui y subissent les affres de la nature sauvage, mais qui y découvrent également un gîte providentiel et une sorte de base d'opérations pour ordonner leurs attaques éclair. Les premiers moments que les fuyards passent dans les bois semblent annoncer une existence misérable[8]; toutefois, leur abri forestier s'érigera en microcosme de la communauté

---

8. « Des gouttes de pluie tombaient. Saoua avait construit un abri de branches d'arbre pour les infortunés. Dans quelques moments des torrents d'eau versaient du ciel [*sic*] et les éclairs sillonnaient les nuages épais et bas. De temps en temps un craquement terrible retentissait dans la forêt, suivi d'un léger tremblement du sol quand un pin géant ou un vieux chêne, coupé par la foudre, s'écrasait sur le sol. La même tempête sévissait dans la Baie française, et à bord des transports le mal de mer s'ajoutait aux maux du cœur ». J. Alphonse Deveau, *Le chef des Acadiens*, Yarmouth, Lescarbot, [1956] 1980, p. 64. Désormais, les références à ce livre seront indiquées par le sigle *CA* suivi du folio.

soudée des résistants. Aux approches de l'hiver, la troupe de Jehan Martin, soutenue inconditionnellement par les Micmacs, se réfugie plus profondément encore dans la forêt et s'installe sur les rives du lac Rossignol. C'est à compter de cet instant que les rebelles s'approprient véritablement l'espace forestier avec l'aide des Autochtones et que ce lieu se transforme en fief inexpugnable, en fidèle protecteur[9]. Devenus plus ou moins invisibles, les Acadiens sont libres de passer à l'offensive au moment le plus favorable :

> Mais à ce moment dans le calme du matin, une clameur effroyable remplit l'air. La forêt sembla s'ouvrir, laissant s'échapper les Micmacs qui sautaient et [qui] brandissaient leurs armes pour s'exciter au carnage. Saoua leur fit signe de s'élancer dans la vallée. Puis, les appelant chacun par leur nom, il leur dit où se placer pour tirer sur leurs ennemis sans être vus.
> Les soldats oublièrent les Acadiens, qui purent regagner la forêt. Les Anglais battirent immédiatement en retraite, se cachant derrière les berges de foin et les aboiteaux pour éviter les balles qui commençaient à les atteindre. Ils reculèrent ainsi jusqu'au fort et Saoua rappela ses sauvages, qui le suivirent dans la forêt (*CA*, 106-107)[10].

---

9. René Blais soutient que dans *Le chef des Acadiens*, « il y a très peu d'expressions [...] qui traduisent une quelconque utilisation de la forêt » et que « Deveau montre à sa manière le peu de place que l'on a réservé à la forêt dans le roman acadien » (Blais, 87). R. Blais affirme par la suite que « la forêt, dans *Le chef des Acadiens*, est bien le lieu de l'action, mais on n'insiste pas sur la forêt comme milieu de vie » (Blais, 88). Le fait que *Le chef des Acadiens* présente un récit d'aventures assez condensé expliquerait en bonne partie ces descriptions peu nombreuses de la vie quotidienne dans la forêt. De plus, les régions forestières, même si elles ne sont guère représentées comme un lieu d'existence permanent pendant la résistance, constituent un espace d'habitation pour certains Acadiens avant la Déportation et au moment où les rebelles se réinstallent en Acadie.
10. Le couvert forestier limite également les dégâts dans les rangs des rebelles lorsque ces derniers sont attaqués : « Les Acadiens coururent plus vite. Aussitôt les Anglais déchargèrent leurs carabines dans la direction des fuyards. Quatre d'entre eux tombèrent. Leurs compagnons, risquant leur vie, revinrent sur leurs pas, les ramassèrent, les emportèrent, blessés ou mourants, et disparurent derrière les arbres. / Les matelots et les Rangers rechargèrent leurs fusils et partirent en courant à la poursuite de la proie humaine qui leur échappait. Ils plongèrent avec rage dans la futaie [...] qui cachait la fuite des Acadiens » (*CA*, 115-116).

Grâce aux victoires qu'ils remporteront, les Acadiens réussiront à s'approvisionner en denrées et en munitions. Les régions forestières continueront de secourir la troupe de Jehan et les Micmacs, même si l'action se déroulera principalement en mer dans les derniers chapitres du roman. Bien que, dans le dénouement, Jehan et les autres réchappés s'installent sur la côte à la Baie Sainte-Marie, Paul Martin, le père de Jehan, reste dans la forêt aux abords du lac Rossignol dans le but de suivre l'exemple de son fils et d'aider les résistants à « reconquérir [leur] place en Acadie » (*CA*, 152), un indice indubitable que l'intérieur des terres peut révéler un univers habitable à l'instar des régions côtières.

Si la peinture de la forêt dans *Le chef des Acadiens* constitue une dérogation à la règle à l'époque de sa publication, il est plausible que cette exception soit dans une certaine mesure accidentelle, le roman d'Alphonse Deveau ayant vraisemblablement subi l'influence du *Dernier des Mohicans* ou d'autres romans d'aventures américains. Dans cette optique, les modalités esthétiques du *Chef des Acadiens* ont assurément contribué à cette représentation singulière de la forêt, mais la volonté ferme d'accroître et de transformer le potentiel symbolique de l'espace forestier est moins apparente dans ce texte. Quoi qu'il en soit, *Le chef des Acadiens* a effectivement rompu avec une tradition bien établie. Il convenait donc d'indiquer le moment précis où la forêt a cessé d'être dépeinte dans des tons uniformément sombres ou représentée exclusivement comme un lieu de refuge dans le roman acadien[11].

Il faudra attendre une quarantaine d'années encore avant qu'une appréciation renouvelée de la valeur sémiotique et symbolique de la forêt apparaisse dans la littérature romanesque acadienne. *Loin de France* (1997) de Germaine Comeau fournit l'un des exemples les plus éloquents de cette nouvelle vision du milieu forestier. Il s'agit d'un récit inspiré de l'histoire véridique d'une famille alsacienne (les Stehelin) venue s'installer à la Baie Sainte-Marie à la fin du XIXe siècle afin d'y fonder un village

---

11. *Gabriel et Geneviève* d'Hector Carbonneau, publié à titre posthume en 1974, est un roman de la mer qui renferme plusieurs scènes où la forêt madelinienne est décrite comme un éden préservé. En l'occurrence, il s'agit d'une vision conventionnelle qui ne transforme qu'en apparence la fonction d'asile temporaire assumée par l'espace forestier.

(Nouvelle-France) en pleine forêt. Les Stehelin se sont lancés dans l'exploitation du bois, un commerce qu'ils ont développé rapidement. Nouvelle-France a été transformée en bourgade tout à fait moderne pour l'époque, ayant son propre chemin de fer ainsi que l'électricité. Paul-Émile Stehelin, le personnage principal de *Loin de France*, est âgé de treize ans lorsque ses parents l'envoient au collège Sainte-Anne. Toutefois, le jeune garçon se sent complètement déraciné dans cet espace confiné et s'y ennuie mortellement[12]. Au bout de quelques semaines, il s'enfuit du collège et rentre à Nouvelle-France, dans une traversée des bois qui s'apparente à un retour d'exil. Au cours de ce périple, Paul-Émile sort sain et sauf d'une confrontation avec une ourse tentant de protéger ses petits. La réaction du héros est le présage des images saisissantes que la forêt projettera devant lui et des émotions intenses qu'elle provoquera :

> L'expérience qu'il vient de vivre l'a projeté hors du temps. Il lui semble qu'il ne sait plus quel est le moment de la journée, que la forêt même vient de lui dévoiler un tout nouveau visage qu'il n'avait jamais vu auparavant. Un visage à la fois plus animé et plus redoutable (*LdF*, 68).

Paul-Émile est un rêveur, voire un visionnaire qui est lié indéfectiblement au milieu forestier, où il savoure une grande liberté et où il peut laisser libre cours à son imagination. Il conçoit Nouvelle-France comme le nouvel espace de la modernité, le lieu où l'avenir est en train de se construire, et c'est en s'exerçant au métier de bûcheron qu'il compte s'épanouir. Mais avant toute chose, la forêt crée un univers magique où l'adolescent est animé d'un souffle créateur :

> [...] Paul-Émile se laisse emporter par la tranquillité de la nuit. La lumière argentée de la lune crée dans le sous-bois une atmosphère de conte de fée. Il imagine des personnages

---

12. « Seule la pensée que, plus tard dans la journée, il pourra aller passer du temps dans le petit bois en arrière du collège lui donne le courage de se tirer du lit. » Germaine Comeau, *Loin de France*, Moncton, Éditions d'Acadie, 1997, p. 35. Désormais, les références à ce livre seront indiquées par le sigle *LdF* suivi du folio.

> fantasques cachés derrière les arbres, prêts à venir le surprendre. Le silence de la forêt lui caresse l'oreille. C'est le calme parfait. Alors, d'une voix moitié humaine, moitié animale, empruntée à ses jeux d'enfant, il lance quelques hululements dans l'obscurité de la nuit. Il attend. Il répète… et de loin un hibou solitaire, enfoncé sur sa branche, lui répond. Son hululu lui souhaite une bonne nuit chez lui.
> Paul-Émile demeure longtemps plongé ainsi dans son état d'émerveillement, rassuré par la force du pouvoir divin qui explique tout. Il est tellement absorbé dans ce rêve qu'il néglige d'alimenter son feu, et c'est un léger frisson ressenti sur le visage qui le ramène sur les lieux. Il dépose quelques morceaux de bois sur le feu pour le ranimer et prend sa plume (*LdF*, 70-71).

Dans ces moments d'inspiration énergique, Paul-Émile écrit des lettres à sa sœur Simone dans lesquelles il lui livre ses états d'âme. Les songeries de Paul-Émile se caractérisent par une fusion de l'ancien et du nouveau, qui est illustrée par la reconnaissance de la fonction déterminante que remplit l'héritage culturel dans la régénération de la civilisation. Pour ainsi dire, il règnerait dans la forêt une harmonie primitive ainsi qu'une force spirituelle aptes à poser les fondements d'une modernité stable et durable. La faculté imaginative de Paul-Émile s'exerce au moyen de souvenirs, mais aussi de représentations prospectives qui placent toujours la forêt au centre de sa vision d'un avenir prometteur, voire illimité. Au reste, l'anxiété qu'éprouve fréquemment Paul-Émile lorsqu'il songe à son avenir et à celui de sa famille se dissipe dans les bois: «L'air frais et le voyage dans la forêt ont nettoyé son esprit d'une bonne partie de la douleur qui l'accablait la veille. La situation lui paraît beaucoup moins dramatique aujourd'hui à la clarté du jour, en plein milieu de la forêt tranquille» (*LdF*, 111). Un séjour prolongé dans la forêt (à l'occasion d'une opération de bûcheronnage) apaise le héros en activant davantage son imagination. En l'occurrence, l'adolescent est en mesure de concevoir de nouveaux scénarios pour son existence future:

> Paul-Émile a un large sourire. En ce moment, tout va comme il avait rêvé lorsqu'il ne pensait qu'à une chose: sortir des portes du collège. La vie de bûcheron lui permet de faire sa propre expérience de la forêt. De se monter des récits personnels, comme

ses oncles. De connaître toutes les étapes de l'exploitation du bois (*LdF*, 130-131).

Dans presque tous les romans du corpus, le personnage principal semble ressentir le besoin d'être guidé physiquement, mais surtout spirituellement dans le milieu forestier. Le plus souvent, c'est l'Autochtone qui assume ce rôle en devenant l'ami fidèle du protagoniste ou, dans le cas de Paul-Émile Stehelin, son amoureuse. Marie-Aigle est une Micmac dont s'entiche le héros ; il voit en elle une âme sœur qui pourrait l'accompagner dans sa quête d'une paix intérieure. Car Paul-Émile est perpétuellement angoissé devant son désir incessant de concrétiser ses rêves et une réalité qui change inéluctablement. Il espère que la forêt et Marie-Aigle lui conféreront enfin une stabilité sécurisante en lui présentant une ligne directrice et des repères clairs. Cette relation marquerait le début d'une ère nouvelle caractérisée par le bien-être et l'équilibre :

> Ils [Paul-Émile et Marie-Aigle] s'éloignent de la fête pour retrouver la forêt silencieuse, pour s'engager plus loin dans le sentier obscur qui échappe aux lumières des réverbères. Retrouver les ombres mystérieuses et troublantes de tous ces arbres qui viennent d'accueillir le nouveau siècle. Passer tout doucement à côté des animaux qui sommeillent dans leurs gîtes. Ils n'ont pas peur. Ils ne sont plus seuls. Ils sont deux à partir chacun de son côté sur les sentiers du siècle qui se lève (*LdF*, 155-156).

Les progrès rapides qu'accomplit Nouvelle-France, qui sont mis en route grâce au chemin de fer principalement, suscitent d'autres ambitions chez l'adolescent et élargissent le territoire où se laisse aller sa fantaisie. Paul-Émile devient chef de train et envisage de partir à l'aventure, de dévoiler des horizons nouveaux à son univers imaginaire. Seulement, les continuelles divagations du héros ne peuvent empêcher l'éclatement du noyau familial, alors que son père s'établit à New York pour y explorer de nouvelles occasions d'affaires et que sa sœur décide de poursuivre ses études à Halifax. Qui plus est, d'autres malheurs frapperont les Stehelin et Nouvelle-France, notamment la fermeture du village.

Au terme de toutes ces épreuves, Paul-Émile comprendra qu'il est primordial de « vivre pleinement dans le présent » (*LdF*,

211), que les rêves des uns ne coïncident pas forcément avec ceux des autres, que les séparations sont normales et qu'il importe de toujours se créer de nouveaux rêves. Si l'espace forestier a permis au protagoniste de sonder sa vie intérieure et de mieux en discerner le caractère propre, il ne l'a toutefois pas amené à reconnaître les traits distinctifs de son entourage ou tous les effets qu'entraîne la modernité sur le tissu social d'une collectivité. Au final, le récit de *Loin de France* se transformerait en parabole sur la nécessité d'être immergé dans un milieu propice à l'esprit créateur, mais aussi sur les pièges que comporterait l'hésitation à changer d'espace.

La danse sauvage (2000) d'Ulysse Landry raconte l'histoire de Guillaume, un musicien sans emploi qui vivote au jour le jour parmi des individus aussi inadaptés et désillusionnés que lui. Roman essentiellement urbain, *La danse sauvage* décrit la ville comme une zone de tumulte et d'inconduite régie par la loi du plus fort. Il se trouve cependant dans ce récit un épisode singulier qui esquisse un tableau fascinant d'une existence menée à l'écart de la société moderne et de ses perturbations.

Après avoir assisté à un festival de musique, Guillaume est contraint de faire de l'autostop pour rentrer à Moncton. La route au bord de laquelle il marche traverse les bois; à ce moment précis, il est particulièrement agité, craignant d'être attaqué par un animal sauvage: «De chaque côté, c'est la forêt et, de temps à autre, il croit sentir la présence d'êtres vivants derrière tous ces arbres. Son imagination s'anime de toutes les peurs.[13]» Cet épisode donne l'impression qu'un récit d'épouvante se met en place, mais cette région sauvage se transforme rapidement en refuge lorsque Guillaume y entraperçoit «une espèce de cabane cachée derrière les arbres (*DS*, 36)». Une femme âgée, qui habite en recluse avec son frère dans cette maisonnette, le reçoit bienveillamment; le héros est donc rasséréné par sa halte dans les bois et peut reprendre sa route. Une camionnette finit par s'arrêter et Guillaume y monte. Le conducteur est un certain Philéas, un violoniste à l'esprit libre et le frère de la dame qui a accueilli le protagoniste. Les deux personnages aboutissent chez les contrebandiers, qui se

---

13. Ulysse Landry, *La danse sauvage*, Moncton, Perce-Neige, coll. «Prose», 2000, p. 35-36. Désormais, les références à ce livre seront indiquées par le sigle *DS* suivi du folio.

tiennent dans un lieu dissimulé par la forêt et isolé sur la côte. Là, Guillaume y découvre un monde enchanté où règnent la musique et les réjouissances. Il peut y vivre sa passion pour la musique sans se soucier du lendemain et sans subir le regard de la société bien-pensante. En l'occurrence, les contrées forestières exaucent et protègent les non-conformistes et les marginaux en créant un microcosme qui remédierait aux insuffisances de la ville. Le héros s'y sent temporairement galvanisé, devenant l'artiste en vedette qui conquiert un public enthousiaste, et «jouit pendant quelques instants de cette osmose qui s'établit parfois entre l'artiste et son public (*DS*, 49)». L'espèce de folie eurythmique qui s'empare de lui le grise sur-le-champ; «il gardera longtemps le souvenir de ce moment dans un coin spécial de sa mémoire (*DS*, 49)». En autorisant cet isolement salutaire (quoique momentané), la forêt permet donc au héros de retenir dans son souvenir l'image d'un élan vital que ne saurait briser, à première vue, la ville étouffante.

Néanmoins, Guillaume semble comprendre qu'il se laisse aller à une fantaisie passagère. En outre, cet événement marquant a suscité en lui des attentes immenses par rapport au métier de musicien, si bien qu'il,

> ne pourra plus jamais être satisfait de vivre sans ce contact à la fois intime et public [...] que l'artiste de la scène doit continuellement renouveler avec son auditoire, sachant très bien que le frêle vaisseau dans lequel ils voyagent ensemble finira inévitablement par s'échouer et les abandonner de nouveau au quotidien (*DS*, 49).

Dans *La danse sauvage*, l'isolement salutaire, rendu possible par une forêt difficilement accessible, ne participe pas à une lutte de tous les instants contre la civilisation urbaine, le héros étant destiné à poursuivre ses rêves sur un terrain plus familier. Au demeurant, Guillaume n'aspire guère à vivre en symbiose avec le milieu naturel qui l'a autorisé à nourrir ses illusions. Dans ce texte, l'espace forestier correspond à une présence bienfaitrice qui met les esprits indépendants à l'abri de la jungle urbaine, bien qu'il ne forme qu'un îlot de résistance reculé à l'intérieur de la sphère où évoluent les personnages principaux.

Dans *La revanche du pékan* (2000) de Jacques P. Ouellet, la forêt occupe une place prépondérante et est le lieu d'existence du héros. Thomas Pelletier, surnommé Pékan, est un ancien combattant ayant été profondément troublé par les expériences qu'il a vécues durant la Deuxième Guerre mondiale et par une grande peine d'amour. Il s'installe dans la dense forêt du Madawaska à la fin des années 1940 et y vit presque en ermite dans le but d'y retrouver un bien-être psychique et spirituel :

> Depuis l'été 1945, Thomas, âgé de vingt-six ans, était revenu de la guerre transformé, retrouvant ses parents et son coin de pays natal. Ne pouvant plus demeurer avec ses parents parce qu'il passait la majorité de son temps dans sa chambre à coucher, comme un prisonnier, où il jonglait sur des images horrifiantes d'amis tués au combat, d'enfants abandonnés dans les rues des villages en ruine, de pertes de vie inutiles et surtout de sa propre destinée incertaine... Il quittait ses proches pour se réfugier dans cette retraite éloignée, mais paisible des Appalaches qui entouraient la ville d'Edmundston. Aujourd'hui, après cinq ans de vie solitaire en forêt, devenu trappeur, il vivait en permanence aux abords du Premier Lac[14].

C'est dans cette nature « pure » qu'il tente de faire abstraction de son passé et de l'odieuse nature humaine. À première vue, il s'agit d'un scénario familier : le misanthrope se réfugiant dans un espace inaltéré afin de garder ses distances de la société corruptrice. Chaque fois qu'il se rend en ville, Thomas considère qu'il est devenu étranger à lui-même et au genre humain :

> Ce qui le surprenait le plus était l'égocentrisme que dégageaient les gens qu'il observait sur la rue ou aux endroits où [sic] il visitait. Après avoir passé seulement que [sic] quelques heures parmi eux [...], Thomas ressentait le désir incontrôlable d'écourter son séjour et de retourner parmi les bêtes, les oiseaux et les majestueuses montagnes avec leurs arbres et leurs cours d'eau. Eux, ils ne changeaient jamais de comportement (*RdP*, 25).

---

14. Jacques P. Ouellet, *La revanche du pékan*, Tracadie-Sheila, La Grande Marée, 2000, p. 24. Désormais, les références à cet ouvrage seront indiquées par le sigle *RdP* suivi du folio.

La revanche du pékan est une réflexion sur l'affrontement entre civilisation et sauvagerie, mais surtout sur l'action déshumanisante de la vie urbaine, qui détruit toute force de cohésion sociale. La ville a créé des individus insensibles et amoraux qui, souvent, ne reculent devant rien pour parvenir à leurs fins. Ce type de citadin est représenté par deux personnages principalement: Louise Granger, l'ancienne amie de cœur de Thomas, et l'époux de cette dernière, Steve Granger. Louise est dépeinte comme une séductrice volage cherchant constamment à échapper à son quotidien morne et pesant, alors que son mari est un industriel véreux et un chasseur sportif dévoré par une haine vengeresse contre le pékan (la martre pêcheuse) qui lui a laissé une balafre au visage.

Thomas se sentira de plus en plus appelé par la forêt à mesure que ces deux personnages s'immisceront dans son existence. Il se liera d'amitié avec un Autochtone (Grand Castor) et entreprendra une liaison avec la fille de celui-ci, une métisse nommée Bernache Blanche. Cette relation réconciliera jusqu'à un certain point Thomas avec l'humanité, Bernache Blanche étant l'incarnation de l'amour durable et de la bienfaisance infinie[15]. Mais le cœur du récit procède de la rencontre entre Thomas et un pékan (le même qui a blessé Steve Granger) qui élit domicile dans la cabane du reclus. Cet animal secret et féroce est représenté comme un solitaire incompris et est évidemment assimilé au héros. Un climat de confiance s'instaure entre ces deux marginaux[16], si bien que le pékan devient le défenseur de Thomas tout en incarnant la force tutélaire de la nature qui abrite le héros. L'animal symbolise l'âme de cette forêt à la fois énigmatique et indomptable, qui se veut la demeure parfaitement adaptée aux non-conformistes. Malgré la mort du pékan des suites d'un combat furieux contre Steve Granger (qui a été tué dans cet affrontement), le dénouement révèle que l'animal a laissé une progéniture qui assurera la pérennité de l'esprit d'indépendance.

---

15. «Quant à Thomas, il avait retrouvé l'homme qui s'était endormi pendant trop d'années, endurant solitude et sacrifices.» (*RdP*, 187)
16. «Le pékan passa la nuit confortablement installé dans sa cachette, en toute sécurité. Un nouveau lien d'amitié s'était désormais formé entre ces deux coureurs de bois. Un lien qui durerait pour le reste de leur vie.» (*RdP*, 141)

> Un jour, lors d'une de ses randonnées habituelles le long du sentier Thibodeau, Thomas crut entendre une série de petits cris perçants venant d'un immense pin renversé. [...] En s'approchant plus près tout en s'agenouillant à côté de l'ouverture [d'un trou], il aperçut, à sa surprise, une portée de trois mignonnes petites boules de fourrure noire qui le regardaient avec de grands yeux clairs donnant sur le rouge. C'étaient des bébés pékan dans l'attente, sûrement, du retour de leur mère [...]. Tout à coup, Thomas pressentit qu'il était observé de plus haut, juste au-dessus du pin. [...] Là, à quelques pieds de son visage, le petit pékan qui le zieutait, portait sur son front [...] un médaillon de fourrure blanche. Thomas sourit puis murmura doucement pour ne pas l'effrayer :
> Savais-tu que j'ai connu ton père ? C'était un sage entre les pékans... un original... une bête formidable. J'espère qu'il veillera sur toi, mon petit. Tu en auras besoin dans ce monde d'hommes (*RdP*, 378).

De cette façon, la forêt ainsi que la vie qu'elle engendre et protège sont les garantes d'une sorte de liberté sans compromis dans *La revanche du pékan*, la modernité urbaine ne pouvant éclipser la lueur d'espérance qui continue d'éclairer ce monde incorruptible et providentiel.

Le Métis de Beaubassin de Melvin Gallant est un roman historique paru en 2009. On y relate l'histoire mouvementée de l'établissement acadien de Beaubassin depuis ses débuts dans les années 1670 jusqu'au départ du personnage principal pour l'Île Saint-Jean en 1720. Michel Haché dit Gallant est un cultivateur qui se retrouve fréquemment et malgré lui au cœur de la tempête politique et sociale qui sévit Beaubassin, les instants de répit étant fugaces. La mise en valeur du territoire s'effectue près de la côte et dans les marais, mais Michel se sent fréquemment et inexplicablement attiré par les bois et par le mode de vie des Autochtones, avec lesquels il semble être en communauté de vues. L'appel de la forêt sera plus irrésistible encore lorsque le héros y aura une passade avec une Micmac nommée Malika[17], mais surtout

---

17. La première scène d'amour entre Michel et Malika se déroule d'ailleurs dans les bois, où le protagoniste est épris d'une liberté enivrante : « À un moment

quand il découvrira qu'il est lui-même un métis. À l'instar de Paul-Émile Stehelin, Michel Haché a le sentiment persistant d'être issu de la forêt, d'avoir fusionné avec cet espace :

> En regardant tous ces gens [les habitants de Beaubassin] se trémousser au son du violon, il ne put s'empêcher de penser à la danse que les Mi'kmaq avaient exécutée au cours de sa visite à leur campement […]. Il réentendait ce tambour qui battait sur un tout autre rythme et revoyait les Indiens danser en rond en sautillant d'un pied. Il réfléchissait à ses origines indiennes et se demandait s'il aurait préféré ce genre de danse à celle-ci. Que lui restait-il de ces origines, si différentes de celles de la grande majorité des habitants de Beaubassin ? Il se sentait très près de la nature, mais beaucoup de paysans de Beaubassin éprouvaient certainement la même sensation. Cependant, contrairement à eux, il aimait la nature pour elle-même. Il adorait se promener en forêt, toucher la terre de ses mains, observer les oiseaux et les animaux sauvages. Il avait l'impression de faire corps avec la nature (*MdB*, 178).

Pour le protagoniste, les régions boisées sont le lieu de la méditation et du retour aux sources, même après qu'il a épousé la Beaubassinoise Anne Cormier et fondé une famille ; c'est là qu'il appréhende véritablement sa nature profonde et qu'il apaise le tumulte des passions que provoquent les réalités sociopolitiques à Beaubassin, qui deviendront de plus en plus complexes et difficiles

---

donné, elle l'entraîna dans une petit bosquet isolé non loin de la rivière. Des aigrettes d'épinette jonchaient le sol et donnaient l'impression d'une couverture brune, des rayons de soleil s'infiltraient à travers les branches des arbres et réchauffaient le sol. Lorsqu'ils furent assis, elle se colla contre lui en disant *tekeik*, mot qu'il connaissait et qui signifiait "froid". Il osa passer son bras autour d'elle et elle se blottit tout contre lui. Il respirait lourdement et humait son odeur. Il était aux anges. […] L'odeur des épinettes mêlée à celle de Malika, les doux rayons de soleil qui effleuraient leur peau, la chaleur du sourire de l'Indienne, tout contribuait à les isoler dans un autre monde, un monde rempli de merveilles. Il éprouvait la sensation d'être couché dans une barque flottant tout doucement sur une rivière.» Melvin Gallant, *Le Métis de Beaubassin*, Lévis, Éditions de la Francophonie, 2009, p. 104. Désormais, les références à ce livre seront indiquées par le sigle *MdB* suivi du folio.

à vivre. Il règne dans les contrées forestières un climat de paix et un équilibre sécurisant qui stimulent sa compassion et qui lui font prendre en horreur la souffrance des animaux :

> Michel adorait se promener dans la forêt, mais il n'aimait pas chasser. Il avait une fois tué un lièvre qui s'était longtemps débattu devant lui avant de mourir, et ce spectacle lui avait fendu l'âme. Pourtant, il comprenait bien la philosophie des Indiens par rapport à la chasse, une philosophie qui aurait dû sans doute être aussi la sienne, mais c'était plus fort que lui. Par contre, la coupe du bois en hiver n'était pas pour lui une corvée. Il adorait humer l'odeur des conifères et se promener parmi les arbres pour faire du nettoyage (*MdB*, 263-264).

Cet éveil d'une conscience écologique est donc lié étroitement à un certain pacifisme, qui incite le héros à envisager son avenir du point de vue de l'altruiste conservant les ressources et détestant les affrontements violents. La proximité de la forêt permet également aux habitants de Beaubassin de résister aux offensives britanniques, les bois étant un asile sûr chaque fois que le village est pris d'assaut :

> Qu'allaient-ils faire maintenant dans l'éventualité d'une attaque ? Michel avoua au groupe qu'Anne et lui avaient décidé d'aller mettre certains objets en sécurité dans la forêt, des choses dont ils n'avaient pas besoin pour l'instant, comme la charrue, les scies, le rouet, etc., et qui ne risquaient pas d'attirer les bêtes sauvages. Jean Poirier pensait qu'il fallait organiser un commando de miliciens pour attaquer avant que les Anglais puissent mettre le pied à terre, mais Michel et quelques autres s'objectèrent.
> Sur qui pourrions-nous compter ? demanda Michel. Tout au plus une trentaine de personnes, alors que de l'autre côté ils sont des centaines, avec des armes beaucoup plus performantes que nos vieux mousquets de chasse.
> Nous aurions sans doute l'aide des Indiens, qui sont de bons guerriers.
> Là, je m'y oppose encore plus catégoriquement ! lança Michel. Ne faisons pas payer les Indiens pour les bêtises des autorités françaises. Laissons-les tranquilles comme nous aimerions que l'on nous laisse tranquilles. Il vaut mieux aller se réfugier dans

la forêt ou chez les Indiens, qui nous ont toujours généreusement accueillis (*MdB*, 272-273).

En somme, le milieu forestier, bien qu'il soit décrit en peu d'endroits dans *Le Métis de Beaubassin*, constitue une zone privilégiée en sauvegardant la solitude contemplative et l'instinct de préservation tout en excluant les puissances belligérantes.

Tout comme dans *La revanche du Pékan* de Jacques P. Ouellet, la forêt du Madawaska forme une partie très importante du cadre de l'action dans *Chacal, mon frère* (2010) de Gracia Couturier. Cette œuvre est à la fois roman psychologique, roman de mœurs et récit policier où l'espace devient de plus en plus déterminant dans l'évolution intérieure des deux personnages principaux, à savoir Étienne Bellefleur et son frère aîné Bruno. C'est pour l'essentiel l'histoire de frères ennemis : Étienne, né sous une bonne étoile, est un jeune homme ambitieux et laborieux qui semble destiné à hériter de la scierie de son père, tandis que Bruno est une âme sombre, instable et envieuse qui souffre de troubles mentaux. Étienne a également une propension à la rêverie et s'intéresse à la poésie d'un certain Chacal, qui est – à l'insu d'Étienne – le nom de plume de Bruno. De son côté, Bruno professe depuis très longtemps une haine inflexible pour Étienne et en deviendra de plus en plus jaloux, d'autant plus que le père de ceux-ci s'attend à léguer la scierie au plus jeune.

Dans *Chacal, mon frère*, les régions forestières sont dépeintes initialement comme le lieu de travail, le moyen de subsistance et l'espace de la vie quotidienne des habitants du village fictif de Sainte-Croix. Vu sous cet angle, ce territoire est enraciné dans une réalité multiforme qui crée un cadre solide, quoique irrégulier, à l'intérieur duquel de nouveaux points de vue restent à découvrir et où l'imagination peut se donner libre cours. L'image de la forêt s'infléchit en se conformant au changement de perspective qui s'opère progressivement en Étienne Bellefleur, alors que les antagonismes incessants entre lui-même et son frère ainsi que ses déboires sentimentaux lui font désirer vivement l'apaisement des troubles et la sérénité. Étienne se sentira uni encore plus intimement à l'espace forestier lorsque son père lui fera une confidence décisive :

> Et c'est ici même, sur ce lit de mousse qui se prolonge très loin dans le sous-bois, c'est ici, mon fils, que toi tu as été conçu.

> Étienne est bouleversé par les propos de son père. Les hommes ne parlent habituellement de leurs amours que pour pavoiser à propos de prouesses que souvent ils n'auront jamais le courage d'exécuter. Mais lui, son père, Georges Bellefleur, lui parle de ses amours comme d'un secret fragile.
> Je me suis toujours dit qu'un jour, je te donnerais cette parcelle de terre. […]
> Étienne est saisi, pénétré par la majesté du paysage. Il se réjouit de la petite parcelle de bonheur que lui offre ce dimanche.
> Cette terre est à toi, si tu la veux. Puisque c'est ton rêve, tu peux y construire ta maison. Il y a que du bonheur sur cette terre, et c'était peut-être une prémonition que tu y aies été conçu[18].

À partir de ce moment, Étienne comprend que la forêt est une partie intégrante de son être, qu'elle seule peut lui montrer la voie la plus sûre vers la paix intérieure. Le terrain que Georges Bellefleur cède à son fils cadet est nommé de manière très révélatrice le Bois des songes. Étienne prévoit d'y ériger son habitation de rêve et d'y mener une existence comblée avec sa maîtresse[19]. Plus Bruno sombrera dans la déraison et plus le quotidien d'Étienne deviendra chaotique, plus ce dernier vivra dans l'espoir de trouver refuge dans un environnement préservé et harmonieux. La mort de leurs parents dans un accident routier mènera à une enquête policière où Étienne sera soupçonné injustement d'avoir saboté les freins de la voiture. Cet épisode singulièrement éprouvant lui fait méditer encore plus intensément sur une vie passée dans les bois, sur la reconquête de l'innocence et de la vitalité juvéniles :

> Ce soir, la pièce [son bureau d'étudiant] devient son refuge. Il s'y terre comme un animal blessé. Il sort la lettre de son père, la relit.

---

18. Gracia Couturier, *Chacal, mon frère*, Ottawa, Éditions David, coll. « Format poche », 2012 [2010], p. 147-148. Désormais, les références à ce livre seront indiquées par le sigle *CMF* suivi du folio.
19. « Étienne marche dans le Bois des songes avec l'architecte qui dessine sa maison. Il a promis à Lorraine que cette maison serait leur alcôve de bonheur. Quand elle sera prête. Étienne ne veut pas la bousculer, mais il a besoin d'inscrire son rêve dans son quotidien » (*CMF*, 157).

> *... que le Bois des songes t'apporte bonheur et sérénité*
> Étienne replie la lettre, la replace dans la poche de son veston. [...].
> Étienne griffonne quelques lignes sur une feuille. Question de sentir le glissement de la plume sur le papier et de voir apparaître la ligne sinueuse et bleue sur le blanc de la feuille, comme la rivière qui s'insinue dans le cœur de la forêt. Étienne écrit le mot *forêt*. La forêt, comme quand il était enfant. Il écrit le mot *enfant*.
> *enfant*
> *j'aimais entendre sonner les cloches de l'église*
> *comme des anges*
> *messagers de quelque chose*
> *que je ne comprenais pas*
> *tout à fait* (*CMF*, 203-205).

Cette émergence de l'inspiration poétique chez Étienne s'accompagne d'une reconnaissance que les rêves qu'il poursuivait jusqu'alors se sont évanouis[20], que seuls des idéaux conçus par une imagination renouvelée le sépareront d'une réalité insupportable. Le Bois des songes, où Étienne vit seul dans un pavillon en bois rond, constitue un microcosme qui protège le reclus contre l'influence délétère de l'existence qu'il a connue. Pour ainsi dire, cet espace est composé tout entier d'éléments intacts qui permettent à l'esprit fantaisiste de l'écrivain de se ressourcer. À la fin, c'est à travers l'écriture qu'Étienne recrée sa vie intérieure et qu'il entrevoit son avenir :

> Étienne consacre son hiver à la lecture et à l'écriture. Cette fois, il a un véritable projet : le récit d'un voyage initiatique. Il sait qu'il doit le faire s'il veut passer à autre chose. Il s'impose de prendre un recul par rapport à son expérience et tente de transposer sa quête dans la vie d'un personnage créé de toutes pièces. Mais il lui arrive souvent de douter. Il récrit, supprime, recommence. [...] Quand il se retrouve dans une impasse, il va prendre l'air. Marcher dans la forêt l'aide à réfléchir. Ou à tout oublier. Pour quelques heures.

---

20. « [...] *je ne suis qu'un bois mort à la dérive de mon être / mes écrits ne sont que des fragments de deuil* [...] » (*CMF*, 220).

> [...] Durant tout l'hiver, Étienne découvre sa forêt, un pas à la fois.
> *Vivre de son essence fondamentale.*
> *Ne demander à la vie que ce qu'elle peut nous offrir. Le reste, se l'inventer soi-même* (*CMF*, 306-307).

C'est dans *Chacal, mon frère* que se réalise l'intégration la plus harmonieuse des régions forestières au roman acadien, dans la mesure où ces dernières apportent une solution concrète, cohérente et apparemment définitive à l'angoisse existentielle dont le protagoniste est en proie. À la différence de *Loin de France*, où la forêt ne peut établir un équilibre permanent dans la vie de Paul-Émile Stehelin, et de *La revanche du pékan*, où l'influence insidieuse de la ville n'arrive pas à s'éroder entièrement, l'espace forestier délimite un territoire dont le héros prend véritablement possession dans le dénouement de *Chacal, mon frère*, un monde envoûtant qui parvient à agir continûment sur l'esprit créateur.

En définitive, il appert que dans le roman acadien contemporain, la forêt délimite de plus en plus un espace vital pour celui ou celle qui souhaite accéder à la plénitude intérieure et à la liberté de la faculté imaginative tout en bénéficiant de la protection d'une région peu explorée ou relativement ignorée. Ainsi, cette dernière devient souvent le refuge des laissés-pour-compte d'une conception restrictive de la modernité, qu'elle soit sociale, culturelle, politique ou économique. L'individu qui aspire à être éclairé ou réconforté dans la forêt y scrute simultanément les horizons insoupçonnés qui s'offrent à lui, toujours dans le dessein d'y distinguer un univers plus large et plus harmonieux. De surcroît, cette étendue peut aussi bien abriter une communauté marginale qui y crée un modèle d'existence atypique. On pourrait alors parler de « forêt-sanctuaire » pour décrire ce nouveau rôle assumé par les espaces boisés. Tout bien considéré, la forêt n'est assurément plus cette contrée éternellement ténébreuse telle qu'elle se présentait autrefois dans le roman acadien; il s'agit là de l'ouverture d'une perspective nouvelle qui concourrait à la redéfinition du territoire accueillant.

DIRE L'ACADIE AUTREMENT : LA RECONFIGURATION DES ESPACES IDENTITAIRES ACADIENS DANS LA POÉSIE RÉCENTE

JIMMY THIBEAULT
Université Sainte-Anne

Dans la littérature acadienne, comme dans l'ensemble du Canada français, on a pu constater dans la deuxième moitié du XXe siècle une polarisation des espaces identitaires associés à l'urbanité et à la ruralité. Cette polarisation qui a mis en opposition la représentation de la ville à celle des régions a pris forme dans les années 1970 alors que la ville de Moncton, où s'active une nouvelle génération de poètes – dont Raymond Guy LeBlanc, Guy Arsenault, Herménégilde Chiasson, Rose Després et Gérald Leblanc –, s'impose comme « capitale littéraire ». Cette invention de Moncton comme centre d'une littérature désormais considérée dans sa modernité se fait en réaction avec une certaine perception jugée passéiste de l'Acadie, qui serait confinée, notamment à travers l'écriture d'Antonine Maillet, à une image folklorique. Pour les auteurs de cette époque, dont Gérald LeBlanc, « Moncton incarnera donc l'urbanité comme lieu de fabrication de la modernité opposée à la ruralité comme lieu de sauvegarde et d'expression de la tradition[1] ». François Paré, résumant les propos d'Alain Masson qui, en 1972, parlait de la création de la « cité acadienne » comme moyen de rompre avec la vision figée de l'Acadie folklorique[2],

---

1. Raoul Boudreau, « La création de Moncton comme "capitale culturelle" », *Revue de l'Université de Moncton*, vol. 38, n° 1, 2007, p. 44.
2. Alain Masson, *Lectures acadiennes. Articles et comptes rendus sur la littérature acadienne depuis 1972*, Moncton/Luxembourg, Perce-Neige/ L'Orange bleue, 1994, p. 110.

précise le rôle de l'urbanité dans la refondation d'une identité acadienne qui se donnerait désormais comme moderne : «*Acadie City*, ce serait là l'espace urbain où une errance fondatrice trouverait à s'accomplir en toute fidélité avec elle-même[3].» La rupture avec le folklore serait en quelque sorte une manière de se réinventer au présent, sans la charge «négative» d'une identité acadienne stéréotypée et, surtout, passéiste, car

> il fallait justement peut-être que l'Acadie se «désacadise[4]» pour enfin glisser dans la légende, dans le lisible. [...] Ainsi, la «grande cage nostalgique» d'Eugénie Melanson appartenait désormais au passé. Et par une curieuse transmutation, Moncton deviendrait, dans la rupture avec le mythe, une «cité/city» non seulement métonymique, éclatée, fragmentée, mais aussi accueillante de la marginalité de ses chantres, une hypostase de la république des lettres, aussi légendaire, il va sans dire, que le pays lui-même[5].

Cette réinvention de l'Acadie urbaine, Paré le démontre bien, conduira à la construction d'une «*légende* monctonienne» qui sera au cœur d'une reconfiguration moderne du destin collectif.

Cette Acadie urbaine comme lieu d'expression de la modernité acadienne, dont Gérald Leblanc a peut-être été l'un des plus grands chantres, semble vouloir persister dans l'espace littéraire acadien, puisque Moncton s'est avérée, par ses institutions, un pôle d'attraction important pour la génération de poètes qui a suivi celle des années 1970 et qui a été associée par certains critiques à «l'école Aberdeen», en lien avec le Centre culturel Aberdeen qui est en fait «une ancienne école secondaire que la communauté artistique acadienne a reprise à son compte durant les années 1980 [et qui] abrite, notamment, les locaux des Éditions Perce-Neige[6]».

---

3. François Paré, «*Acadie City* ou l'invention de la ville», *Tangence*, n° 58, 1998, p. 22.
4. François Paré emprunte l'expression à Raymond Guy LeBlanc : «Tout un peuple se désacadise au béton Albion». *Cri de terre*, Moncton, Éditions Perce-Neige, 2012 [1972], p. 51.
5. François Paré, «*Acadie City* ou l'invention de la ville», p. 22.
6. Pénélope Cormier, «Les jeunes poètes acadiens à l'école Aberdeen : portrait institutionnel et littéraire», Jacques Paquin (dir.), *Nouveaux territoires de la*

Ces poètes, dont Fredric Gary Comeau, Marc Arseneau, Christian Brun, Éric Cormier, Christian Roy, qui arrivent à l'écriture au cours des années 1990 et début des années 2000, qui publient aux éditions Perce-Neige, viennent pour la plupart d'autres régions (surtout du Nouveau-Brunswick) et se retrouvent à Moncton, lieu d'errance physique et poétique. Si la poésie acadienne ne se limite pas à ces poètes de l'urbanité, on constate que c'est surtout à eux que se réfère la critique lorsqu'il est question de poésie acadienne contemporaine : héritiers de la première génération de modernes, influencés par les « légendes monctoniennes », ces poètes se démarquent souvent en poussant plus loin leur urbanité vers un regard postmoderne sur un monde en perte de référents identificatoires stables. En fait, pour cette nouvelle génération de poètes, il semble que Moncton s'impose d'abord comme une sorte de passage obligé d'où le poète peut se construire en sujet, ce qui fait dire à Isabelle Cossette et Manon Laparra qu'« [h]abiter la ville semble donc être un paramètre fondamental de l'écriture acadienne contemporaine[7] ». Pour Pénélope Cormier, ce passage par Moncton se veut en quelque sorte un « [s]igne des temps et [un] indice de la tendance sociale[8] ». Une telle description de « l'écriture acadienne contemporaine » semble laisser peu de place à la ruralité, d'autant plus que, constatent Cossette et Laparra, les poètes associés à l'école Aberdeen, qui semblent dominer la production acadienne récente, auraient une attitude « bien différente de celle des jeunes écrivains acadiens de la Nouvelle-Écosse, par exemple, qui propose des thématiques plus rurales[9] ». Les auteures font ici référence au 29e numéro de la revue *Éloizes*, intitulé « Se sortir du bois », qui est consacré aux écrivains de la Nouvelle-Écosse. Georgette LeBlanc, qui en signe l'avant-propos, pose d'ailleurs explicitement l'écriture néo-écossaise sous le signe

---

poésie francophone au Canada, 1970-2000, Ottawa, Presses de l'Université d'Ottawa, coll. « Archives des lettres canadiennes », 2012, p. 181.
7. Isabelle Cossette et Manon Laparra, « Les voix nocturnes : modes de représentations de la cité dans la poésie acadienne contemporaine », *Francophonies d'Amérique*, n° 12, 2001, p. 146.
8. Pénélope Cormier, « Les jeunes poètes acadiens à l'école Aberdeen : portrait institutionnel et littéraire », p. 179.
9. Isabelle Cossette et Manon Laparra, « Les voix nocturnes : modes de représentations de la cité dans la poésie acadienne contemporaine », p. 146.

d'une ruralité qui « a permis de garder une langue, des coutumes difficilement préservées dans une réalité urbaine et anglophone[10] ». Face à cette ruralité, soulignent Cossette et Laparra, les poètes de l'école Aberdeen se veulent porteurs de thématiques plus actuelles et plus universelles : « Ceux-ci sont réunis autour de notions telles que l'*underground* et son cortège de rythmes, de paradis artificiels, de désirs d'évasion et mêlent références françaises et nord-américaines[11]. » Au centre des préoccupations de cette jeune génération de poètes se trouve le désir d'émancipation et d'affirmation d'un soi de plus en plus ouvert aux interférences culturelles continentales, voire mondiales.

La représentation et la valorisation de l'espace urbain acadien posent donc la littérature acadienne contemporaine dans une dynamique de quasi-rejet d'une ruralité donnée comme traditionnelle, folklorique, passéiste et communautariste par la génération précédente, recentrant ainsi le discours autour de l'espace monctonien. Ceci correspond d'ailleurs au constat que faisait François Paré en 1998 – et qui s'applique encore aujourd'hui –, à savoir que, si « Moncton, ce n'est pas l'Acadie, pas plus que Montréal n'est le Québec, […] Moncton s'est constituée tout de même au cours des vingt-cinq dernières années comme un espace de référence prioritaire[12] ». C'est ainsi que Paré, traçant le portrait de la poésie acadienne contemporaine, fortement marquée par l'urbanité et l'errance, remarque qu'on y retrouve tout de même des traces de continuité renvoyant à un certain folklore rural : « En dépit de ces multiples approches individuelles, un fort désir de continuité anime la poésie acadienne actuelle. En témoigne l'étonnant succès d'*Alma*, poème épique de l'auteure néo-écossaise Georgette LeBlanc, inspiré sur le plan formel par *La Sagouine* d'Antonine Maillet[13]. » Face à Moncton,

---

10. Georgette LeBlanc, « Avant-propos », *Éloizes* : « Se sortir du bois », n° 29, 2000, p. 6.
11. Isabelle Cossette et Manon Laparra, « Les voix nocturnes : modes de représentations de la cité dans la poésie acadienne contemporaine », p. 145.
12. François Paré, « *Acadie City* ou l'invention de la ville », p. 22.
13. François Paré, « La poésie acadienne contemporaine », *Nuit blanche*, n° 115, 2009, p. 38.

espace prioritaire de la représentation contemporaine de l'Acadie, *Alma* s'inscrirait plutôt dans la continuité de l'Acadie rurale. En y regardant de plus près, cependant, il semble au contraire que le recueil de LeBlanc, malgré ses aspects historiques et ruraux, soit plus près des poètes de l'école Aberdeen que de *La Sagouine*, en ce sens qu'il reprend un certain nombre de thèmes qu'on retrouve chez ses contemporains de Moncton et qui sont représentatifs d'un monde en pleine mutation. Certes, le parcours de Georgette LeBlanc n'est pas celui qu'on associe normalement aux poètes de l'école Aberdeen, puisque, si elle publie aux éditions Perce-Neige, cette écrivaine native de la région de la baie Sainte-Marie en Nouvelle-Écosse n'est pas passée par Moncton, mais par Lafayette en Louisiane avant de retourner dans sa région natale. Aussi, mon objectif n'est pas de forcer une quelconque intégration de l'œuvre de Georgette LeBlanc au corpus associé à l'école Aberdeen, mais plutôt de proposer une lecture d'*Alma* dans le sillage des lectures qu'on a pu faire de ce corpus et de voir comment le recueil de LeBlanc participe à une réflexion contemporaine sur la place du sujet acadien dans le monde par le réinvestissement symbolique de l'espace rural. En ce sens, le recueil de LeBlanc ferait écho à l'urbanité des poètes de l'école Aberdeen en inscrivant certaines préoccupations de la poésie acadienne contemporaine dans un contexte de régionalité, au sens où l'entend Francis Langevin[14], c'est-à-dire dans une mise en dialogue de la tradition et de la modernité acadiennes. Pour ce faire, je m'intéresserai d'abord à certains thèmes importants que la critique a relevés dans la poésie acadienne de la relève et, plus particulièrement, des poètes associés à l'école Aberdeen. Ce survol, certainement trop rapide, permettra de contextualiser l'écriture de Georgette LeBlanc et de mieux faire ressortir l'originalité du recueil *Alma*.

---

14. Voir Francis Langevin, «Un nouveau régionalisme? De Sainte-Souffrance à Notre-Dame-du-Cachalo, en passant par Rivière-aux-Oies (Éric Dupont, Sébastien Chabot et Christine Eddie)», *Voix et images*, vol. XXXVI, n° 1, automne 2010, p. 59-77; «La régionalité dans les fictions québécoises d'aujourd'hui. L'exemple de *Sur la 132* de Gabriel Anctil», *temps zéro*, n° 6, 2013, en ligne: http://tempszero.contemporain.info/document936 (page consultée le 1 mai 2014).

LECTURES DE LA POÉSIE ACADIENNE AUTOUR DE « L'ÉCOLE ABERDEEN » : UNE URBANITÉ ENTRE CONTINUITÉ ET RUPTURE

Dans leur article sur les poètes de l'école Aberdeen, Isabelle Cossette et Manon Laparra remarquent qu'il existe une différence importante entre cette génération et celle qui la précède : « Alors que la génération des Gérald Leblanc, Rose Després, Guy Arsenault, Herménégilde Chiasson, Raymond Leblanc poussait un cri de libération spécifiquement acadien pour lutter contre une assimilation anglophone, la jeune poésie exprime, quant à elle, un questionnement incessant sur soi et sur la réalité, sur la place du 'je' au quotidien[15]. » De fait, l'Acadie comme thématique semble moins présente dans la poésie contemporaine, entraînant ainsi un certain discours critique qui aurait tendance à dévaloriser les poètes de la relève, notamment en raison de leur manque d'engagement sur les grands enjeux identitaires acadiens. Raoul Boudreau, prenant la contre-mesure d'un tel discours, souligne, pour expliquer le positionnement poétique de la relève en Acadie, que la réalité des jeunes poètes n'est plus celle de la génération précédente alors qu'ils sont confrontés à des thèmes plus universels « comme le passage inexorable du temps, la fragilité de l'amour et du désir, la domination et la déception des sens[16] » :

> Si au cours des années 1970, la survivance collective passait avant toute chose, aujourd'hui, la défense communautaire paraîtrait bien futile devant les impératifs d'une conscience individuelle en péril. Le poète acadien des années 1970 se trouvait doté d'une spécificité parce qu'il était le seul à parler de l'Acadie. Son confrère d'aujourd'hui a rejoint le discours universel de la poésie et il doit se forger une spécificité en trouvant une manière originale de l'aborder[17].

---

15. Isabelle Cossette et Manon Laparra, « Les voix nocturnes : modes de représentations de la cité dans la poésie acadienne contemporaine », p. 148.
16. Raoul Boudreau, « Les poètes acadiens de la relève », *Studies in Canadian Literature/Études en littérature canadienne*, vol. 30, n° 1, 2005, p. 213.
17. *Ibid.* p. 214.

Évidemment, cette quête de spécificité des jeunes poètes ne les a pas amenés à tout rejeter de leurs prédécesseurs, puisqu'il est possible de poser ce passage à l'universalité de la poésie acadienne dans la suite de la poésie des années 1970, qui se voulait moderne et transgressive, tant par ses grandes libertés formelles que thématiques. Aussi, l'urbanité qu'on retrouve chez les poètes associés à l'école Aberdeen s'inscrit-elle dans une certaine continuité d'un travail de construction d'une identité acadienne urbaine entreprise par la génération précédente et, plus particulièrement, par Gérald Leblanc.

C'est d'ailleurs en héritiers de Gérald Leblanc que Pénélope Cormier situe les poètes de l'école Aberdeen dans le paysage littéraire acadien. Si, affirme-t-elle, le détour par Gérald Leblanc est « non seulement motivé, mais obligé[18] », c'est que, en sa « double qualité de "poète de Moncton" et d'éditeur [aux Éditions Perce-Neige, de 1990 à 2005], Gérald Leblanc est tout naturellement devenu l'ami, le recruteur, le mentor et le protecteur des aspirants poètes qui sont arrivés en ville et/ou à l'âge adulte au cours de la décennie 1990[19] ». Sans vouloir trop m'attarder à la poésie de Leblanc[20], il importe cependant de souligner que sa position auprès des jeunes écrivains favorisera sans contredit l'influence de l'espace urbain sur leur poésie. Pour Leblanc, remarque François Paré, Moncton se pose en quelque sorte comme « condition même de l'expression poétique[21] » : « Ici l'existence urbaine séduit par l'absence de frontières linguistiques, par le chatoiement des identités, par sa subversion apparente de toutes les formes sociales, par l'omniprésence du bruit et de la

---

18. Pénélope Cormier, « Les jeunes poètes acadiens à l'école Aberdeen : portrait institutionnel et littéraire », p. 179.
19. *Ibid*, p. 180.
20. Voir à ce sujet les travaux de Raoul Boudreau : Raoul Boudreau et Mylène White, « Gérald Leblanc, écrivain cartographe », Marie-Linda Lord et Denis Bourque (dir.), *Paysages imaginaires d'Acadie : un atlas littéraire*, avec la collaboration de Samuel Arseneault, Moncton, Institut d'études acadiennes et Chaire de recherche en études acadiennes, 2009, p. 40-57 ; Raoul Boudreau, « La création de Moncton comme "capitale culturelle" dans l'œuvre de Gérald Leblanc », *Revue de l'Université de Moncton*, vol. 38, n° 1, 2007, p. 33-56.
21. François Paré, « *Acadie City* ou l'invention de la ville », p. 24.

musique [...] la ville de la marginalité est un produit du rêve, une projection du désir [...]²².» Par sa poésie, Leblanc contribue à repositionner la ville de Moncton dans l'espace nord-américain, d'abord, et mondial, ensuite, en ceci qu'elle rejoint dans son écriture les grandes villes qui ont marqué l'imaginaire continental et planétaire : « C'est Moncton qui se dessine d'abord [...] puis nous glissons vers l'ailleurs : New York City, Harlem, la Nouvelle-Orléans/New Orleans, San Francisco, New Delhi, Jérusalem (ancienne et nouvelle). "Les noms de villes sont des mantras", écrit Gérald Leblanc dans *Les matins habitables*²³.» Malgré cette ouverture, c'est toujours de Moncton, ville acadienne, dont il est question, c'est-à-dire un lieu où se réinvente et s'exprime une identité nationale qui trouve sa légitimité dans l'affirmation de ses particularités dans ce qu'elles ont de comparable avec les autres. Pour Gérald Leblanc et sa génération, remarque Paré, la «"cité" rêvée n'aura été, dans le discours poétique du moins, qu'une autre manière d'envisager, sur un plan utopique ou même mystique, le destin collectif²⁴». L'errance du poète dans la ville, malgré l'aspect moderne d'un regard qui se recentre sur le soi, n'aurait finalement été qu'un motif au déplacement de l'identité acadienne de la région vers la ville : le discours reste, au final, un discours d'affirmation et de légitimation d'une existence collective.

Or, l'écriture de la génération de l'école Aberdeen tend davantage à se dégager des contraintes identitaires qui s'imposaient à la génération précédente. De sorte que s'il est possible de poser la poésie des écrivains de la relève dans une certaine continuité thématique de la poésie des années 1970, c'est toujours, comme le souligne Claude Beausoleil, dans une optique du faire *autrement* : « Urbaine, mais autrement. Intime, mais autrement. Engagée, mais autrement. C'est dans cet "autrement" que l'on retrouve des pistes pour entrer dans le corpus de la poésie récente²⁵.» Cet « autrement » permettra, dans une certaine mesure, de décentrer le rapport à l'espace puisque si, dans les années 1970, l'Acadie

---

22. *Ibid.*
23. *Ibid.*
24. François Paré, «*Acadie City* ou l'invention de la ville», p. 34.
25. Claude Beausoleil, «Nouvelles voi(es)x poétiques», *Éloizes*, n° 28, 1999, p. 111.

s'imposait comme un choix idéologique pour les écrivains, on assiste à « une certaine délocalisation thématique de l'écriture des jeunes poètes[26] » : c'est l'expérience du soi qui sera désormais au cœur du discours poétique. Ainsi, l'errance dans la ville devient l'occasion de recentrer l'espace référentiel sur soi, de partir à la recherche de son propre sens, de la place qu'il occupe dans le monde, non plus dans son destin collectif, mais bien dans son rapport intime au monde, comme le sujet du poème « Les yeux d'une romanichelle » de Sarah Marylou Brideau qui trouve l'inspiration par le retrait du soi de la masse grouillante de la ville :

> Vivre la vie
> à la manière d'une romanichelle
> c'est se séparer de la société
> et la regarder passer
> s'asseoir à un café
> c'est se bâtir une bulle
> qui n'est perméable qu'à l'inspiration
> [...]
> Ressentir la vie
> dans un cœur de romanichelle
> c'est partir en voyage
> sans toujours avoir besoin de se lever
> c'est savoir oublier
> la dure réalité
> c'est voir le monde entier dans sa tasse de café[27]

Cette mise en marge du sujet ne signifie pas d'emblée le refus d'une appartenance communautaire, au contraire les poètes de l'école Aberdeen multiplient les références aux lieux de rencontre qu'on retrouve dans la ville, comme les cafés et les bars, mais cette sociabilité est moins une tentative de s'inscrire dans un espace identitaire national que de trouver un espace qui permettra au soi d'éveiller ses sens :

---

26. Pénélope Cormier, « Les jeunes poètes acadiens à l'école Aberdeen : portrait institutionnel et littéraire », p. 198.
27. Sarah Marylou Brideau, *Rues étrangères*, Moncton, Perce-Neige, 2004, p. 11.

> Si la quête de l'identité reste un moteur d'écriture omniprésent, c'est selon des modalités à la fois individualisées et universelles, où le sujet ne se situe pas par rapport à une société *acadienne*, mais par rapport à la notion même de groupe social, quelles qu'en soient ses spécificités. Individu *contre* la société, il se définit par la négation, par la différence, à travers un processus de renversement des valeurs sociales, et plus encore à travers le refus systématique des normes, rejet qui mine tant le contenu des textes que le projet poétique lui-même[28].

C'est ainsi que, chez Paul Bossé, la « Rue Elmwood » met en scène cette sociabilité de la marge à travers l'image du groupe de musiciens auquel s'associe, dans un rapport de complétude du soi, le poète, un groupe qui cherche à « saisir les délires sur le vif / capter le *groove* avant qu'à s'évade[29] » en enregistrant avec enthousiasme une parole « bourrés de fautes[30] » :

> les langues se délient
> sinistre bétail d'hénnissement [sic] total
> on était jeunes
> on expérimentait
> une cassette après l'autre
> voix anciennes de nous ailleurs
>
> asteure on est moins jeune,
> mais on expérimente encore
> vient icitte
> on va essayer une autre *take*[31]

Moncton joue un rôle important dans cette prise de parole, dans cette expérience urbaine qui stimule les sens du poète, mais elle n'en est pas le centre exclusif; c'est-à-dire que la ville, comme espace aux expériences enrichissantes pour le soi, ne se limite pas

---

28. Manon Laparra, « Clamer le tabou : la poésie acadienne contemporaine ou la Revendication d'une marginalité systématique », *Neue Romania*, n° 29, 2004, p. 138.
29. Paul Bossé, *Averses*, Moncton, Perce-Neige, 2004, p. 14.
30. *Ibid.*
31. *Ibid.*

à Moncton. En effet, les poètes font également état d'expériences identitaires tout aussi enrichissantes quand elles sont vécues dans l'ailleurs, non pas en Acadiens étrangers perdus hors de Moncton, « d'Acadie *city* », mais en tant que sujets s'abandonnant à l'errance volontairement dans un monde donné comme ouvert.

L'inscription de la poésie dans son urbanité deviendrait alors un prétexte à l'abandon du sujet à une errance intime, à un *trip* (pour reprendre l'expression d'Isabelle Cossette et Manon Laparra), pris dans le sens du « *trip* de drogue » et du voyage, qui conduirait le sujet au centre du soi. Contrairement à Gérald Leblanc, qui a voulu légitimer Moncton comme lieu d'identification acadien, la jeune génération intègre la ville comme n'importe quelle autre ville, faisant de l'urbanité un espace ouvert sur le monde. On le constate notamment par l'intervention des figures mythiques de la *beat generation* tels les Jack Kerouac, Allan Ginsberg, William Burroughs et Laurence Ferlinghetti, dans la composition d'un espace poétique acadien. Christian Roy, dans « Le dialogue du Beatnik, III », circonscrit notamment son périple « en direction / non de Denver / non de Mexico / non de San Francisco //, mais en direction de Bathurst / aujourd'hui / beatnik sur le pouce / sous la pluie / en Acadie[32]. » L'expérience du soi devient alors une sorte d'expérience de l'autre et de l'ailleurs, dont les images sont intériorisées par le poète. Chez Fredric Gary Comeau, le sujet se définit par cette ouverture sur le monde alors qu'il « cherche dans ses errances à réunir toutes les villes du monde, à commencer par tous leurs cafés, espace de la familiarité dans l'étrangeté ambiante[33] ». C'est autour de la rencontre de l'autre, du déplacement de soi à travers des frontières qui se veulent de plus en plus poreuses, que le sujet semble véritablement trouver le sens du soi. Éric Cormier fera d'ailleurs cette rencontre de l'autre comme expérience du soi un thème fort de son recueil *Coda*, alors que le rapport même à la ville de Moncton passe par la relation intime avec une autre personne, une autre subjectivité qui vient compléter le soi : « Il pleut sous ton regard / dans la définition de mes lèvres / il pleut sous ton regard / âgé / il pleut sous ton

---

32. Christian Roy, « Le dialogue du Beatnik, III », *Pile ou face à la vitesse de la lumière*, Moncton, Perce-Neige, 1999, p. 58.
33. Pénélope Cormier, « Les jeunes poètes acadiens à l'école Aberdeen : portrait institutionnel et littéraire », p. 199.

regard / plissé dans le rangement de ses ombrages / ta peau se mouille / et j'observe ton pouls[34]. » Mais le poète ne se limite pas à la ville de Moncton, il embrasse un territoire plus large alors que le soi s'approprie le monde à travers l'évocation d'expériences intimes : « Pour la simplicité / je me verse sur toi / gouttes relevées / matins désirables / l'odeur de la peau / les lèvres haïtiennes / comme un tour du monde[35] ». L'Acadien « sédentaire », pour reprendre l'expression de Jean-Philippe Raîche dans *Une lettre au bout du monde*, prend la route, inventant l'autre et s'inventant à travers l'autre et les espaces visités qu'il habite au gré des errances, comme dans les « Averses étrangères » de Bossé. Cette ouverture à l'autre s'inscrit si bien dans le regard des jeunes poètes que Fredric Grary Comeau en vient même, dans *Naufrages*, à percevoir cet autre comme partie prenante de son identité : « la tempête me rappelle l'aïeul / mon arrière-grand-père / gouta au naufrage en Acadie / il venait du Portugal[36] » De sorte que le sujet acadien qui traverse la poésie récente se donne désormais comme un être universel, un citoyen du monde.

Ainsi, la génération de l'école Aberdeen, en faisant *autrement* ce que les poètes de la génération précédente avaient déjà fait, en redéfinissant par l'universel les thèmes transgressifs que ces derniers avaient intégrés à la poésie acadienne par la création d'un espace urbain, repense les lieux légendaires de la poésie acadienne en faisant glisser la « légende monctonienne » vers une « légende urbaine » où la ville n'est qu'un prétexte à la découverte de soi. Ce recentrement du sujet poétique sur soi se fait dans un contexte où la problématique identitaire se pose dans le sillage des grands mouvements mondiaux associés à la modernité, voire à la postmodernité, des sociétés occidentales en pleine mutation. Malgré cela, ce faire *autrement*, comme je l'ai déjà souligné, n'est pas un signe de rupture nette, au contraire, il est possible d'inscrire la poésie plus individualiste des poètes de l'école Aberdeen dans un mouvement de continuité qui a comme propriété première de rassembler ces poètes en un tout cohérent au sein d'un cadre particulier rattaché au contexte acadien. Pénélope

---

34. Éric Cormier, « Musique Moncton », *Coda*, Moncton, Perce-Neige, 2003, p. 29.
35. *Id.*, « Poème de la route », *Coda*, p. 127.
36. Fredric Gary Comeau, *Naufrages*, Moncton, Perce-Neige, 2005, p. 13.

Cormier explique, sur ce dernier point, que « si l'époque n'est plus aux hymnes nationaux, les jeunes poètes de Moncton procèdent toujours à une affirmation de l'Acadie, mais qui se manifeste dans la volonté de se constituer en société plutôt qu'en peuple. Il ressort donc que l'école Aberdeen a bel et bien une cohérence, tant institutionnelle que littéraire[37] ». Et pour cause, les jeunes poètes, bien qu'ils proposent une vision plus universelle du monde dans lequel ils évoluent, portent encore en eux un certain discours identitaire acadien qui fait écho à celui de la génération précédente. On le constate d'abord par les multiples références aux poètes tels que Gérald Leblanc, Raymond Guy LeBlanc ou Herménégilde Chiasson qui occupent une place importante dans la poésie récente. Ensuite, il faut dire que l'Acadie n'est pas entièrement absente des œuvres, qu'elle apparaît au fil des poèmes, comme un *leitmotiv* qui offre un point de chute rassurant pour le sujet en construction. Dans *Une lettre au bout du monde*, par exemple, même si le sujet doit s'inventer de nouveaux lieux où il sera possible de rejoindre l'autre, l'Acadie reste le premier lieu de l'identité, comme dans le souvenir d'une langue originelle :

> je vous écris du bout du monde
> avec ma langue qui résonne
> au son des leaps de track
> des j'ma rappelle
> des viens ouère 'cit'ta là
> [...]
> pour tous les testaments
> que vous ne savez pas lire
> pour ces noms de famille
> s'écrivant suivant la musique
> que les curés n'écoutaient pas
>
> pour venger les parjures
> les trahisons
> le mal
> la blessure et la honte
> que vous avez gardés cachés

---

37. Pénélope Cormier, « Les jeunes poètes acadiens à l'école Aberdeen : portrait institutionnel et littéraire », p. 202.

> je vous écris du bout du monde
> une lettre barbare
> où le monde n'est rien
> loin de l'enfance et de vos chants[38]

Mais cette Acadie dont parle la jeune génération est ni le lieu d'une quelconque nostalgie, ni un espace en quête d'affirmation, ni la référence d'une attache absolue à la terre d'origine, autorisant ainsi le poète à se tourner vers l'ailleurs dans la recherche d'expériences constitutives du soi. Il n'empêche cependant que la parole s'inscrit dans un dire acadien, dans le sens où la relève se reconnaît comme « la progéniture symbolique de l'échec total / du Général Robert Monckton[39] », les héritiers d'une parole qui s'est forgée au cœur de la ville pour éventuellement leur laisser la place : « 35 ans plus tard / conquête enfin du centre-ville / pied de nez saltimbanque / aux Orangistes momifiés / on parle blanc bleu rouge / marais jaune de tomahawks enterrés / le maire Jones chie dans ses hardes[40] ». C'est donc dire que l'individualité et l'universalité dont font preuve les jeunes poètes n'effacent pas l'Acadie : en se disant soi, le sujet se dit toujours acadien et, par extension, il dit toujours l'Acadie, mais *autrement*.

DIRE L'ACADIE AUTREMENT : LE RÉINVESTISSEMENT DE L'ESPACE RURAL DANS *ALMA*

Dire l'Acadie *autrement*, c'est également ce que fait Georgette LeBlanc dans son recueil *Alma* alors qu'elle réinvestit l'espace rural d'emblée donné pour folklorique. Comme chez les poètes de l'école Aberdeen, la reconfiguration des lieux identitaires dans *Alma* découle d'un changement de perspective qu'entraînent les mutations culturelles que connaissent, dans le sillage des changements provoqués par l'accélération de la modernisation sur le continent américain, les communautés acadiennes et, plus particulièrement, la « petite communauté rurale » de la Baie

---

38. Jean-Philippe Raîche, *Une lettre au bout du monde*, Moncton, Perce-Neige, 2001, p. 10-11.
39. Sarah Marylou Brideau, « Le 15 août des fous », *Rues étrangères*, p. 90.
40. Paul Bossé, « Rue Main », *Averses*, p. 18.

Sainte-Marie. Chez LeBlanc, cependant, la question du territoire reste problématique du fait qu'on associe justement la région au discours identitaire traditionnel, à l'attachement à la terre et aux traditions. L'espace rural, présenté comme lieu de la mémoire historique et folklorique, se construirait donc dans l'imaginaire acadien comme un territoire aux frontières nettement définies qui encadrent la communauté, cette dernière se reconnaissant un espace d'appartenance où elle peut exprimer les particularités qui la constituent en un Nous différencié. Or, le récit que forment les poèmes d'*Alma* met en scène un espace traditionnel confronté à un mouvement de modernisation que la communauté ne peut nier et qui, même, s'enracine dans le territoire à travers la posture qu'adopte Alma vis-à-vis de son rôle traditionnel de femme. *Alma* entrerait alors dans la catégorie de l'écriture de la régionalité, telle que définit par Francis Langevin, en ce sens que le récit, en ne reproduisant pas les *a priori* sociaux de l'Acadie rurale, semble se donner «pour mission de décrire une réalité actuelle sociale ou individuelle[41]». Une mission qui est d'ailleurs en accord avec la position que prend l'auteure dans l'avant-propos du dossier de la revue *Éloizes* consacré à la Nouvelle-Écosse, alors qu'elle affirme la nécessité de prendre un certain recul par rapport à l'espace régional afin de le réinvestir et d'en reconfigurer la représentation à partir d'une base symbolique recontextualisée :

> Mais le bois est plus que métaphore, ou expression idiomatique. Bien que l'Acadie de la Nouvelle-Écosse s'est ouverte au monde depuis longtemps, nous sommes encore, géographiquement parlant, au bois. Les cinq régions acadiennes sont encore majoritairement rurales. Cela dit, les textes que nous vous présentons sont bel et bien écrits par des auteurs qui se sont sortis du bois (idiomatiquement parlant), bien qu'ils y vivent. Situation intéressante et propice dans cet âge où les sciences continuent leur marche de machine, et d'autre part, bon nombre de gens explorent les routes vers un bois mystique, vers un bois comme source de magie et de médecine à la fois corporelle et spirituelle […] Il faut peut-être se sortir du bois pour enfin comprendre que dans le bois les sources coulent toujours[42].

---

41. Francis Langevin, «Un nouveau régionalisme?», p. 60.
42. Georgette LeBlanc, «Avant-propos», p. 6.

Aussi, *Alma* propose-t-il un regard qui rompt avec certains grands clichés identitaires associés à la région pour en proposer une lecture neuve, moderne, qui cherche à se détacher du souvenir douloureux de la déportation ou du regard nostalgique que porte un personnage comme la Sagouine sur une Acadie d'antan donnée comme plus authentique parce que subissant moins les influences d'un monde extérieur culturellement menaçant. Le parcours d'Alma s'inscrit effectivement dans un contexte plus récent, le milieu du XXe siècle, où la région de la Baie Sainte-Marie devient le lieu de tension qu'entraîne l'entrée de la communauté traditionnelle dans sa période de modernisation.

Cette tension qu'entraîne le mouvement de modernisation est au cœur du récit de Georgette LeBlanc alors que l'espace acadien subit l'influence d'une Amérique en pleine métamorphose. Si Alma, personnage central, se pose au cœur des transformations que subit la communauté et de la recomposition symbolique du territoire dans le contexte moderne, c'est dans le prologue que se met en place la tension entre les lieux d'identification et l'inscription de la modernité sur le territoire. En fait, cette tension apparaît avec l'image de la brume qui envahit la côte acadienne et qui plonge le paysage dans une période d'incertitude identitaire. L'image de la brume comme porteuse d'un sentiment d'étrangeté associé à la modernité est intéressante puisque la brume pénètre et progresse lentement sur le territoire, rendant le contour des choses de plus en plus flou, incertain, au point d'en effacer littéralement la présence : « elle est point motivée par une envie de guerre ni de sang / c'est sa nature qui la force / elle avance et grouille tranquille[43] ». À l'instar de la brume, la modernité pénètre lentement sur le territoire avec l'arrivée des touristes qui sont plus nombreux et qui laissent derrière eux les traces de leur passage, comme des notes discordantes dans le paysage, qu'on remarque une fois le nuage dispersé, comme « une *car* laissée dans un *driveway* » (*A*, 10). Aussi, la brume laisse-t-elle planer un doute sur la composition de l'espace dont elle efface les repères, comme la modernité qui remet en question les notions de frontières et d'appartenance à un Même :

---

43. Georgette LeBlanc, *Alma*, Moncton, Perce-Neige, 2007, p. 10. Désormais, les références à cet ouvrage seront indiquées par le sigle *A*, suivi du folio, et placées entre parenthèses dans le texte.

> [la brume,] c'est des milliers de petits nuages de pluie
> des nuages de pixels qui dansent
> sans *map*
> sans identité
> c'est point la brume qui sait qui ce qu'elle est
> pis ça l'inquiète point (*A*, 9)

La progression lente de la modernité qui rend les frontières identitaires poreuses apparaît également dans le comportement des habitants du village qui s'adonnent désormais à des pratiques culturelles symboliquement rattachées à l'Autre. C'est ainsi qu'une fois la brume dissipée, les villageois s'adonnent à la *game* de baseball, symbole par excellence d'une culture états-unienne perçue comme assimilatrice, mais également comme lieu d'un déplacement référentiel du local vers une réalité désormais continentale[44] : « l'Antercri arriverait dans la nuit d'une brume épaisse / ses bottes noires cirées / sa moustache noire cirée / ses beaux mots cirés / l'Antercri serait la *game* de baseball dans une *pitch* / la première et la dernière *pitch* dans une *move* / le village saurait pu quoi dire / pis c'était ça le problème » (*A*, 11). Sans *map*, sans identité spécifique, il y a donc une perte de parole qui conduit inévitablement à une perte d'appartenance du soi à un nous bien déterminé dans une localisation spécifique à l'abri des influences étrangères.

Alma s'ouvre donc sur une tension entre les anciens et les nouveaux référents identitaires qui s'installe lentement et qui provoque un sentiment de doute à l'égard d'une identité qu'on croyait pourtant bien ancrée dans le territoire. Cette tension éveille chez certains la crainte de disparaître et les pousse à fuir vers un territoire où il serait possible de déjouer l'« Antercri », symbole

---

44. Michel Nareau a bien démontré comment le baseball s'est effectivement constitué en mythe national états-unien et comment ce mythe, par la représentation d'équipes dont les joueurs proviennent de différents espaces culturels (états-unien, québécois, canadien et sud-américain), a subi un certain déplacement symbolique qui en ferait le lieu de l'expression d'une certaine Amérique plurielle. Michel Nareau, « Le mythe états-unien du baseball et ses contradictions dans les Amériques », Gérard Bouchard et Bernard Andrès (dir.), *Mythes et sociétés des Amériques*, Montréal, Éditions Québec/Amérique, 2007, p. 173-204.

d'une certaine « angoisse de la fin », et de permettre la survivance du groupe. Aussi, la forêt se présentera-t-elle pour François le Premier et sa famille comme une sorte de terre promise devant les protéger de la présence mortifère des touristes, figure de l'Antercri, qui imposent leur présence sur la côte : « François le Premier s'en fut dans le bois avec sa famille / ceux-là qui vouliont perdre leur langue / pourriont rester à la côte / il fut s'installer dans le fi fin fond du bois / où ce qu'il était sûr que la brume l'attraperait point » (*A*, 11). La fuite est cependant veine, puisque « l'Antercri était dans les bois itou / l'Antercri était partout » (*A*, 11), pas sous la forme d'un homme moderne, sophistiqué, mais plutôt comme une promesse de liberté qui s'immisce au cœur des êtres : « c'était le braquement du désir / de vouloir attraper de-quoi qui s'attrape point » (*A*, 11). Malgré la fuite, l'espace identitaire ne peut échapper à l'altération, comme grugé de l'intérieur par la promesse d'une parole nouvelle, et Françoise la Première reconnaît en Alma, dès sa naissance, cette figure de l'Antercri au regard trouble qui s'approprie le monde pour en remodeler les contours :

> sa mère […] la nommit Alma
> à cause de ses yeux qui dévaliont creux dans toi
> à cause du souvenir de de-quoi de loin tout d'un coup
> […]
> à cause qu'elle sentit monter de-quoi
> qu'elle pouvait point nommer
> ça qui montait faisait fondre la glace
> faisait mourir une miette (*A*, 12)

Dans le regard d'Alma, la mère perçoit déjà les traces d'un changement qui trouve son fondement non pas dans la rupture complète avec tout ce qui constitue son patrimoine identitaire, mais dans une nouvelle manière de voir le monde ; comme en fait d'ailleurs fois la langue du récit lui-même, c'est-à-dire une langue qui relève moins d'un parler acadien folklorisant, pittoresque, associé à l'image stéréotypée de l'Acadien, que de l'expression d'une nouvelle réalité linguistique locale au même titre que le chiac à Moncton. Ainsi, se superposent aux idiomes acadiens, bien intégrés dans le récit, des mots et des expressions anglais, en italique, porteurs de cette nouvelle réalité associée à la modernité : la *car*, le *driveway*, la *bakery*, le *couch*. De sorte que, derrière le pittoresque apparent de la langue d'*Alma*, on assiste à un réinvestissement de l'espace «folklorique» de la région acadienne désormais décrit par les mots d'une nouvelle réalité qu'Alma a apprivoisée. Alma, dès sa naissance, se place sous le signe de la négociation avec l'Autre, avec l'étranger, alors qu'elle rêve du monde extérieur.

Le père avait fui la côte pour sauvegarder la langue et les valeurs propres à la collectivité, Alma enclenche plutôt un processus visant à déplacer ces valeurs en les recentrant sur le soi. Alors que le prologue présente un espace qui se scinde en deux, la côte et la forêt, le récit qui se dessine au fil des poèmes inscrit Alma dans un rapport de négociation constant qui exprime son refus de n'appartenir qu'à un espace déterminé. D'ailleurs, ce sont toutes les valeurs traditionnelles qu'Alma remet en question alors que, déjà dans le premier poème, elle se détourne du discours religieux pour affirmer son désir de l'autre, de Pierrot, qui appartient à l'espace abandonné aux touristes par les habitants de la forêt: «[le bébé Jésus] peut-ti voir la sueur dans mes paumes / [...] il peut-ti voir que dans ma tête / c'est point lui qu'ej marie / c'est Pierrot» (*A*, 17). Ce premier regard sur Pierrot, l'affirmation de son désir de s'unir à lui en transgressant les frontières qui séparent désormais les bois et la côte, est annonciateur d'une position qu'adoptera Alma tout au long du récit: Alma se veut une plante sauvage qui peut déplacer ses racines sur tous les territoires. D'ailleurs, elle regarde avec envie les clochards qui arrivent au village, ces sans domiciles qui traversent librement les frontières parce que sans attaches à un territoire fixe. Alma constate qu'ils s'opposent aux membres de sa famille qui, étant profondément enracinés dans l'espace local, vivent difficilement le départ vers l'étranger où ils cherchent du travail:

> les oncles et les tantes qui quittont
> quittont le village le sac vide
> leur marteau et leur misère sur l'échine
> tout le temps la tête virée
> comme si ils vouliont point quitter
> mais les *tramps* se promenont de village en village
> tout le temps les sacs remplis
> comme si la terre entière leur appartenait
> comme si leurs racines poussont partout (*A*, 23)

Seul l'oncle Adolphe migre sans regret vers les États-Unis où il espère faire fortune en montrant « à ctes Anglais-là / comment bâtir un logis comme il faut » (*A*, 24). Il devient alors un modèle pour Alma puisqu'elle reconnaît en lui un désir de liberté et d'affirmation de soi hors de l'espace traditionnel. D'ailleurs, cette affirmation ne résulte jamais en une assimilation lente à l'autre, comme on le constate par le regard lucide qu'il porte sur la ville de Boston alors qu'il raconte comment le cœur de la ville a cessé de battre au moment de la crise de 1929. Cette manière d'habiter l'espace que démontrent Adolphe et les clochards à l'égard des espaces traditionnels d'identification éveille donc chez Alma un goût de liberté : « ej veux aller aux États moi itou / ej veux suivre les *tramps* jusqu'au bout du monde / pis revenir pour dire à ma mère / qu'il fait point peur dehors » (*A*, 28). Mais comment fuir lorsque la peur est enracinée au plus profond de son identité et que tout, autour de soi, contribue à briser son élan vers le monde extérieur ?

L'espace identitaire d'Alma est effectivement contrôlé par diverses figures d'autorités qui imposent une manière bien précise de voir le monde en accord avec des valeurs de sacrifice de soi pour la communauté. Aussi, le rêve de fuite vers la Chine correspond-il au désir d'échapper aux règles mises en place par les « Dames de Lilas » et les « Soutanes Noires » qui voient dans les plaisirs que recherche la jeunesse l'expression du péché. Pour le clergé, par exemple, la danse représente le vice, la luxure, donc une action « contre la loi au bois » (*A*, 43). Or, pour les jeunes il s'agit plutôt de communier avec la nature, d'être en harmonie avec soi-même et avec les autres. Si Alma peut contourner les lois du clergé, il en va autrement de celles du père et de sa famille qui se posent comme seul véritable lieu d'appartenance. D'ailleurs, lorsqu'elle rêve de la possibilité de fuir en Chine afin d'être libre de vivre son amour pour Pierrot, Alma remarque que « c'est point les Dames de Lilas / ni même les Soutanes Noires / qui me faisont peur » (*A*, 30), mais plutôt sa famille qui ne croit pas aux pierres précieuses qu'on retrouve sur la côte :

> mon père est sûr de son affaire
> le bon Dieu a inventé les roches
> pour faire souffrir les Français
> pour voir combien forts qu'ej sons
> les roches sont des croix, des fléaux

> un mal d'échine qui *slack* point
> [...]
> c'est la voix de mon père qui m'arrête
> mon cher Pierrot de quartz le *suit* point
> un enfant unique c'est un enfant gâté
> pis un enfant gâté fait point un bon homme
> point de différence s'il sait comment se rendre en Chine
> ou au cœur de la Terre (*A*, 30-31)

Si les figures d'autorités que représentent les « Dames de Lilas » et les « Soutanes Noires », des étrangers à la communauté, ne parviennent pas à empêcher les jeunes de se rendre aux bois pour danser, on ne peut en dire autant de l'autorité paternelle qui impose des règles autrement plus difficiles à transgresser, du moins, le prix de la transgression semble plus effrayant pour Alma. C'est effectivement le père qui confine d'abord Alma dans son rôle traditionnel de femme alors qu'il s'oppose à ses rêves de liberté et d'émancipation. Alma semble d'ailleurs condamnée, par le discours du père, au rôle « d'esclave », de servante, qui lui revient en tant que femme acadienne. Même si elle est première de classe, son père lui refuse l'éducation nécessaire pour devenir *nurse* : « mon père comprenait point mon envie de Chine / il y avait trop de misère et de-quoi à faire pour rêver / les histoires d'Adolphe étiont rinque des histoires / comme l'éducation, les nombres et les *trips* / pis quoi ce qu'était la différence / entre être *nurse* pis être servante ? / les deux preniont garde aux autres » (*A*, 52). Or, si le père ne fait pas la différence, Alma, pour sa part, comprend tout ce qu'être servante implique pour elle et son désir de liberté : « c'est la différence entre rester icitte et aller par là / c'est la différence entre écouter et se faire entendre » (*A*, 53). En lui attribuant un rôle de servante, le père la maintient donc en marge du monde rêvé, de celui qui existe à l'extérieur. Finalement, pour Alma, il n'y a que la promesse de Pierrot, qui connaît le chemin de la Chine qui semble se poser comme seule porte de sortie, et ce, malgré le refus du père de reconnaître le lien avec l'enfant de la côte.

La relation avec Pierrot aura pour effet de marginaliser Alma dans les rapports qu'elle entretient à la fois avec sa famille et celle de Pierrot. On connaît déjà la rupture entreprise par son père par rapport à la côte et la mauvaise impression qu'il a de

Pierrot. La famille de ce dernier entretient une relation semblable avec les bois, reproduisant ainsi un processus d'identification fondée sur l'opposition systématique à l'autre. Aussi, lorsqu'ils se marient, Alma et Pierrot doivent-ils s'installer dans un entre-deux, à la limite de la forêt et de la côte, alors qu'ils sont littéralement repoussés à la marge :

> Ils avoint point choisi l'emplacement [...] D'accoutume les nouveaux mariés auriont été sur un emplacement proche de leur famille. Mais la famille de quartz aimait point trop la mousse d'Alma. La famille de quartz était comme ça. Ils s'intéressiont rinqu'aux pierres enchâssées.
> Ça fait que leur petit logis blanc était manière d'en dehors de la famille. (*A*, 77)

Cette marge dans laquelle s'installe le couple permet une certaine libération alors que la maison (*bakery*) devient un lieu de rassemblement clandestin où les gens viennent festoyer autour de Pierrot. Si cette « liberté » plaît d'abord à Alma, le nouvel espace d'appartenance devient rapidement un lieu de confrontation entre l'attachement à une certaine perception traditionnelle du monde et l'attirance grandissante pour un mode de vie plus moderne. Cette confrontation prend forme à travers le comportement de Pierrot qui, éduqué chez les Soutanes Noires, crée une distance avec Alma. C'est lui qui, après le père, brisera définitivement les rêves de voyage d'Alma lorsque, avec ses « neufs mots » porteurs de la sagesse de celui qui a l'éducation, qui a la connaissance, il tient un discours de résignation fortement rattaché à la posture traditionnelle de l'Acadien en Amérique :

> Pierrot me dit qu'ej pourrons jamais explorer la Chine
> ni les États ni nulle part sans parler la langue du silence
>
> *Alma, tu sais, c'est point de notre faute si ej sons esclaves* (*A*, 57)

C'est avec ce discours de résignation que Pierrot regarde désormais Alma en l'enfermant dans son rôle traditionnel de femme et de mère. L'expression « esclave », qui définit les Acadiens, prend alors tout son sens pour Alma :

> c'est point la première fois que j'entends le mot,
> mais pour la première fois
> *esclaves*
> me perce le cœur
>
> ej l'avais jamais trop compris,
> mais pour la première fois
> ej vois sa forme et ses ancêtres
> pour la première fois comme par mystère
> ej me demande si c'est peut-être point vrai (*A*, 57)

Dès lors, Alma semble condamnée à répondre au stéréotype de l'esclave alors qu'elle devient la « servante » dans sa propre maison.

La figure de Pierrot est intéressante puisque, s'il se pose d'abord comme celui qui entraîne Alma dans la transgression des normes familiales, il n'en reproduit pas moins le stéréotype identitaire de l'Acadien, comme s'il rêvait également de s'émanciper, mais sans véritablement savoir comment se réinventer dans le monde. C'est ainsi qu'il sera séduit par Grace qui arrive des États et qui incarne en quelque sorte ce rêve d'émancipation que portent Alma et Pierrot. Du moins, c'est ce que Pierrot perçoit en elle alors qu'il répète à Alma : « *elle est comme nous autres* » (*A*, 84). Mais Alma est rapidement exclue de ce « nous » : « on est les seuls / ej sons les seuls / t'es la seule / il y a rinque toi Alma » (*A*, 84). À ce moment, l'écart se creuse davantage entre Alma et Pierrot puisque ce dernier n'arrive pas à se définir nettement alors qu'il porte en lui la tension qui s'établit dès le début du récit entre le discours traditionnel et la promesse de la modernité ; peut-être parce que la modernité dont rêve Pierrot et que représente Grace ne correspond pas à la réalité locale, qu'elle est vide de sens puisqu'elle ne repose que sur un paraître qui peut faire « tout oublier » (*A*, 91) pendant un certain temps, mais qui n'arrive jamais à rompre sa condition d'esclave. Au-delà du paraître, Pierrot reproduit, en fait, le même rapport traditionnel au monde que celui de la génération précédente. En cela, Pierrot représente pour Alma la promesse déçue, car elle rêve toujours de fuir les espaces de confinement et refuse l'incertitude de l'entre-deux dans laquelle vit Pierrot. Elle comprend que Grace, même si elle vient des États, n'est pas l'oncle Adolphe, lui qui n'a jamais oublié qu'il était comme elle, un pissenlit qui pouvait porter ses racines où il voulait. Et lorsqu'il meurt, Alma comprend ce qu'elle doit faire pour se réinventer et prendre sa place dans l'espace : « sa mort me fesse comme un signe / ej sais que c'est le braquement de de-quoi de neuf // ej vois mon envie de voler / comme si j'était pu dans mon corps / comme si l'envie était un chapeau / sur la tête d'une autre femme / une femme perdue dans la brume » (*A*, 94-95). Dès lors, Alma reprend possession d'elle-même en refusant son rôle de femme soumise, d'esclave, en se refusant à Pierrot. C'est dans ce refus, qui amène Alma à mettre Pierrot à la porte du domicile conjugal, que se réalise finalement la modification identitaire la plus importante : Alma, contrairement à Pierrot, apprend à s'accorder dans le temps et l'espace, à se construire une place bien à elle et à affirmer une parole qui se fait entendre. Aussi, la modernité d'Alma n'a-t-elle rien à voir avec les apparences, la *car*, la langue silencieuse des Soutanes Noires, la danse de Grace, mais plutôt avec la prise de parole, l'affirmation et la reconnaissance de ses désirs propres, de son identité propre, de son individualité. Alma n'est pas une tulipe indifférenciée, mais un pissenlit qui pousse libre dans la vastitude des champs.

Le désir d'ancrer l'Acadie dans sa modernité avait donc entraîné, dans les années 1970, une rupture symbolique entre les espaces urbains et ruraux, entre l'affirmation d'une Acadie moderne qui aurait pris racine dans le bitume de la ville et l'Acadie rurale, folklorique, gardienne des traditions. Si cette dichotomie persiste dans le découpage symbolique de la géographie culturelle, particulièrement dans la lecture qui est faite des œuvres, mais aussi parce que chaque espace est porteur de sa propre réalité socioculturelle, elle ne semble plus aussi nette que dans le discours des poètes de la période des années 1970 et 1980. Ceci s'explique probablement par un certain recentrement du sujet poétique qui se préoccupe moins de l'invention d'un espace identitaire propre à définir la collectivité, que cet espace soit rural, pour les tenants d'une Acadie de la mémoire, ou urbaine, pour ceux d'une Acadie moderne, mais davantage du repositionnement du soi dans le monde. En se posant au centre du poème, le soi en vient à briser toutes frontières symboliques que lui impose l'appartenance à un espace identitaire défini et s'ouvre, comme le souligne Raoul Boudreau, à l'universalité de sa position en tant qu'être humain dans le monde. L'Acadie, loin d'être niée, est un élément important de la construction identitaire qui se dessine dans les œuvres récentes, mais elle n'en est pas l'élément central. C'est ainsi qu'il est possible de relever, entre les poètes de l'école Aberdeen et le recueil de Georgette LeBlanc certains points de similitude dans la représentation des enjeux identitaires du sujet.

Certes, Alma ne porte pas complètement un même regard sur le monde que celui des poètes de l'école Aberdeen, notamment parce qu'elle évolue dans un contexte ni urbain ni contemporain; elle est un personnage qui appartient à la mémoire de la région rurale de la Baie Sainte-Marie. Malgré cela, l'étude du récit qui traverse le recueil démontre une même préoccupation du sujet par rapport à sa propre définition. Si Alma n'est pas entièrement libre d'elle-même, qu'elle doit se plier à certaines exigences sociales dues à sa condition de fille et de femme dans l'Acadie rurale du milieu du XXe siècle, son regard n'en est pas moins tournée vers un ailleurs qui s'ouvre sur un monde où il lui paraît possible de vivre hors de tout cloisonnement social. Alma regarde en quelque sorte le monde avec les «yeux d'une romanichelle», à l'image de Sarah Marylou Brideau qui trouve l'inspiration dans son retrait de la masse grouillante que représente la ville, elle cherche le contact de l'autre comme complétude de soi, à la manière d'Éric Cormier, rêvant de suivre les *tramps* dans leur errance pour se réinventer ailleurs, comme chez Jean-Philippe Raîche. Or, si les conventions de l'époque dans laquelle elle se trouve l'empêchent d'accomplir son rêve de liberté, Alma se pose tout de même comme un personnage qui brise les normes familiales et sociales en épousant Pierrot, d'abord, et en se refusant à lui, ensuite, lorsqu'elle comprend qu'elle ne sera jamais autre chose qu'une servante, une esclave, à ses yeux. Alma, dans les derniers poèmes du recueil, s'approprie une certaine liberté individuelle, en ce sens qu'elle prend le contrôle de sa maison, de son corps, de soi.

Les expériences vécues que mettent en scène les poètes de l'école Aberdeen au fils de leurs recueils respectifs resteront inaccessibles pour Alma, mais leur valorisation, même dans le rêve, le désir d'émancipation et l'affirmation de soi à la fin du récit remettent en question la position géographique comme porteur d'une symbolique identitaire préconstruite: par son recueil *Alma*, Georgette LeBlanc démontre bien que l'espace rural s'est aussi mis au diapason du monde moderne, sans toutefois nier appartenir à un contexte particulier qui est celui de la région de la Baie Sainte-Marie. Tenir compte de cette modernisation de l'espace rural, proposer une lecture des œuvres hors des idées préconçues rattachées aux différents espaces identitaires nous permet donc, il me semble, de tracer « autrement » la cartographie identitaire de l'Acadie contemporaine.

FOND D'ÉCRAN ET MONTAGE DE RÉCITS : ENTRE HISTOIRE ET FICTION, *NOCES DE SABLE* DE RACHEL LECLERC

RENALD BÉRUBÉ
Université du Québec à Rimouski

> Et tant pis s'il m'arrive d'inventer pour combler des lacunes, l'anecdote et la fabulation ne pourront pas empêcher la véritable essence de ces hommes et de ces femmes de se révéler à nous, nous qui avançons en aveugles. [...] elles n'empêcheront jamais la réalité de pourchasser la fiction [...] sans que j'y puisse grand-chose.
> Rachel Leclerc, *La patience des fantômes*[1]

> Le pays du Bas-du-Fleuve, c'est le milieu du bout du monde, le milieu d'une longue route qui mène à Gaspé.
> Rachel Leclerc, *Le chien d'ombre*[2]

Noces de sable est le premier roman de Rachel Leclerc, auteure originaire de Nouvelle en la baie des Chaleurs. Il fait suite à quatre recueils de poèmes hautement prisés par la critique, le troisième étant *Les vies frontalières* qui valut à son auteure les prix Jovette-Bernier et Émile-Nelligan. On pourrait dire que les poèmes de *Vies frontalières* et de *Rabatteurs d'étoiles*[3], quatrième recueil de

---

1. Rachel Leclerc, *La patience des fantômes*, Montréal, Boréal, 2011, p. 29. Désormais, les références à cet ouvrage seront indiquées par le sigle *PF*, suivi du folio, et placées entre parenthèses dans le texte.
2. Rachel Leclerc, *Le chien d'ombre*, Montréal, Boréal, 2013, p. 215-216.
3. Rachel Leclerc, *Les vies frontalières*, Montréal, Noroît, 1991, 103 p.; *Rabatteurs d'étoiles*, Montréal, Noroît, 1994, 80 p.

la poète, ressemblent souvent à de brefs récits programmatiques ou abrégés de ce que *Noces de sable* développera en minant par ailleurs l'autobiographie (« L'autobiographie est une fausse catégorie », affirme le scénariste-cinéaste Nicolas dans *Neige noire*[4] d'Aquin ; « Le public ne peut jamais savoir avec certitude si telle œuvre est autobiographique ou non. Celui qui peut dire que c'est autobiographique me connaît déjà... ») et l'Histoire, c'est-à-dire en misant à la fois sur l'une et sur l'autre, mais en leur faisant porter des masques, ce qui n'aurait pas déplu à l'auteur de *Neige noire*.

Depuis *Noces de sable*, Rachel Leclerc a publié quatre autres romans, dont les deux derniers en date sont *La patience des fantômes* et *Le chien d'ombre* évoqués en épigraphe ; ces deux romans, dirait la formule populaire, « se suivent », c'est-à-dire qu'ils n'ont pas seulement été publiés l'un après l'autre selon la chronologie, mais que *Le chien* prend le relais de *La patience* et prolonge alors, en toute autonomie diégétique par ailleurs, ce qu'on pourrait nommer la saga de la famille Levasseur. Or on peut lire sous la plume de Richard Levasseur, l'écrivain narrateur de *La patience* (un arbre généalogique de la famille est fourni en page 8, tout juste avant que ne commence le roman), les lignes suivantes : « Mes poèmes ont été récemment publiés en un livre qui, par son contenu même, annonce le roman que voici, car la plupart des personnages s'y trouvent déjà esquissés ; mais qui pourra dire à la fin lequel des deux livres donne le plus à voir de mes ancêtres » (*PF*, 14). En quoi le parcours de l'œuvre de Richard Levasseur n'est pas sans parenté avec celui de l'œuvre de Rachel Leclerc, les deux écrivains s'inscrivant sous les mêmes initiales, RL. Or (*bis*), là où la romancière plus chevronnée de *La patience* n'empêche surtout pas « la réalité de pourchasser la fiction », celle de *Noces de sable*, en ses débuts d'écriture romanesque, vise d'abord, tout en fournissant au roman un fond d'écran historique, à pourchasser la réalité par la fiction.

Pour tout dire, cette étude de *Noces de sable* vise à mener, en lisant le roman à sa manière de lecteur à la fois charmé et patenté, la même chasse que le roman lui-même : comment la fiction pourchasse ici la réalité selon l'Histoire. Mimétisme, quand tu nous tiens.

---

4. Hubert Aquin, *Neige noire*, Montréal, La Presse, 1974, p. 146-147.

FOND D'ÉCRAN / HISTOIRE

L'action de *Noces de sable*[5] se déroule en 1835-1836 dans un lieu innommé de la baie des Chaleurs. En ce lieu, il est un banc pour la pêche et il est aussi une entreprise jersiaise qui tient les pêcheurs sous son emprise financière; un feu de grève en ce lieu sans nom est visible depuis Hope (*NS*, 61). L'action du roman se déroule donc (surtout) à Paspébiac, lieu primordial de l'installation des entreprises de pêche Robin à compter de 1767, quel que soit le nom desdites entreprises au fil des ans, dans la baie des Chaleurs. Hope: à sept kilomètres à l'est de Paspébiac (qui est à 99 kilomètres de Nouvelle). L'entreprise de pêche dans le roman n'implique nullement les Robin: il s'agit de l'entreprise Richard Thomas & Co, ce Richard Thomas partageant par ailleurs avec Charles Robin l'honneur d'une dénomination parfaitement bilingue et venant de Saint-Hélier en patrie jersiaise tout comme les Robin, issus eux aussi des îles de la Manche.

Les entreprises de Richard Thomas (car il y a aussi un chantier naval et une forge, entre autres, comme chez Charles Robin) sont en butte – la complicité de leurs employés habitant la baie s'en mêlant – aux flibustiers états-uniens qui lorgnent ses profits; même si nous sommes en 1835, l'action du roman mime ici, en rappelant le passé, les coups de force des pirates états-uniens en baie des Chaleurs à l'occasion de la guerre d'Indépendance des États-Unis. À la suite de ces attaques, et après avoir échappé à sa captivité, Richard Thomas se replie sur son île natale. Pour le même nombre d'années que Charles Robin. Trois données selon l'histoire que la fiction utilise à ses fins : attaque des entreprises Thomas par les colonies de Nouvelle-Angleterre, qui menèrent à la capture de Richard, puis à son «exil» en ses îles natales. Le Richard, à l'image du Charles, revient à Paspébiac après sa traversée du désert et implante LE système d'exploitation Robin (système d'exploitation qui sera aboli par la *Truck Law* en 1831 en Grande-Bretagne).

LE système, qui est partout le même en tout lieu d'exploitation coloniale. Le pêcheur est contraint de pêcher pour

---

5. Rachel Leclerc, *Noces de sable*, Montréal, Boréal, 1995, 220 p. Désormais, les références à cet ouvrage seront indiquées par le sigle *NS*, suivi du folio, et placées entre parenthèses dans le texte.

l'entreprise; cultiver la terre, par exemple, ne peut être qu'un revenu d'appoint, vu que Robin dispose de tout le territoire et qu'il n'en concèdera jamais assez à quelqu'un pour que celui-ci puisse en vivre; le prix du poisson est par lui fixé et les pêcheurs ne peuvent acheter tout le nécessaire qu'au magasin de la Compagnie. Et quand le pêcheur achète à crédit au printemps l'équipement pour sa saison de pêche, il sait déjà que, l'automne venu, ses revenus de pêche seront insuffisants pour payer ses dettes. *Noces de sable* est un roman parfaitement informé, dans les moindres détails qui puissent mériter une étude détaillée, du système d'exploitation élaboré par les Jersiais, Robin ou Le Bouthillier, et dans lequel se trouvent enfermés les pêcheurs en baie des Chaleurs et en Gaspésie, ces pêcheurs étant de provenances fort diverses.

Lisons: « La fille [de Richard Thomas, Catherine] est jersiaise, parle le français et l'anglais, mais aussi un étrange dialecte dérivé du normand » (*NS*, 27), dialecte dont les Robin-Thomas se serviront régulièrement à leurs fins; lisons encore: « Avant toute chose, elles [les femmes du lieu innommé de l'action] étaient restées et resteraient encore pour longtemps des Basques, des Normandes, des Acadiennes, des Portugaises, des Françaises. Elles s'appelaient Cora Dumouchel, Solange Huard, Marie Gauthier, Zoé Delarosbil, Louise Vaillant, Clothilde Grégoire [...] » (*NS*, 34). Ce lieu sans nom, où vont encore œuvrer des États-Uniens, Noirs ou Blancs, des Autochtones, des Espagnols et des Irlandais.

Le lieu innommé du roman, ce Paspébiac masqué des Robin eux-mêmes déguisés en Thomas, ce lieu-là du bout du monde ou presque, où vont se dévoiler des luttes sourdes, impitoyables, entre maîtres et sujets à la veille des Troubles de 1837-1838 connus sous le nom de la Révolte des Patriotes – ce lieu-là du bout du monde se donne à lire tel un microcosme de l'univers canadien d'alors: divisé, il oblige ses parties opposées à cohabiter, le commerce des pêches permet de l'illustrer. Cet univers sait accepter, par exemple, la cohabitation des pêcheurs du lieu avec les travailleurs saisonniers de la pêche, dont la provenance peut varier selon les ans. Mais ce bout du monde est aussi un centre des divers intérêts et instances de pêche du monde occidental, avec les rivalités commerciales et nationales que cela implique. Un centre du monde où l'entente n'est toujours qu'un résultat de l'obligation.

Quand Richard Thomas quitte Paspébiac et qu'il confie la gestion de son entreprise à deux neveux, il agit ainsi que Charles

Robin en 1802. Sauf que ce dernier devait agir ainsi : célibataire depuis toujours, il n'avait point de descendance. Alors que Richard Thomas, marié à une femme qui le mène comme elle l'entend, a trois enfants, deux filles et un garçon. L'aînée, Catherine, déteste sa mère, une expauvresse parvenue ; mais elle doit l'accompagner à Paspébiac (au lieu innommé) en séjour d'été. Elle tombera amoureuse d'un pêcheur travaillant pour Richard Thomas, le plus farouche opposant aux méthodes de la Compagnie. Et en fera son mari, malgré mère et père, quitte à ce que, le père rentrant en pays jersiais, elle devienne avec les siens la châtelaine sans prétention aucune de la grande maison des Thomas, située tout en haut de la grève et du banc (là où elle est toujours située).

ENTRE HISTOIRE ET LITTÉRATURE

Entre histoire et littérature, entre ce qui se donne pour réel ou vrai et ce qui s'affiche fièrement comme fictif et prétend, sans sourciller, traduire le réel avec, à tout le moins, autant de précision et de justesse que l'histoire, l'amical contentieux ne date pas d'hier. Qui donc, ayant lu les romans de William Faulkner dans lesquels la Guerre Civile états-unienne de 1861-1865 est par lui relatée, qui donc oserait douter que la fiction sache raconter l'Histoire ? L'amical contentieux ne date pas même du XIXe siècle de Stendhal racontant Waterloo ou du XXe de Faulkner racontant la Guerre Civile états-unienne du même XIXe. On le sait, les écrits d'Homère furent, en Grèce antique, lus et appris comme des textes racontant des épisodes fondateurs des cités grecques.

Vieille dispute, donc, entre *logos* et *mythos*, entre récits « objectifs » des faits et récits « inventés » de la fiction. Mais, dans les deux cas, des récits. Vu l'osmose, la perméabilité entre les genres, biographie et autobiographie, pour solliciter ces deux exemples, deviennent aisément biofiction et autofiction. Qui raconte (narrateur, narratrice ou raconteur(e)) s'insinue (forcément) chez le narré ou la racontée, que ce dernier ou cette dernière soit un autre ou lui-même. Les récits historiens de la Grande Guerre, les biographies de Mao ne racontent pas tous la même histoire.

Dans deux articles publiés respectivement dans les *Annales* et dans la revue *Le débat*, l'historien et éditeur français Patrick Boucheron discute admirablement des relations entre histoire et littérature. Nous dirons seulement, ici, que dans l'intitulé même de ses deux textes, Boucheron désigne bien les enjeux que met en scène un roman tel *Noces de sable*. L'article paru dans les *Annales* de mars-avril 2010 (le dossier a pour titre *Savoirs de la littérature*) s'intitule «Toute littérature est assaut contre la frontière. Note sur les embarras historiens d'une rentrée littéraire», la première partie de l'intitulé provenant du *Journal* de Kafka, ce qui en dit déjà beaucoup : la littérature n'accepte pas aisément les limites établies, elle les «travaille» plutôt, les gruge, les remodèle. En mène le procès. La «rentrée littéraire» évoquée est celle de l'automne 2009 qui a été placée par les médias, sur la foi de quelques titres et dans le sillage des *Bienveillantes* de Jonathan Littell, roman sur la Shoah qui avait valu à son auteur le Goncourt 2006, sous le signe du rapport histoire-littérature ; Boucheron étudie ce rapport en lisant les romans en cause. L'article paru dans la livraison de mai-août 2011 du *Débat* (le dossier a pour titre *L'histoire saisie par la fiction*) s'intitule «On nomme littérature la fragilité de l'histoire». Nous travaillerons donc dans le fragile qui se mêle pourtant d'assaillir les frontières.

Le romanesque de *Noces de sable*, par-delà l'histoire Robin qu'il utilise tel un parchemin où une première histoire fut jadis écrite, une sorte de texte palimpseste, de «fond d'écran» en formulation d'informatique ; par-delà l'histoire Robin qu'il reconstitue et déconstruit, qui lui fournit un référent pour mieux le vandaliser, le romanesque du roman, précisément, se trouve dans l'existence d'une descendance Thomas. *Noces de sable* est un roman intimiste qui porte aussi sur la vie familiale. Qui se déroule en des temps et des lieux historiques identifiables, le vaste monde étant par ailleurs quasi omniprésent.

La baie des Chaleurs de 1835 dans *Noces de sable*, ce bout du monde de l'ex-Nouvelle-France qui se sentait bien plus proche de l'ex-Acadie que de Québec, cette extrémité si lointaine se trouvait à être sinon un centre, du moins une plaque tournante du monde. Par les vertus de la morue séchée salée, connue sous le nom de *dry cod* ou *dry cure* depuis le XVIe siècle des pêcheurs basques ; Robin-Thomas en feront – le marketing déjà – leur *Gaspé cure* de haute qualité. C'est le moment de rappeler que Gaspé, entre les années 1860 et 1866, sera ou fut, selon l'angle temporel de lecture, un port franc qui compta jusqu'à onze consulats de pays étrangers.

Roman intimiste, et vaste monde historique : nous l'avons dit, *Noces de sable* évoque ou met à l'avant-scène des personnages de provenances multiples : des Jersiais, des Acadiens, des Basques, des Irlandais, une métisse née de l'union d'un prêtre catholique itinérant et d'une Micmac, des Américains, des Canadiens, des Normands, des Écossais et des Portugais, sans oublier un Noir d'origine marseillaise, qui sait lire et écrire, échappé du Sud esclavagiste américain. Ajoutons que les vaisseaux chargés de morue quittent l'entreprise de Richard Thomas et s'en vont vers «le Brésil, la France, l'Angleterre, l'Italie, l'Espagne, le Portugal» (*NS*, 15) décharger leur cargaison. En cette première moitié du XIXe siècle, la baie des Chaleurs est comme un centre du monde, sorte de mondialisation (restreinte) née du commerce de la morue : on y vient de tout l'Occident pour pêcher, et le fruit de la pêche en repart vers tout l'Occident, carrefour giratoire.

MONTAGE DE RÉCITS / FICTION

Il faut souligner cette phrase de la fin (ou presque) du texte de la quatrième de couverture de *Noces de sable* : «Plus on avance dans cette œuvre forte et déliée, faite d'ombre et de lumière, plus on s'éloigne du roman historique». Phrase d'autant plus juste qu'elle souligne à la fois la présence de nombreux détails vérifiables de la réalité historique, mais aussi le fait que ce roman est d'abord et précisément cela, un roman – sans adjectif d'accompagnement –, une œuvre de fiction. D'autant plus que Rachel Leclerc se révèle d'une prudence normande ou jersiaise – d'une autonomie de romancière – dès lors qu'il s'agit des noms de personnages, de dates ou de lieux précis : elle crée, elle invente, elle fabule. Et nous voilà confrontés, après avoir évoqué l'histoire à l'instar du début du texte de la quatrième de couverture, à la nécessité de mettre en place les éléments essentiels – diégèse, structure et voix narratives en particulier – de l'«œuvre forte et déliée, faite d'ombre et de lumière».

Diégèse

Il y a donc l'employeur et sa famille, les Thomas ; puis leurs employés, dont, surtout, les Foucault. À l'origine du tout de l'histoire de *Noces de sable*, il y a le suicide de Foucault le père pour cause de désespérance : il ne pourrait jamais rembourser les dettes contractées auprès de la Compagnie Thomas. Et le maître Richard serait d'autant moins disposé à discuter avec lui que Foucault le père avait eu l'audace lèse-Thomas de se constituer en maître de grave – c'était d'ailleurs le titre premier du roman –, ce qui impliquait une volonté d'autonomie malséante.

Les fils Foucault, fils de leur père en désir d'indépendance, mais non en attitude suicidaire, vont organiser la riposte : avec d'autres, ils s'associent à des flibustiers états-uniens afin, visée ultime, de faire disparaître l'entreprise Thomas. Réussite totale : le Richard rentre alors en son pays jersiais et les pêcheurs, un moment désemparés, (ré)apprennent à vivre sans maître, en toute autonomie et liberté. Jusqu'au retour de Thomas, plus assuré que jamais du bien-fondé de son entreprise pour le développement harmonieux de la baie et pour le bien-être des citoyens qui vont se (re)laisser prendre.

La famille Thomas, d'habitude, demeure à Saint-Hélier où nous la voyons vivre un (assez long) moment. Puissance omnipotente, la mère dirige tout, y compris Richard le père – « cet étranger, mon père », écrit Catherine dans son *Journal* (*NS*, 120) –, même à distance. Catherine, 21 ans, déteste sa mère autant qu'elle aime son frère Nicolas, qui rêve de devenir un savant (*NS*, 114) et ses « trois petites sœurs » (*NS*, 117). Quand la mère cette année-là décide d'aller rejoindre le père pour l'été, elle réquisitionne son aînée. Contre toute probabilité, sauf les romanesques précisément et celles des coups de foudre, Catherine tombe amoureuse de Gabriel Foucault, le plus jeune des fils du suicidé, amour on ne peut plus fougueux ni réciproque. C'est au couple et à Victor leur fils que Richard laisse la grande maison quand il retourne en Jersiaisie.

Cette maison accueillera alors Clothilde, la métisse née d'un curé et d'une Micmac, qui fut soustraite à sa mère et élevée par des gens du lieu sans nom du roman ; elle fut le premier amour de Gabriel avant la venue de Catherine. Les deux femmes vont très tôt former un duo d'une indéfectible amitié. Elle accueillera aussi, la grande maison du couple Catherine-Gabriel, le Noir Virgile, de provenance marseillaise, mais devenu esclave dans le Sud des États-Unis, fugitif qui s'avérera le père intellectuel et affectif de l'enfant Victor Foucault.

Lors d'un voyage de Gabriel à Québec – il va rendre visite à son fils qui étudie aux fins de devenir prêtre – et alors que Virgile, lui, a dû se rendre à Hope, ce qui laisse Catherine seule dans la grande maison – elle lit alors les *Confessions* de Rousseau (*NS*, 183) –, l'Irlandais Terence Gilson, le chef des trancheurs, qui la reluquait depuis longtemps, la viole, pour des raisons selon lui de mésalliance, semble-t-il : la fille du patron jersiais a épousé le fils d'un employé franco, suicidé pour cause de dettes, du patron. Elle a épousé ce paria révolté plutôt que lui. Catherine ne dira rien à son mari, « il le [Gilson] tuerait » (*NS*, 189). Si Gilson la menace de mort pour la dissuader de parler, Catherine le menace à son tour de tout révéler, et devant tous, alors que dans une tempête on se retrouve à plusieurs sur la plage ; Gilson va renverser la situation en sa faveur, désignant la fille de Richard Thomas comme la profiteuse des actions de son père en cette saison difficile où « on entrait au magasin comme chez l'ennemi en temps de guerre » (*NS*, 215). Malgré la présence de Zoé, la seule femme à oser la défendre (et malgré son mari), la foule cerne Catherine, la pousse à l'eau et à sa mort, qui sera déguisée en accident.

Récits et Voix

Noces de sable est un roman d'une structure à la fois simple et complexe – il joue de ses diverses narrations comme de l'histoire : en sachant exactement ce qu'il fait en les utilisant, tout en ayant l'air de n'y pas toucher. *Noces de sable*, descendant premier d'œuvres poétiques, en a toute l'intimité et la spontanéité, la générosité et la chaleur, ce qui n'en fait point pour autant un roman naïf dans le sien usage des pratiques romanesques les plus contemporaines et les plus signifiantes. *Noces de sable* sait, en particulier, pratiquer ses effets de réel historique aux fins de valider ses aventures romanesques.

Roman divisé en quatre parties qui sont elles-mêmes subdivisées en segments allant de six à huit pages selon les parties en cause, *Noces de sable* fait ample usage de voix narratives différentes, de récits particuliers. Il y a d'abord la voix de la narratrice qui ouvre le roman et qui, en ses deux premiers segments, explique ce qu'est la Richard Thomas & Co. Qui décrit la peur de la faim chez ses employés, en ces temps de pluie incessante; qui explique ensuite que « Gabriel Foucault sait maintenant qu'il est en train de mourir » (*NS*, 14), qu'« il ne verra pas la première neige de l'hiver 1836 » (*NS*, 19).

Suivra le récit – mené au « elle » par la narratrice – de Clothilde, la métisse amoureuse première de Gabriel, rivale puis confidente de Catherine, « gardienne » de la grande maison et de Gabriel après la mort de Catherine. L'homme aux fonctions semblables aux siennes, c'est Virgile, si bien que la riche maison de Richard Thomas est devenue le lieu où se retrouvent Gabriel, un « bâtard descendu d'une fille du Roy et d'un fils de rien » (*NS*, 16), la métisse Clothilde, qui est à la fois une Blanche d'origine française et une Amérindienne micmac, et Virgile, un Noir originaire de Marseille et ex-esclave du Sud des États-Unis. Un microcosme de l'univers, un beau regroupement de rejetés en ce lieu improbable qu'est la Grande Maison de l'ex-maître jersiais, à la suite de cet événement hautement improbable, le mariage de la fille du maître et du fils le plus farouche de la famille qui a de quoi demander bien des comptes à ce maître.

Après celui de Clothilde, le long récit au « je » de Gabriel, histoire de sa famille et de ses amours, histoire d'une passion pour la fille Thomas et d'une haine impossible à assouvir pour Richard, le père. Récit fiévreux de celui qui sait qu'il va bientôt mourir, récit qui permet de connaître Victor, le fils religieux arrivé au chevet de son père après vingt ans d'absence. C'est à ce fils qu'est réservé de prendre connaissance de cet autre récit, le *Journal* de Catherine.

Qui relate la vie à Saint-Hélier, qui décrit mère et père, frère et sœurs, la rencontre foudroyante avec Gabriel, la décision de rester à la baie envers et contre tous, la vie avec Gabriel, la présence de toutes les femmes amies dans la grande maison, le désir de répandre la connaissance, les jalousies aussi, et le viol à jamais gardé secret sinon dans le *Journal*.

Le dernier segment de la dernière partie de *Noces de sable* commence ainsi : « Le soir du 4 octobre 1819, j'ai remis mon journal dans le petit meuble d'acajou [...] » (*NS*, 207); c'est dans ce segment que sont relatées au « je » de Catherine les circonstances de sa mort, « accidentelle » jusque-là pour l'instance lectorale comme pour toutes et tous dans son entourage, sauf pour Catherine elle-même. Et c'est bien depuis l'Au-delà, sur un mode parfois même amusé, qu'elle raconte son engloutissement par les flots lors d'une formidable tempête de pluie. Ainsi, la fin du roman renoue avec son début, avec la crainte de la famine liée à la pluie qui empêche d'aller pêcher; avec, alors, la haine de l'exploiteur qui vous tient à sa merci. Victor, lecteur du journal maternel, a compris : il ne retournera pas à Québec, il se consacrera à l'instruction des enfants de son village, étant le fils d'une mère qui avait reconnu ses talents et qui avait d'emblée accepté qu'il aille étudier à Québec.

Ainsi que Catherine depuis son Au-delà de fin de *Journal*, elle qui alors fait le tour des comptes à rendre et des contes qui les relatent, l'instance lectorale doit bien mener les siens, de comptes et contes. *Noces de sable* fait entendre quatre voix narratives : celles de la narratrice, de Clothilde, de Gabriel et de Catherine, la narratrice assurant le lien entre ces voix. Le récit de Catherine, lui, fait appel à deux formes narratives, le journal et la lettre, formes d'écriture on ne peut plus intimistes, alors que Catherine est le cœur et le centre les plus évidents du roman. Comptons encore davantage afin de conter le mieux possible : les récits les plus longs sont ceux de Gabriel (*NS*, 47-92 [46 pages]) et celui du journal de Catherine (*NS*, 107-151 et *NS*, 181-220 [85 pages]). Le roman s'achève à la page 220; si l'on additionne 46 et 85, cela donne 131 pages; force est d'admettre que ces deux personnages-là mènent le jeu, Catherine en étant l'élément le plus important; que la narratrice omnisciente s'est assurée d'une portion limitée, mais signifiante de ces pages, d'autant plus que c'est elle qui assure le récit depuis le point de vue de Clothilde (*NS*, 21-24 et *NS*, 157-161 [9 pages]), récit dont la deuxième partie est d'une importance capitale. Car Clothilde, alors, décide de remettre à Victor le *Journal* de Catherine même si Gabriel n'est pas décédé, alors qu'un Virgile mourant, étant le dépositaire de ce *Journal*, avait interdit toute divulgation de cet écrit par qui que ce soit avant le décès de Gabriel.

Nous dirons donc que l'usage de l'histoire dans *Noces de sable* vise à mettre à l'avant-scène les données suivantes, ces « élémentaires cher Watson » des relations dominateur-dominé comme des relations séculaires homme-femme, mais en leur donnant le poids et le panache liés à l'écriture poético-romanesque de Leclerc : l'histoire d'un lieu à une époque donnée et selon les circonstances générées par cette époque en ce lieu n'ont pourtant rien d'exigu qui les confineraient à eux-mêmes, à ce moment-là et en ce lieu-là. Un moment de l'histoire en un lieu donné, cela peut être un résumé, un microcosme de l'histoire, ainsi que le comté créé par Faulkner dans son œuvre depuis « le timbre-poste de mon pays natal[6] », qui fut à l'origine du prix Nobel qu'il reçut pour cette œuvre. L'histoire, c'est aussi et surtout ce que les récits, surtout les plus osés, savent l'obliger à avouer : le Sud de Faulkner, romancier, révèle souvent ce que l'histoire avait tu.

L'objet-couteau

Il est une image, un objet qui traverse l'œuvre entière et qui pourrait peut-être – sachons ni trop résumer ni trop exagérer – lui donner toutes ses dimensions ; cet objet, c'est un couteau. Qui apparaît pour la première fois en p. 62 : à l'occasion des quatorze ans (« mais la carrure d'un beau garçon de dix-sept ans », (*NS*, 60)) de Gabriel, son frère aîné Jacques lui fait cadeau d'« un beau couteau à cran d'arrêt. Il l'a obtenu d'un marin espagnol, compagnon de jeu dans une taverne de Percé » (*NS*, 62). C'est au cours de cette même soirée que les Foucault vont mettre au point avec un flibustier états-unien l'attaque des installations de Thomas. Le couteau, pour dire les choses ainsi, tuera Ruskin, le gardien du magasin (*NS*, 74) ; c'était la responsabilité du jeune Gabriel de le neutraliser lors de l'attaque lancée par les États-Uniens du *Knight*. Durant la nuit, alors que Gabriel est caché avec Clothilde, gardant profil bas quand l'attaque s'achève, il est surpris par une « ombre » qui le cloue au sol après un bref combat. Il s'agit d'un Noir échappé du *Knight* qui veut assurer sa fuite et sa liberté. Les jeunes gens lui conseillent d'aller chez les Micmacs, Clothilde lui disant de prononcer le nom de son père. « Je sortis mon couteau et le lui tendis. Il émit un sifflement admiratif, le fourra dans sa poche et partit aussitôt. C'est ainsi que Virgile entra dans notre vie » (*NS*, 81-82).

    Il mit du temps à revenir. Extrait du récit de Gabriel (à Victor son fils), relatant une visite que Clothilde et lui effectuèrent au camp des Micmacs :

---

6. Entretien en 1956 de Jean Stein avec William Faulkner dans *Romanciers au travail*, traduit par Jean-René Major, Paris, Gallimard, 1967, p. 1-20.

> Nous espérions voir Virgile, mais il n'était nulle part, et les Indiens restèrent muets. Bien des années plus tard, un jour d'automne, ta mère trouva mon couteau espagnol sur la table de la cuisine. C'était Virgile qui annonçait son retour. Je ne l'ai jamais laissé repartir (*NS*, 90).

« Bien des années plus tard » : voilà un exemple parmi d'autres de la temporalité circonspecte de *Noces de sable* ; le romanesque n'est pas à la remorque de l'événementiel historique. Mais nous savons au moins que cela se passe après « l'exil » obligé de Richard Thomas et après son retour en force, voire même après la naissance de Victor, à tout le moins après l'officialisation des relations Catherine-Gabriel.

Dernière « apparition » du couteau : Victor « en a fini avec le journal de sa mère, les cahiers de Catherine Thomas ont livré leur coupable » (*NS*, 202). Il va se rendre chez Gilson « avec les vêtements du défunt Gabriel sur le dos » ; avec en plus « dans sa poche, un couteau patiemment aiguisé, qui a dormi toutes ces années dans le coffre du père, véritable relique de l'époque où les Américains se jetaient sur la côte comme des bêtes enragées, une poignée d'esclaves enfermés au fond de la cale » (*NS*, 203). Le rappel du passé est évident ; mais Victor ne se servira pas du couteau. Devant le « naufrage absolu » dont témoignent Gilson et sa « maison », le père Victor ne peut que dire : « Faut pas vivre comme ça, Gilson » (*NS*, 205-206). Bien qu'il porte les « vêtements du défunt Gabriel », Victor demeure le fils de sa mère, elle qui avait misé sur l'éducation de son fils, comme elle avait rêvé que sa mère le fasse pour son frère Nicolas.

Ce couteau-là aura parcouru le monde et n'aura toujours servi, dans *Noces de sable*, que le roman de Gabriel et Catherine.

LE COUTEAU ET LA PLUME

> Les vies frontalières, c'est quand on peut étendre les bras des deux côtés et dire voilà, je suis ce fil terreux qui va de là-bas jusque là-bas, je suis le corps de cette ligne, là où la douleur est étroite, exemplaire.
> Rachel Leclerc, *Les vies frontalières*

Je ne saurais trop dire jusqu'à quel point *Noces de sable* est un roman écrit à la pointe sèche, mais généreuse et chaleureuse, d'une plume d'oie comme aiguisée par un couteau espagnol; roman à la fois d'une tragique brutalité et d'une effrayante tendresse. Un roman dont l'écriture, qui a de quoi faire rêver quiconque écrit ou aspire à écrire, relève tout autant de la poésie intimiste des recueils antérieurs de l'auteure que d'un réalisme familier, fondé sur de solides données historiques ou quotidiennes. Dès lors qu'il s'agit de l'usage romanesque de l'histoire, *Noces de sable* est de la famille de *Kamouraska* d'Anne Hébert[7] plutôt que de la famille de *La Belle Embarquée*, « roman historique » selon son générique même, de Sylvain Rivière[8] dont l'action se situe en semblable lieu et dans les mêmes années que *Noces de sable*. Alors que le roman de Rivière sert l'histoire et utilise la fiction aux fins de la traduire, le roman de Rachel Leclerc se sert de l'histoire, la vandalise, se l'approprie, s'en sert aux fins de lui faire dire plus qu'elle n'avoue de plein gré; il fonde son déroulement sur l'univers Robin afin de mieux l'élargir à l'échelle de la planète. L'exploitation est partout et de tout temps la même, les écorchés sont toujours les mêmes, ceux et celles que le destin a moins favorisés.

Ainsi Catherine, Thomas selon son origine patronymique et en ce sens socialement privilégiée, est d'abord une femme qui, au surplus, a trahi ses origines, qui s'est dégradée en épousant un pêcheur, sorte de crime de lèse-caste. Pourtant, elle devra porter le fardeau de son patronyme: c'est elle, en tant que femme, qui sera la victime des rancœurs accumulées contre le père. Sa parole ultime, depuis son éternité, rend *Noces de sable* bien proche, en sa finale, du dénouement du *Tartuffe* de Molière, pardonnez du peu: la vérité touchant la mort de Catherine est indicible pour la réalité, sa morale et ses hypocrisies – seul le Prince de *Tartuffe* ou l'Au-delà de *Noces de sable* peuvent la révéler. Ajout: il vous souvient probablement que c'est la Mère décédée qu'on va enterrer qui, dans *Tandis que j'agonise* de Faulkner (encore lui), révèle sa liaison avec un pasteur, liaison qui a donné naissance à son fils Jewel, frère évident de Pearl dans *La lettre écarlate* de Nathaniel Hawthorne aux ancêtres puritains? Les récits prendront tous les

---

7. Anne Hébert, *Kamouraska,* Paris, Seuil, 1970, 245 p.
8. Sylvain Rivière, *La Belle Embarquée*, Moncton, Éditions d'Acadie, 1992, 235 p.

détours nécessaires pour déjouer les cachotteries bien-pensantes de l'histoire officielle. Le fond d'écran du romanesque ne saurait en rien limiter la volonté de celui-ci d'effectuer ses propres montages.

Il y a, ainsi qu'entre les origines de Jewel et Pearl, d'« effrayantes symétries », s'il est permis d'utiliser le titre d'une nouvelle de Sherman Alexie[9], dans *Noces de sable* : fils d'un père suicidé qu'il venge, Gabriel est le mari d'une femme violée et assassinée sans que jamais il ne le sache. Fille d'un père bafoué par son épouse, Catherine devra payer le prix d'une entreprise paternelle qu'elle ne cautionnait pas, contrairement à sa mère. Au bout du compte, c'est l'auteure intimiste du journal personnel et des lettres à son frère qui apparaît comme la seule dépositaire de la vérité. Catherine a tant fait éclater de tabous, déjà, qu'elle peut bien, depuis son Au-delà, faire un pied de nez à la version historico-menteuse des circonstances de sa mort et dire (avec une sorte de sourire malgré tout) : « voici, les choses se sont plutôt passées ainsi », c'est-à-dire ainsi qu'une diariste les raconte. Hawthorne écrivait à la fin de *La lettre écarlate* : « L'ange et l'apôtre de la révélation à venir devait être une femme[10] ».

Née de la baie des Chaleurs, Rachel Leclerc aura écrit un roman frontalier : en intervenant, tel une coryphée, tout au long du roman entre les divers récits, sa narratrice fait éclater les frontières de l'histoire, ce qui est une façon d'en signifier tout autant la pérennité que la fragilité. *Noces de sable* est bien le « fil terreux », « le corps de cette ligne, là où la douleur est étroite, exemplaire ». Catherine Thomas-Foucault a su étendre ses bras « de là-bas jusqu'à là-bas », (obliger à) raconter une histoire qui sait reconnaître les frontières et les faire sauter. Quand l'histoire est utilisée (saisie, plutôt) par la fiction, il faut savoir reconnaître, justement, les savoirs de la littérature. Des histoires. Du mensonge romanesque, dont Hamlet a su au théâtre éprouver et montrer les vives vertus.

Les histoires de Catherine Thomas-Rachel Leclerc, ou quand les gestes de la Jersiaise en baie des Chaleurs d'une part et le récit en montage de ceux-ci selon une romancière de cette même baie d'autre part, dévoilent à la fois les artifices et les inédits – la vérité, en somme – de l'histoire.

---

9. Sherman Alexie, *Danses de guerre*, Paris, Albin Michel, 2011 [2009], p. 153-172. Alexie est un écrivain états-unien d'origine autochtone.
10. Nathaniel Hawthorne, *La lettre écarlate* (traduction de Pierre Leyris), Paris, 10/18, 1963, p. 313.

LE RÉCIT DES ORIGINES :
COSMOGONIE MINIÈRE ET RITUEL
DANS *LES HÉRITIERS DE LA MINE* DE JOCELYNE SAUCIER

Isabelle Kirouac-Massicotte
Université de Bologne

Depuis quelques années déjà, la littérature québécoise est marquée par une résurgence de la représentation des régions dans certaines de ses œuvres. Bien qu'on ne puisse parler d'un retour au terroir, qui suggèrerait selon Pierre Lefebvre des « écrivains empêtrés dans le sol et le sang » qui « nous assommer[aient] avec [...] la tradition[1] », nous remarquons néanmoins que les territoires régionaux occupent à nouveau une place de choix dans des ouvrages comme *Arvida*[2], dont les nouvelles se déroulent dans la petite ville ouvrière du même nom, ou encore *La logeuse*[3], qui met en scène une jeune Gaspésienne qui désire sauver sa région. Francis Langevin nomme cette tendance « régionalité », concept selon lequel on explore « des espaces régionaux précis, des lieux qui sont spécifiés, problématisés, rendus significatifs au-delà de leur rôle immédiat de décor[4] » ; la région serait d'abord représentée « comme lieu de vie et d'activité économique (c'est le paradigme "région ressource")[5] ». Or, il nous semble que ces représentations rejoignent l'idée de communauté minoritaire

---

1. Pierre Lefebvre, « Présentation », *Liberté*, vol. LIII, n° 3 (295), avril 2012, p. 5.
2. Samuel Archibald, *Arvida*, Montréal, Le Quartanier, 2011, 324 p.
3. Éric Dupont, *La logeuse*, Montréal, Marchand de feuilles, 2013, 310 p.
4. Francis Langevin, « La régionalité dans les fictions québécoises d'aujourd'hui. L'exemple de *Sur la 132* de Gabriel Anctil », *Temps zéro*, n° 6, en ligne : http://tempszero.contemporain.info/document936 (page consultée le 5 août 2014).
5. *Ibid.*

formulée par François Paré dans *Les littératures de l'exiguïté*, qui recense notamment les minorités «régionale» et «économique», qui ont pour dénominateur commun un «rapport inégal au pouvoir[6]». Le roman qui servira à notre analyse, *Les héritiers de la mine*[7] de Jocelyne Saucier, s'inscrit tout à la fois dans la foulée des écrits de la régionalité et de ceux de l'exiguïté, tandis qu'il met en scène les membres de la famille Cardinal – les écrits de la régionalité sont souvent traversés par des questions liées à la famille[8] –, minorisés par leur statut économique et leur isolement géographique dans une ville minière fantôme fictive de l'Abitibi, Norcoville[9]. En partant de cette prémisse, nous proposons de montrer en quoi le clan constitue une véritable communauté minoritaire, dont la construction est fortement influencée par le milieu minier. La première partie de l'analyse sera consacrée à l'observation de l'origine minière de la famille Cardinal, très hiérarchisée et appartenant au registre du sacré; il sera ensuite question de la ritualisation de l'identité familiale, à la fois par la narration incessante des épisodes de leur patrimoine et par l'initiation au dynamitage.

L'ORIGINE ET LES VALEURS MINIÈRES DE LA FAMILLE CARDINAL

La question de l'origine occupe une place déterminante dans le récit, puisque la fondation de Norco, le village où se déroule la plus grande partie de l'intrigue, est attribuable au père. C'est

---

6. François Paré, *Les littératures de l'exiguïté*, Ottawa, Éditions Le Nordir, 1992, p. 13.
7. Jocelyne Saucier, *Les héritiers de la mine*, Montréal, Éditions XYZ, coll. «Romanichels», 2000, 192 p. Désormais, les références à cet ouvrage seront indiquées par le sigle *H*, suivi du folio, et placées entre parenthèses dans le texte.
8. Francis Langevin, «La régionalité dans les fictions québécoises d'aujourd'hui. L'exemple de *Sur la 132* de Gabriel Anctil».
9. Selon Langevin, la régionalité concerne à la fois les lieux référentiels et ceux qui sont fictifs. «La régionalité dans les fictions québécoises d'aujourd'hui. L'exemple de *Sur la 132* de Gabriel Anctil». Dans une entrevue accordée à Louise Desjardins, Jocelyne Saucier explique que Norcoville est en fait une fictionnalisation d'une ville-fantôme abitibienne, Barville (près de Barraute), où l'auteure a brièvement habité à l'adolescence. «Jocelyne Saucier: le plaisir d'allumer des feux», *Lettres québécoises*, n° 148, 2012, p. 6-8.

effectivement LePère qui a découvert le gisement de zinc, à l'origine de l'ouverture de la mine qui a fondé la ville, qui « aurait dû s'appeler Cardinal » (*H*, 12). L'œuvre de Saucier se rapproche de certains romans franco-ontariens[10] des années 1970 et 1980 dans lesquels, selon François Paré, « la colonisation du Nord [...] par les errants francophones – bûcherons et mineurs surtout – prend [...] une valeur cosmogonique réelle. Elle marquait bel et bien le commencement d'un monde[11] ». Les qualités de découvreur et de pionnier du père confèrent une importante dimension mythique à son clan, alors que les petites villes industrielles ne disposeraient pas d'emblée d'une mythologie[12]. Norcoville s'apparente, pour reprendre les termes de Paré, à une « figure du jardin génésique[13] », ce qui vient en quelque sorte justifier l'attitude et les actions des Cardinal, qui considèrent que la mine ainsi que la ville leur appartient. La création d'un mythe vient aussi contrer l'apparente banalité de Norco, qui se compare aux « villes d'extrême frontière » décrites par Pierre Nepveu, « villes de faible taille [...] qui ne sont rachetées ni par le charme villageois ni par la monumentalité [...] des métropoles[14] » :

> De la caserne de pompiers qui ne servait plus, mais rutilait de blanc au soleil (elle avait été construite juste avant la fermeture de la mine) jusqu'à ces masures de papier mâché qui s'égaillaient en bordure de forêt, il y avait trois vastes quadrilatères herbeux, et perdues dans la désolation, quelques maisons délaissées ou en voie de l'être. C'était pareil sur l'autre axe : de l'espace, de grandes herbes, des rues de bitume gris et vérolé, quelques constructions

---

10. Francis Langevin inclut aussi le Nord de l'Ontario dans son concept de régionalité. « La régionalité dans les fictions québécoises d'aujourd'hui. L'exemple de *Sur la 132* de Gabriel Anctil ».
11. François Paré, *Théories de la fragilité*, Ottawa, Le Nordir, coll. « Essai », 1994, p. 72.
12. Francis Langevin, « La régionalité dans les fictions contemporaines au Québec » – Une conférence de Francis Langevin à Québec, *Salon double. Observatoire de la littérature contemporaine*, 21 février 2013, en ligne : http://salondouble.contemporain.info/la-regionalite-dans-les-fictions-contemporaines-au-quebec (page consultée le 5 août 2014).
13. François Paré, *Théories de la fragilité*, p. 18.
14. Pierre Nepveu, *Intérieurs du Nouveau Monde*, Montréal, Éditions du Boréal, coll. « Papiers collés », 1998, p. 269.

> esseulées et, un peu partout, les monticules que laissaient les maisons qu'on avait transportées ailleurs : les fondations de ciment, les remises qui s'étaient affaissées, une carcasse d'auto qui n'avait pas voulu suivre (*H*, 14).

Norcoville, loin d'être dépeinte comme un lieu pittoresque chargé d'Histoire, est plutôt montrée par ses ruines qui traduisent « l'éphémère, une disparition possible[15] ». Le mythe Cardinal, justifié par la découverte du zinc par le père, permettrait ainsi de dépasser la fragilité en inscrivant en quelque sorte le clan et le lieu dans la durée.

Même si LePère est pratiquement absent du roman, il tient plutôt son importance du lien inextricable qui l'unit à l'univers minier qui, loin d'être effacé, envahit l'espace romanesque. Malgré sa grande importance au niveau symbolique, le personnage est perpétuellement relégué au monde souterrain, au sous-sol, tandis que l'essentiel de la vie familiale se déroule au rez-de-chaussée et à l'étage : « je n'ai pas raconté l'air intimidé de notre père lorsqu'il est monté, ses gestes furtifs, l'embarras que lui causait son intrusion dans le territoire de ses enfants », affirme LaPucelle (*H*, 51). Tandis que LePère se consacre entièrement à la prospection et à l'étude d'échantillons de roches au sous-sol, il représente un rappel symbolique de la mine. L'appartenance du père à l'univers sous-terrain est tel qu'au présent de la diégèse, alors âgé de quatre-vingt-un ans, « [il] est dans son sous-sol [...] accroché à sa canne, mais affairé à ses cartes, à ses livres et aux échantillons de roches qu'il a transportés de Norco » (*H*, 25). LePère ne semble avoir connu aucune évolution, alors qu'il paraît simplement s'être transposé dans le sous-sol d'une maison d'une autre ville minière, Val-d'Or. Il continue aussi d'étudier les roches trouvées à Norcoville, ce qui montre bien qu'il n'a jamais véritablement quitté la ville qu'il a « fondée » : il semble éternel et figé, comme la roche.

Les Cardinal se bâtissent d'ailleurs un système de valeurs profondément influencé par leur origine minière : « Nous n'avons rien en commun avec personne, nous nous sommes bâtis avec notre propre souffle, nous sommes essentiels à nous-mêmes, uniques

---

15. *Ibid.*, p. 268.

et dissonants, les seuls de notre espèce» (*H*, 11). Les valeurs claniques traduisent l'austérité et la force de caractère nécessaires à la vie – voire à la survie – dans une petite ville minière désertée. La famille Cardinal, alors qu'elle se perçoit comme unique et seule au monde, se rapproche ainsi d'une véritable communauté. Tôt dans le roman, on apprend que LeFion, le fils cadet, qui est frêle et fragile, ne correspond pas aux traits de sa «race» de conquérants : «Je protestais […] d'être si peu Cardinal. Les autres faisaient des courses à trente sous zéro, pieds nus dans la neige, et moi, on m'enfonçait une tuque jusqu'aux oreilles […] à cause des otites que j'avais à répétition» (*H*, 13). Le protagoniste est d'ailleurs marqué par une grande fragilité dès la naissance :

> Je suis né […] malingre et le crâne pointu, ce qui m'a valu d'être le dernier, le vingt et unième, et d'être surnommé LeFion. Quand il a vu le petit tas d'os hurleur dans le berceau, notre père (à cause des forceps? parce que je déparais la lignée?) a décidé qu'il n'y en aurait pas d'autres (*H*, 12).

Toutefois, même si LeFion ne possède pas les qualités guerrières vénérées par son clan, il contribue néanmoins à l'entretien de l'identité Cardinal parce que, selon LaPucelle, l'aînée et deuxième mère de la famille, «il a été d'une fidélité exemplaire à nos valeurs sans jamais avoir la force de les porter. Il a affiché nos couleurs. Il a été en quelque sorte notre mascotte» (*H*, 53). De cette façon, il n'est pas nécessaire que LeFion agisse en fonction des valeurs claniques, l'essentiel est qu'il en soit le porte-parole : c'est donc la question de la représentation de l'unité familiale qui prime. LeFion, qui se dédie complètement à son rôle de porte-étendard des valeurs familiales, voit ainsi son individualité quasiment anéantie. Il s'agit du contrecoup du mythe, son pendant dysphorique, alors qu'il implique des «valeurs [et des] normes que le groupe doit suivre [et explique] à la fois comment et pourquoi les choses se sont passées et comment elles doivent se passer[16]», comme l'affirme Christian Morissonneau à propos de la question mythique.

---

16. Christian Morissonneau, *La Terre promise : le mythe du Nord québécois*, Montréal, Hurtubise HMH, coll. «Cahiers du Québec», 1978, p. 8.

Si le personnage du Fion est en quelque sorte l'antithèse des valeurs prônées par sa famille, c'est son frère Geronimo qui est un

> Cardinal à son plus pur [...] [parce qu'il] partait très tôt le matin, avec son barda de prospecteur dans un sac de toile jaune en bandoulière, saluant d'un signe de la main la tablée du déjeuner, un signe destiné surtout aux plus grands pour bien marquer la distance qui les séparait maintenant qu'il courait les bois avec [le] père (*H*, 16).

Geronimo, en plus d'avoir un surnom qui fait référence à un guerrier, est le personnage le plus emblématique de « l'essence pure et dure du diamant qui était en chacun [d'eux] » (*H*, 75), puisqu'il participe également aux activités de prospection de son père. Ceci confirme que les bases identitaires des Cardinal se situent au niveau de l'exploration et de l'exploitation minières. L'identité familiale correspond en effet au monde minéral, que ce soit par sa solidité ou sa durabilité, caractéristiques du diamant associé à l'essence du clan. La structure de la famille repose sur l'univers minier d'une façon encore plus frappante au moment de la fermeture de la mine, alors que Geronimo et son père l'exploitent clandestinement. Le personnage de Geronimo prend alors la place du père, non seulement grâce à son autorité, mais aussi parce qu'il reprend illégalement possession de la mine que ce dernier a découverte.

LA HIÉRARCHIE PAR LA NOMINATION

Les questions du nom et de la hiérarchie revêtent une grande importance dans l'ensemble du roman, puisque ces notions participent aussi de la cosmogonie minière du clan Cardinal. Le refus d'une hiérarchie familiale conventionnelle est particulièrement visible dans les surnoms, qui font office de noms véritables, que les enfants se font attribuer par les garçons aînés de la famille. Le sobriquet « LeFion », donné au cadet de la famille, joint le « Le » et le « Fion », ce qui donne également l'impression d'une identité pleine et indivisible – identité familiale s'entend. LeFion est ainsi nommé par ses aînés, dits LesGrands, ce sont donc eux qui représentent la figure paternelle et qui détiennent l'autorité familiale. La famille Cardinal est effectivement constituée de trois castes distinctes, soit, en commençant par le haut, LesGrands, LesMoyens et enfin LesTitis (*H*, 17). Les surnoms donnés sont donc porteurs de la place qu'occupent les enfants dans la hiérarchie du clan; l'expression «fion» signifie à la fois «anus» et «donner le coup de fion: donner la dernière main à un ouvrage[17]», puisqu'il est le dernier de la lignée, mais aussi parce qu'il n'est pas considéré comme un «vrai» Cardinal.

En outre, les noms donnés à deux des principaux personnages féminins du récit, LaTommy et LaJumelle, sont fortement imprégnés de la hiérarchie inhérente au clan, notamment dans l'explication que donne LeFion de leurs surnoms:

> LaTommy, parce qu'elle ferrait la truite comme personne, parce que notre meilleur ailier droit au hockey et notre fierté au jiu-jitsu, un vrai garçon manqué, un TomBoy, comme disaient les voisins. Et nous, pour les narguer, pour bien leur signifier qu'elle nous appartenait, nous l'avons appelée LaTommy, LaJumelle? Parce que... nous étions tellement nombreux, il y en a qui sont passés inaperçus dans le lot (*H*, 26).

Le sobriquet «LaTommy», qui dérive de l'expression «Tomboy», marque son appartenance au clan Cardinal, puisque celle qu'il désigne correspond à leur idéal en excellant dans des disciplines dites masculines. Même si elle se conforme aux valeurs patriarcales de sa famille, elle ne semble pas être une Cardinal à part entière, alors qu'elle «appartient» à ses frères. En ce qui concerne le surnom de LaJumelle, qui mourra dans la mine, il est très évocateur de la place qu'elle occupe dans la famille; contrairement à ses frères et sœurs, le nom qu'on lui donne ne reflète pas l'un de ses traits physiques ou psychologiques, n'exprime pas sa singularité, mais indique seulement qu'elle est la jumelle de quelqu'un d'autre. Ce surnom, qui n'est pas marqué par une mythologie, semble sceller le funeste destin de LaJumelle, qui ne peut véritablement appartenir au clan.

Or son surnom sera modifié, à la suite d'une rencontre avec des étrangers évoquée par LaTommy:

---

17. «Fion», *Le Petit Larousse*, Paris, Larousse, 2008, p. 422.

> Nous avions cinq ans quand la McDougall et son bouffi de mari ont mis leurs pieds puants dans notre maison. Je n'oublierai jamais. Ils ont crevé notre bulle, ils ont fait qu'Angèle et moi sommes devenues différentes. [...] Ils l'ont surnommée L'Adoptée parce qu'elle acceptait les poupées, les robes, les fanfreluches que lui offraient les McDougall. Ils ne lui ont jamais pardonné (*H*, 60 et 65).

Les McDougall, des représentants d'un syndicat minier qui habitent Westmount, rendent visite aux Cardinal dans le but avoué d'adopter LesJumelles. Alors que LaTommy ne laisse aucun doute quant à l'hostilité qu'elle nourrit envers ces étrangers, LaJumelle, bien qu'elle refuse de les suivre à Montréal, accepte néanmoins leurs cadeaux et elle leur rendra d'ailleurs visite à quelques reprises. Tandis qu'elle accepte cette relation avec autrui, LaJumelle perd littéralement sa place, déjà précaire, au sein du clan : elle est déclassée, elle restera L'Adoptée aux yeux de ses frères et sœurs, car ils la perçoivent comme souillée par ce contact avec l'Autre. En somme, la mythologie Cardinal se traduit par le refus de l'emploi des noms de baptême, remplacés par des surnoms fortement connotés qui inscrivent la cosmogonie minière familiale dans un ordre patriarcal hiérarchisé où les identités sont figées.

LA SACRALITÉ DES MINES CHEZ LES CARDINAL

L'importance de la composante minière dans l'identité Cardinal est telle que l'on peut assurément lui conférer une valeur sacrée. Il en va ainsi du *Manuel du prospecteur* du père, qui « était sa Bible, son missel, il l'emportait partout où il allait et le consultait parfois même à table quand un doute le prenait et qu'il avait besoin de conforter ses pensées » (*H*, 120). Si les personnages ont une religion, c'est bien celle de l'exploration et de l'exploitation minières ; d'ailleurs, la mine clandestinement opérée par les Cardinal est décrite par Geronimo comme une sorte de cathédrale :

> C'est là que j'espérais recevoir la vérité d'Angèle, dans cette immense salle sculptée dans le roc. Le silence y était plus prenant qu'ailleurs, l'obscurité plus épaisse. Il y avait, au centre de cette cathédrale souterraine, un point précis où la voix, se

> répercutant sur les arrêtes rocheuses laissées entre les nombreux piliers qui soutenaient la voûte, nous revenait en un écho démultiplié, prenant ainsi une dimension surhumaine. J'en avais fait plusieurs fois l'expérience et j'en avais été profondément troublé (*H*, 155).

La mine réunit ou du moins sert de cadre à une tentative de réunion; cette salle-cathédrale, par le recueillement qu'elle suppose, semble effectivement propice au rapprochement des êtres. Un peu comme s'il s'agissait d'une véritable cathédrale, Geronimo affiche un respect et une humilité qu'on ne voit nulle part ailleurs dans le récit et semble ainsi ramené au rang de simple humain face à un lieu qui évoque des forces supérieures. Cette «religiosité» se retrouve également dans le nombre d'enfants Cardinal, 21, puisqu'il est, selon plusieurs textes ésotériques, la représentation chiffrée de Dieu, ce qui lui procure une valeur divine et sacrée: «[d]ans la Bible, 21 est le chiffre de la perfection par excellence [et] symbolise la sagesse divine[18]». Dans l'ensemble du roman, mais plus précisément au temps présent du récit lors du congrès des prospecteurs de Val-d'Or, qui marque la première réunion familiale en 30 ans, on insiste d'ailleurs beaucoup sur l'importance de ce nombre, notamment dans la narration du Fion:

> J'attendais la réponse, j'attendais le chiffre magique qui provoquerait ahurissement et étonnement. Nous allions les épater avec nos histoires, nous allions nous retrouver enfin tous ensemble, magnifiquement réunis dans l'éblouissement de nos souvenirs. J'ai entendu la réponse se répandre en écho dans la foule. – Vingt et un! Vingt et un enfants! (*H*, 29)

Le nombre 21 a une valeur magique pour le clan, il est l'une des principales sources d'étonnement de l'auditoire lorsque l'histoire familiale est racontée: il constitue par conséquent un important élément de la mythologie Cardinal. Cependant, même si le nombre sacré est donné en réponse par LePère, il s'agit d'un mensonge, car Angèle, alias LaJumelle, est décédée dans l'accident à la

---

18. Jean Chevalier et Alain Gheerbrant, *Le dictionnaire des symboles*, Paris, Robert Laffont/Jupiter, coll. «Bouquins», 1982, p. 1018.

mine 30 ans plus tôt; le clan souhaite à tout prix conserver son unité et garder son mythe intact. Il importe de signaler que le seul personnage à ignorer la mort de LaJumelle est LeFion, qu'on a voulu préserver à cause de sa « faiblesse », un trait si peu Cardinal.

LA RÉPÉTITION DES ÉPISODES MARQUANTS DU PATRIMOINE CARDINAL

Le clan Cardinal, qui se définit par la singularité de son histoire mythique, ritualise son identité par la narration et la répétition d'épisodes significatifs de sa vie, mais aussi par l'initiation au maniement de la dynamite. Dans certains passages, l'accumulation, qui permet d'impressionner leur auditoire dans le récit qu'ils font de leurs épisodes familiaux les plus marquants, ainsi que la répétition de la narration de ces événements, sont en effet employées afin de glorifier la mémoire familiale. L'accumulation est particulièrement prégnante dans cet épisode raconté par LeFion:

> Alors je raconte [...] Je leur en mets plein l'estomac. Les deux douzaines d'œufs le matin, le cent livres de patates à la cave, les batailles avant l'école pour retrouver nos bottes, les batailles le soir pour nous faire une place devant la télé, les batailles tout le temps, pour rien, par plaisir, par habitude. Le folklore (*H*, 11-12).

Un sentiment de fierté apparaît inhérent au fait de raconter l'histoire familiale, alors que LeFion relate l'odyssée quotidienne passée des siens, marquée par l'extravagante quantité de nourriture avalée au déjeuner et par l'omniprésence des batailles, qui semblent s'inscrire dans le patrimoine familial. La répétition du mot « batailles » n'est pas innocente, puisque les luttes sont au cœur de l'existence des Cardinal où comme nous l'avons vu en étudiant les surnoms donnés aux personnages par leurs aînés, règnent la loi du plus fort et une hiérarchie tyrannique.

On remarque également les nombreuses occurrences où LeFion mentionne avoir raconté l'histoire de sa famille devant un auditoire (*H*, 15, 20 et 21). Par ce récit incessant, le temps est donc profondément ancré dans le passé. De cette façon, même les passages narrés au présent, notamment quand LeFion évoque ses rencontres avec LaPucelle, concernent le passé et l'interminable répétition des événements qui ont marqué l'histoire des Cardinal, comme en témoigne LeFion: «chaque fois que le travail m'amène à Val-d'Or, nous nous retrouvons au Tim Hortons, devant un café et deux beignes, et nous poursuivons notre odyssée familiale» (*H*, 23). Ainsi, un certain refus du présent et du futur s'inscrit dans la construction identitaire du clan.

Cependant, il importe de préciser que LeFion ne raconte pas les souvenirs qui vivent en lui, mais bien ceux qu'il a vécus par procuration:

> Je raconte ce qu'on m'a raconté. J'ai été privé de la plus belle partie de notre vie de famille, quand nous étions Big […] L'époque de Geronimo, du GrandJaune, de LaTommy, d'ElToro. Les années soixante. La mine était fermée, Norco s'effritait, les maisons disparaissaient (on les déménageait ou nous les brûlions), la broussaille envahissait les carrés de ciment, la mauvaise herbe broutait les rues défoncées: nous régnions sur Norco (*H,* 12).

Ainsi, le fait que LeFion n'était pas encore né lors des plus belles années des Cardinal renforce son statut de spectateur et de plus grand fan de sa famille. Il s'agit d'un culte de la mémoire, car le narrateur ne fait que ressasser l'histoire familiale qui lui a été racontée par les autres, ce qui entretient nécessairement la préservation et l'idéalisation du clan. Tandis qu'elle relate certains épisodes familiaux, LaPucelle emploie des expressions comme «[la] grande figure de notre histoire familiale» (*H*, 34) et «l'histoire [qui] fait partie de notre patrimoine» (*H*, 35), ce qui montre bien en quoi les Cardinal font éclater la simple structure familiale pour se rapprocher d'une véritable communauté minoritaire. Comme LeFion n'a pas à reconstituer lui-même la mémoire familiale, qui lui est déjà donnée comme entière et immuable, on a alors l'impression d'une éternelle représentation du vide, malgré la volonté du clan de «reconstruire le monde sur les bases d'un idéal qui n'appartenait qu'à [lui]» (*H*, 99). Par conséquent, la ritualisation du récit de la mémoire familiale vise à réaffirmer constamment la force de l'identité Cardinal, même si celle-ci n'est qu'une image idéalisée et constituée de vide.

LE RITUEL FAMILIAL DE L'INITIATION AU DYNAMITAGE

Outre le ressassement des épisodes les plus singuliers de son histoire, le clan a aussi pour rituel l'initiation au maniement de la dynamite :

> Je connaissais le rituel. Il se répétait à l'anniversaire de chacun d'entre nous. [...] Le maniement de la dynamite, je connaissais, nous connaissions tous. Sans avoir été initié et sans avoir vu de près. Notre père traçait de son bras un cercle imaginaire qui nous repoussait à une dizaine de pieds, laissant à l'intérieur du cercle lui et l'initié, de sorte que nous ne pouvions voir que leurs dos penchés sur les détails de l'opération (*H*, 18).

En effet, dès leur septième anniversaire, les enfants Cardinal doivent se plier à ce rite d'initiation qui a pour objectif de réaliser une explosion spectaculaire. Ils sont donc confrontés très tôt à la peur, au danger et à la mort ; c'est là que réside la force du rituel, dans l'art du maniement de la dynamite qui permet de s'élever au-dessus de ces craintes. Bien entendu, il n'est pas innocent que cette initiation soit liée à l'univers minier, elle confirme que seule la mine a le pouvoir de réunir les Cardinal ; l'initiation entretient la mythologie minière de la famille en marquant, en quelque sorte, les jeunes de leur appartenance à cet univers.

Même après avoir quitté Norco, les personnages restent marqués du sceau de leur identité minière, comme l'indique ce passage narré par Émilien, l'aîné exilé en Australie :

> Les villes minières, où qu'elles soient dans le monde, et probablement à cause du gouffre qu'elles côtoient, vibrent toutes d'un même sentiment d'urgence. [...] autant de villes fantômes ou en passe de le devenir qui entouraient Kalgoorlie, autant de Norco qui venaient me rejoindre dans mon exil et qui m'ont fait comprendre l'inutilité de ma fuite (*H*, 112).

Le personnage part pour l'Australie parce qu'il « n'en p[ouvait] plus de cette famille » et qu'il se « sentai[t] tellement en-dessous de la situation [, car il] n'avai[t] pas l'intelligence de Geronimo, [il] n'avai[t] rien pour les impressionner à part [son] droit d'aînesse » (*H*, 111). Même si Émilien ne semble pas à sa place parmi les siens à Norcoville, il lui est impossible de véritablement quitter le lieu, car son identité est inextricablement liée au monde des mines : il lui fallait encore « un cadre dur et austère contre lequel s'écorcher et maudire ceux qui l'ont plus facile » (*H*, 112). Norcoville s'apparente ainsi au « complexe de Kalamazoo » de Pierre Nepveu : « le vrai départ, les voyages au bout du monde ne règlent rien, ils s'avèrent même assez décevants, car on ne quitte Kalamazoo [...] que pour constater que le monde entier "ressemble à Kalamazoo[19]" ». Attiré par l'Australie, « tellement vaste et tellement étrange » (*H*, 111), l'aîné Cardinal n'aura droit qu'à la familiarité d'une petite ville minière qui, comme c'est le cas de plusieurs petites villes industrielles américaines, traduit « une précarité [...] de la culture et de l'habitation de l'espace[20] ».

Mais le rituel initiatique qui permet de consolider l'appartenance minière du clan sera interrompu à la suite de l'accident à la mine, qui coûtera la vie à Angèle, l'une des jumelles Cardinal : « Après, il y a eu cet accident à la mine, et nous n'avons plus fait de dynamitages à la sablière » (*H*, 20). Cette tragédie marque donc la fin du rituel du maniement de la dynamite, ce qui en dit long sur la blessure qu'elle laissera dans la mythologie familiale. Il est également très significatif que cet accident ait été provoqué par l'explosion de bâtons de dynamite posés par trois personnages. La substance explosive, qui avait auparavant pour fonction de lier les Cardinal, est maintenant à l'origine de la dispersion des membres de la famille. C'est en effet très peu de temps après ce dernier dynamitage que le clan quitte définitivement Norco, chacun de son côté, à l'exception du Père et de LaMère qui vivront ensemble à Val-d'Or. L'adéquation entre le monde minier et la famille Cardinal est telle que la description de la destruction de la mine semble faire écho à celle de l'unité clanique, alors que « la force conjuguée [des trois] explosions avait fait voler en éclats la structure interne de la mine et s'était attaquée aux fondements même de la roche sur laquelle elle reposait » (*H*, 149-150). La disparition de la « structure interne » et des « fondements même de la roche » a également un impact sur les liens familiaux, qui sont alors atteints à leurs bases, à leur origine minière.

---

19. Pierre Nepveu, *Intérieurs du Nouveau Monde*, p. 267.
20. *Ibid.*, p. 266.

La décision de faire exploser la mine a été prise par LePère et deux de ses fils afin de détruire les preuves de leur exploitation illégale, qui aurait nécessairement été découverte puisque la mine était sur le point d'être rachetée. On ignorait donc la présence d'Angèle ce soir-là. Comme le révèle sa sœur jumelle LaTommy à la fin du roman, « elle s'est sacrifiée, elle s'est immolée sur l'autel familial. Pour nous sauver tous et se racheter, elle, d'une faute qu'elle n'avait pas commise. Pour sceller à tout jamais son appartenance à la famille Cardinal » (*H*, 197). Angèle, en se faisant exploser avec la mine, semble alors avoir procédé à sa véritable initiation au dynamitage, dans le but de devenir une Cardinal à part entière ; elle a effectivement toujours été rejetée par ses frères et sœurs non seulement parce qu'elle ne possédait pas les traits de caractère de son clan, mais aussi parce qu'elle ne les endossait pas, contrairement à son frère LeFion avec ses récits. Ce funeste rituel symboliserait, selon les mots de Paré, « la nécessité de sacrifier, dans les sociétés opprimées, les besoins singuliers de chaque individu au profit de la survie collective[21] ». Angèle, à jamais amalgamée à la roche, véritable emblème de sa famille, n'avait d'autre choix que celui de se sacrifier pour être l'une des leurs, car elle a été exclue du clan et ne pouvait aspirer à participer autrement à la ritualisation de l'identité Cardinal. Toujours selon François Paré, « parmi les cultures de l'exiguïté, les minoritaires sont celles qui tendent le plus à sacraliser l'autodestruction[22] ». Le rituel initiatique du maniement de la dynamite aurait ainsi pour fonctions de réaffirmer et de célébrer l'appartenance minière du clan, mais aussi de marquer les jeunes initiés du sceau indélébile de la pierre.

En somme, *Les héritiers de la mine* offre le modèle d'une famille comme synecdoque d'une communauté minoritaire, mais poussée à son extrême, avec toute la fermeture et l'enfermement que cela implique ; le clan Cardinal, véritable microcosme, construit son identité à partir de son patrimoine minier mythique, attribuable au caractère originel et à la valeur cosmogonique de la thématique minière dans le récit. D'ailleurs, la mine se fait envahissante à un point tel que nous pouvons la qualifier de paradigme ; il n'y a qu'à penser au père comme rappel symbolique de l'univers

---

21. François Paré, *Théories de la fragilité*, p. 67.
22. François Paré, *Les littératures de l'exiguïté*, p. 14.

minier, à l'adéquation entre la structure de la mine et celle de la famille ou encore aux qualités que la mine confère aux Cardinal, notamment l'hostilité et l'austérité. Même si la ritualisation du récit de la mémoire familiale et de l'initiation au dynamitage est un moyen utilisé afin de préserver la force et l'unité de cette «microcommunauté», celle-ci, uniquement centrée sur elle-même et résolument tournée vers le passé, est à la fois un lieu que l'on veut, mais qu'on ne peut quitter. Jocelyne Saucier problématise ainsi un rapport difficile à l'héritage – question fréquemment soulevée dans les œuvres de la régionalité[23] – tandis que celui-ci, comme le titre du roman l'indique, tourne presque exclusivement autour de la mine, industrie précaire et appelée à disparaître. Comme l'indique Nepveu à propos de Kalamazoo, Norcoville est aussi «un lieu humain sans grand caractère, à la croisée des routes, un pur ici sans raison d'être sinon sa propre existence. Elle émeut par cette ténacité fragile et insensée, en même temps qu'elle suggère l'éphémère, une disparition possible[24]». La représentation des villes minières réelles ou fictives, malgré qu'elles soient des «objets littéraires hautement improbables[25]», est appelée à connaître une recrudescence, du moins dans les écrits de la régionalité, qui entrent souvent «en dialogue direct avec un héritage discursif "régional" ou folklorique, à moins qu'ils se donnent pour mission de décrire une réalité actuelle sociale ou individuelle[26]». Le terroir n'a pas tout révélé du territoire, il reste encore beaucoup à écrire sur les régions et leurs imaginaires.

---

23. Francis Langevin, «La régionalité dans les fictions contemporaines au Québec» – Une conférence de Francis Langevin à Québec, *Salon double. Observatoire de la littérature contemporaine*, 21 février 2013, en ligne (page consultée le 5 août 2014).
24. Pierre Nepveu, *Intérieurs du Nouveau Monde*, p. 268.
25. *Ibid.*, p. 266.
26. Francis Langevin, «Un nouveau régionalisme? De Sainte-Souffrance à Notre-Dame-du-Cachalot, en passant par Rivière-aux-Oies (Sébastien Chabot, Éric Dupont et Christine Eddie», *Voix et Images*, vol. XXXVI, n° 1 (106), automne 2010, p. 60.

IN NOMINE PATRIS...
JACQUES SAVOIE ET L'UNIVERSALITÉ DU POLAR

DÉSIRÉ NYELA
Université Sainte-Anne

Parler d'universalité aujourd'hui est par la force des choses devenu risqué, tant le concept, symbole de la période dite des *Lumières*, suscite doute, méfiance, voire suspicion, quand il ne se heurte pas à son motif contraire, le particularisme, invoqué comme ultime arme de dénonciation massive – si l'on se laisse aller à quelque métaphore balistique – contre ses dérives ethnocentriste et impérialiste. La méfiance et la suspicion entourant le concept d'universalité transparaissent tout aussi bien en littérature, notamment dans les espaces littéraires que l'on dit en émergence; espaces littéraires dont la création, portée par un projet idéologique, revêt une dimension nationaliste et identitaire. L'enjeu est encore plus crucial dans le contexte des littératures minoritaires qui, à l'instar de la littérature acadienne, réfèrent, d'emblée, à une exiguïté politique: l'Acadie, «pays» dont «il est difficile d'imaginer [...] frontières géopolitiques plus floues[1]» et dont la réalité la plus tangible se veut culturelle. Nous ne reviendrons pas sur les nombreux travaux consacrés aux littératures minoritaires comme ceux de Deleuze et Guattari[2], de

---

1. À en croire Yves Laroche dans la recension de l'ouvrage de Serge Patrice Thibodeau, *Anthologie de la poésie acadienne*, Moncton, Perce-Neige, 2009, 290 p.; recension parue dans le numéro spécial de la revue *Nuit blanche* consacrée à l'Acadie et intitulée «Acadie. Poésie, roman, théâtre...», nº 115, juillet, août, septembre 2009, p. 24.
2. Voir Gilles Deleuze et Félix Guattari, *Kafka. Pour une littérature mineure*, Paris, Éditions de Minuit, coll. «Critique», 1975, 160 p.

Pascale Casanova[3], de François Paré[4] ou encore de Lucie Hotte[5], pour ne citer que ceux-là. Nous ferons simplement allusion à la condition de l'écrivain en contexte minoritaire (ou en contexte d'exiguïté, pour reprendre une expression chère à François Paré), enserré dans l'étau d'une double contrainte suscitée par des attentes contradictoires : entre la pression d'un engagement communautaire d'un côté, et la demande d'exotisme de l'autre. Dans un cas comme dans l'autre, il est question d'un art alibi, restreint à une fonction testimoniale, comme le remarque Herménégilde Chiasson :

> L'art en milieu minoritaire [...] se manifeste surtout sous la forme de chronique, d'illustration ou d'archives. Il faut documenter le vécu de la collectivité, s'assurer qu'elle survivra dans les artéfacts. [...] On veut voir et entendre la vérité. [...] Le réalisme donc et, si possible, l'hyperréalisme. [...] On veut du théâtre franco-ontarien, de la poésie acadienne ou de la musique franco-manitobaine. En deuxième lieu, on veut que cette forme d'art nous identifie, donc nous illustre, nous *archivise*[6].

C'est donc une vue par trop serrée et réductrice de l'art, dont la mission ne saurait s'inscrire que dans les bornes d'une finalité patrimoniale et archéologique. Le propos de Chiasson rentre en résonance avec celui, volontiers provocateur, de l'écrivain togolais Kossi Efoui qui, lors du festival Étonnants Voyageurs tenu en 2002 à Bamako au Mali, affirmait que « la littérature africaine n'existe pas ». Il enfonçait le clou face à une assistance médusée, sous le choc d'une telle déclaration fracassante :

---

3. Voir Pascale Casanova, *La République mondiale des lettres*, Paris, Seuil, 1999, 492 p.
4. Voir François Paré, *Les littératures de l'exiguïté*, Ottawa, Le Nordir, 1994, 175 p.
5. Voir notamment Lucie Hotte, « L'universalisme et les conceptions des littératures minoritaires », Mourad Ali-Khodja (dir.), *Des apories de l'universalisme aux promesses de l'universel*, Québec, Presses de l'Université Laval, 2013, p. 125-143.
6. Herménégilde Chiasson, « Toutes les photos... », Robert Dickson, Annette Ribordy et Micheline Tremblay (dir.), *Toutes les photos finissent-elles par se ressembler ? Actes du forum sur la situation des arts au Canada français*, Sudbury, Prise de parole et l'Institut franco-ontarien, 1999, p. 86-87.

> L'écrivain africain n'est pas salarié par le ministère du tourisme [sic], il n'a pas mission d'exprimer l'âme authentique africaine! Je suis contre ce type de complots, de récupérations, je n'aime pas entendre un critique sortir d'un spectacle de Sony Labou Tansi en disant que c'est «trop intellectuel» pour être du théâtre africain! Ni entendre un autre affirmer que les auteurs africains font fausse route en s'inspirant d'Eschyle ou de Shakespeare! Comprenons une fois pour toutes que nous n'avons pas de parole collective! Nous ne devons allégeance à personne! Méfions-nous des crispations identitaires, elles constituent un réservoir où puise la mondialisation! La meilleure chose qui puisse arriver à la littérature africaine, c'est qu'on lui foute la paix avec l'Afrique[7]!

À bien suivre Herménégilde Chiasson et Kossi Efoui, l'artiste en contexte d'exiguïté ne se veut ni archéologue ni guide touristique. Du coup, toute la question est de savoir comment sortir de cette double impasse, de ce double piège. Répondre à cette question revient à s'interroger sur les stratégies que déploie l'artiste pour exister. En d'autres termes, comment l'artiste parvient-il à se dépêtrer de cette double instrumentalisation pour trouver sa voie et faire entendre sa voix singulière? En clair, comment, dans un tel contexte, arriver malgré tout à se singulariser? Telle est la question, cruciale, voire existentielle, auquel se confronte l'artiste en contexte d'exiguïté, au cœur de ses préoccupations esthétiques. De la sorte, l'un des points d'intérêts des œuvres issues des littératures minoritaires réside dans l'examen des modalités de singularisation qu'elles déploient pour permettre à leurs auteurs d'échapper à cette double ventriloquie instrumentalisante.

    Chez Jacques Savoie, ce souci de singularisation passe à travers un ancrage dans la littérature populaire et notamment dans le polar. Il s'agit donc de voir comment, à partir d'un genre marginal, Jacques Savoie ouvre des perspectives à la littérature acadienne.

---

7. Kossi Efoui cité par Jean-Luc Douin, «Écrivains d'Afrique en liberté», *Le Monde*, 21 mars 2002. Texte repris intégralement sur le site www.Afrology.com dans les dossiers «Littérature»: http://www.afrology.com/litter/festival.html (site consulté le 25 février 2014).

À CACHE-CACHE : JACQUES SAVOIE ET L'INSTITUTION LITTÉRAIRE ACADIENNE

À contre-courant ! Telle pourrait être la devise de Jacques Savoie, écrivain qui semble multiplier les lignes de fuite, dans une sorte de jeu à cache-cache avec la critique littéraire en Acadie. Son décentrement de l'Acadie, suivi de son recentrement au Québec, source de « tensions entre les institutions littéraires acadienne et québécoise[8] », dérange et crée un malaise auprès de la critique au point où (elle) se pose la question de son appartenance :

> Doit-on le considérer comme un écrivain acadien puisqu'il est établi à Montréal depuis *Les portes tournantes*, qu'il publie évidemment chez un éditeur québécois et que, contrairement à Antonine Maillet, ses romans ne parlent de l'Acadie que de manière tangente, comme un retour du refoulé ? D'un autre côté, pourquoi ne pas le revendiquer puisque l'Acadie manque de romanciers ?[9]

Ainsi s'interroge Raoul Boudreau à propos de Jacques Savoie, devenu, au bout du compte, romancier acadien par défaut. En fait, tout laisse croire que Jacques Savoie se plaît à brouiller les pistes. À cheval entre le Québec et l'Acadie, il fait le choix du romanesque dans une littérature plutôt dominée par la poésie. Qui plus est, son entrée en littérature ne s'effectue pas par le haut, la littérature majusculée, mais passe plutôt par les marges, c'est-à-dire les œuvres qui font le bonheur des genres populaires et de la culture médiatique. Ce qui fait dire à Raoul Boudreau que Savoie « [...] ne semble pas convoiter l'appartenance à cette littérature dont on parle dans les revues littéraires et qu'on enseigne à l'université, mais viser plutôt un public large, sensiblement le même auquel il s'adresse avec beaucoup de succès dans ses séries télévisées[10] ». Pour couronner le tout, il adopte le roman policier comme genre, non sans quelque réticence d'ailleurs – puisqu'il

---

8. Raoul Boudreau, « Le roman acadien depuis 1990 », *Nuit Blanche*, n° 115, juillet, août, septembre 2009, p. 28.
9. *Ibid.*
10. *Ibid.*

aura fallu l'adoubement[11] de Chrystine Brouillet, figure majeure du polar québécois, pour qu'il assume pleinement son statut de polariste – comme pour répondre à la critique de son roman *Les soupes célestes*, accusé de macérer dans les « bons sentiments […] en dépit de la noirceur de notre époque[12] […] ». En ce sens, bien plus que l'ambiguïté de son statut institutionnel, c'est le franchissement de l'exiguïté par le polar, prototype même du mauvais genre, modèle marginal à travers lequel il vise l'universel, qu'il s'avère davantage intéressant de lire la trilogie[13] policière de Jacques Savoie.

L'UNIVERSEL PAR LE POLAR

Sur Jacques Savoie, la critique est unanime au moins sur un point : l'absence, ou du moins, l'effacement de l'Acadie dans son œuvre. Cette *désacadianisation*, pour emprunter la formule de Pierre Véronneau, reprise par David Décarie[14], participe du souci de l'auteur des *Portes tournantes* d'élargir ses possibles tant en ce qui concerne la création romanesque qu'en terme de lectorat. Car après tout, autant que de créativité, le roman, fût-il policier ou non, n'a-t-il pas besoin de lectorat et, par le fait même, d'un appareil éditorial ? Voilà qui, d'une part, explique l'expatriation de Savoie,

---

11. Dans l'espace consacré aux remerciements du roman *Une mort honorable*, deuxième de sa trilogie policière, on peut lire : « Pour leurs conseils, leur encouragement et leur amitié, je souhaite remercier Nicole Bouchard, Roger Langlois, Gilles Savoie, Margo Tran Luy, Jean-Gabriel Vigneault, Dre Marie Bouchard, Martin Bélanger, André Bastien et *Chrystine Brouillet, qui m'a appris que j'écrivais des romans policiers* ». (C'est nous qui soulignons).
12. Raoul Boudreau, « Le roman acadien depuis 1990 », p. 28.
13. Nous avons circonscrit notre analyse aux trois premiers romans policiers de Jacques Savoie, à savoir *Cinq secondes* (2010), *Une mort honorable* (2012) et *Le fils emprunté* (2013). Mentionnons néanmoins qu'entre-temps, Savoie a fait paraître un quatrième roman policier intitulé *Un voyou exemplaire* (2014).
14. David Décarie, « *Sympathy for the Devil* : enjeux du passage du scénario *Le concert* au roman *Les portes tournantes* de Jacques Savoie », Denis Bourque et David Décarie (dir.), *L'édition critique et le développement du patrimoine littéraire en Acadie et dans les petites littératures*, Port Acadie, nos 20-21, automne 2011-printemps 2012, p. 185.

– lui dont la lucidité a fait prendre conscience de la fragilité de l'institution littéraire acadienne, compte tenu de la très faible présence de structures d'une véritable industrie culturelle[15]; qui plus est, dans un champ littéraire qui fait la part belle à la poésie, au détriment du roman –; et d'autre part, son investissement dans le polar, genre populaire qui, commercialement, se porte le mieux dans l'industrie du livre[16].

Nous parlions plus haut de désacadianisation à propos de l'œuvre de Jacques Savoie. Cette désacadianisation doit se voir comme le résultat d'une double stratégie combinée : moyen d'élargir son lectorat, disions-nous; et, ce faisant, de le propulser en dehors de ce que j'appelle *l'esthétique de la spécificité* – dont l'ancrage serait évidemment acadien – pour viser un horizon universel. Cette sortie du spécifique, déjà visible dans ses romans précédents, va se poursuivre dans sa trilogie policière.

---

15. Certes, il y a eu *Les Éditions d'Acadie*, qui ont vu le jour en 1972 et fermé leurs portes en 2000; il y a maintenant les éditions *Perce-Neige* sous la houlette de Serge Patrice Thibodeau, centrées au départ sur la poésie, mais qui s'ouvrent de plus en plus à la publication d'essais et de romans; mais en dehors de cette maison, il n'y a pas de véritable alternative pour les romanciers acadiens, contraints de se tourner ailleurs pour trouver quelque espace de publication et de diffusion.

16. Si l'on s'en tient aux chiffres de Josée Dupuy que cite Marc Lits, « vingt-cinq millions d'exemplaires de romans policiers et d'espionnage sont vendus annuellement en France. Chaque titre de la collection "Fleuve noir" connaît un tirage de deux cent mille exemplaires et les ventes de Simenon en langue française passent les cinquante millions d'exemplaires ». Marc Lits, *Le roman policier. Introduction à la théorie et à l'histoire d'un genre littéraire*, Liège, Éditions du CÉFAL, 1999, p.116. Dans le palmarès des best-sellers, on retrouve des romans policiers. En effet, selon une étude de l'Unesco que cite Stéphanie Dulout dans son ouvrage *Le roman policier* (Toulouse, Éditions Milan, 1997), Agatha Christie a dépassé le milliard d'exemplaires vendus dans le monde, arrivant ainsi en troisième position derrière Lénine et Tolstoï pour le nombre de traductions. Frédéric Dard, sous sa propre signature a atteint vingt millions d'exemplaires et sous celle de San Antonio, plus de cent millions. Charles Exbrayat, auteur phare des éditions du Masque : vingt millions d'exemplaires; Gérard de Villiers vend plus de deux millions d'exemplaires de ses S.A.S. chaque année. On peut également lire l'article fort documenté de Michel Abescat (avec Christine Ferniot); http://www.telerama.fr/livre/le-crime-paie-enfin,52979.php sur les raisons du succès du polar auprès du public français.

Il faut dire que, comme genre, le roman policier favorise cette ambition à travers les modalités de son fonctionnement, articulé autour d'une structure solide. En effet, le roman policier est un genre normé, régi par des lois internes auxquelles tout auteur, fût-il acadien, africain, scandinave ou autre, doit se conformer. À ce sujet, comment ne pas penser ici à Todorov, qui rappelle que « le roman policier a ses normes[17] », ou encore à S. S. Van Dine, alias Willard Huntington Wright, considéré comme le roi du roman-problème américain et auteur des vingt règles du roman policier. D'ailleurs, même le jeu avec les règles du genre, comme on peut le voir à l'œuvre dans le cycle policier d'un écrivain comme Mongo Beti[18], fait encore prendre conscience justement de leur existence. Ainsi, au cœur même de ce genre se trouve l'enquête, matrice de son édifice structural centré sur le crime, dont découlent ses principaux actants : la victime, le criminel[19] et, bien entendu, l'enquêteur. Trois pôles actantiels porteurs des espèces[20] sous lesquelles se décline le polar qui, quelle que soit la tangente qu'il prend, est porté par l'enquêteur, vecteur de luminosité[21] d'un genre au centre duquel se trouve le mystère[22]. À la base du

---

17. Tzvetan Todorov, *Poétique de la prose*, Paris, Seuil, coll. « Poétique », 1971, p. 56-57.
18. Auteur issu de la littérature majusculée, dont les deux derniers romans, *Trop de soleil tue l'amour* (publié en 1999 à Paris chez Julliard) et *Branle-bas en noir et blanc* (publié en 2000 chez Julliard) sont des romans policiers. Il y est question de polars où la police fait tout, sauf ce qu'elle est censée faire, c'est-à-dire enquêter. L'absence de la police comme foyer de l'enquête permet alors à Mongo Beti de jouer avec les règles du genre et de mettre l'accent sur les aventures rocambolesques de son héros, un pseudo avocat qui s'autoproclame détective privé.
19. Figure sous laquelle s'abrite une catégorie masquée, celle du suspect.
20. Il s'agit de sous-genres à travers lesquels se décline le roman policier : le roman policier classique ou encore roman-problème ou roman à énigme (qui valorise l'enquêteur), le roman noir, conçu à partir de la figure du criminel, le roman policier à suspense, bâti du point de vue de la victime. Il arrive qu'à partir de ces sous-genres certains auteurs se livrent à des combinaisons ou qu'ils les fondent en un seul roman que l'on qualifie alors de roman policier total.
21. Dans la mesure où c'est lui qui, au terme du récit, éclaire le lecteur sur l'identité du coupable.
22. Le mystère peut porter sur l'identité du coupable (qui a tué ?) ; sur les raisons du crime (pourquoi y a-t-il eu crime ?) ou encore sur le moment (quand le crime aura-t-il lieu ?)...

roman policier, il y a un crime, violent, facteur d'une narrativité bâtie autour d'une intrigue, dont Paul Bleton affirme qu'elle doit avoir du cœur[23], dans son acception la plus cornélienne. Cœur dont le nerf est le mobile, autour duquel se resserre justement l'intrigue, moteur de la détermination criminelle de l'assassin mû par l'effervescence des débordements de l'affectivité. Du coup, le genre, à travers le mobile, se dote d'un fort potentiel d'explosivité, transformé en lieu d'exacerbation des passions porteuses de cette énergie mobilisatrice dans laquelle réside son universalité. En clair, dans le roman policier, la violence criminelle tient de l'expression tumultueuse des sentiments et se donne à voir comme une fenêtre ouverte sur la psyché humaine. Il est alors question d'une humanité dont le genre dit la tragique condition et que dépeint, dans sa tonalité singulière, le polar de Jacques Savoie dans sa série sur les aventures de son enquêteur, à savoir *Cinq secondes*, *Une mort honorable* et *Le fils emprunté*. En effet, les enquêtes de Jérôme Marceau du SPVM[24] entraînent le lecteur dans les sombres abîmes de la noirceur humaine, symbolisée par la perversité de la figure paternelle[25].

Figure paternelle comme prisme d'une humanité envisagée à l'échelle de la famille ; famille dont le caractère dysfonctionnel, du fait de la présence de *pères pervers*, est ici le moteur de la dynamique criminelle.

---

23. Voir Paul Bleton, « Intrigue, as-tu du cœur ? Lecture, plaisir criminel », Diana Holmes, David Platten, Loïc Artiaga, Jacques Migozzi (dir.), *Finding the Plot : Storytelling in Popular Fictions*, Newcastle Upon Tyne, Cambridge Scholars, 2013, 341 p.
24. Le Service de police de la ville de Montréal.
25. Ce détour par le polar nous a permis de camper les rôles actantiels du genre et de mettre en lumière les dynamiques relationnelles qui s'instaurent entre eux. Notre lecture de ces trois romans policiers de Jacques Savoie s'articule autour d'un de ces rôles, celui du criminel, incarné ici par le père. L'étude ne porte pas sur les caractéristiques génériques du polar de Jacques Savoie (c'est-à-dire déterminer dans quel type de polar se rangent ses romans), mais bien sur la figure du père comme criminel avec tout ce que cela suppose comme complexités dans la question de la relation filiale.

PÈRE DÉVOYÉ...

La première déclinaison de la perversité paternelle chez Jacques Savoie réfère à la question du dévoiement[26]. Père dévoyé, à l'instar de Carl Leclerc dans *Cinq secondes*, engagé dans une relation trouble avec sa fille Brigitte, qu'il entraîne dans l'irrégularité d'une vie de faussaire. Usurpation d'identités[27], faux et usage de faux, contrefaçons de cartes de crédit, trafics en tous genres... : autant d'activités illicites dans lesquelles donne Brigitte sous la houlette de son père, dans l'attente de l'amnistie administrative censée effacer une erreur de jeunesse[28] – qui lui aura valu un séjour en prison à l'âge de dix-sept ans – et lui redonner une virginité sociale, gage d'un nouveau départ dans la vie. Mais à multiplier les identités, Brigitte se perd dans ce tourbillon de folie et fait plutôt la triste expérience de l'aliénation. Prise au piège du système de faux conçu par son père, Brigitte veut exister par elle-même et sa volonté farouche[29] de *s'incorporer* est le signe le plus manifeste de la tentative désespérée de retrouver une identité à travers la seule chose la plus tangible et authentique qui soit, à savoir le corps.

Corps mis à contribution dans une activité autour de la prestation de services liés à la prostitution, destinée à amasser, sous l'identité corporative Brigitte-Julie Inc., des fonds pour le paiement du pardon administratif en vue du rachat social de

---

26. Nous prenons ce mot dans son acception morale, dans le sens d'une personne qui s'est écartée du droit chemin et qui conduit une autre à s'en écarter, qui la pervertit.
27. Elle usurpe l'identité de Julie, sa sœur, morte noyée au Mexique durant sa lune de miel, pour obtenir un emploi dans un centre de la petite enfance ; de même multiplie-t-elle les identités dans le trafic de cartes de crédit initié par son père. Ne pourrait-on pas voir cette inflation de prénoms comme une mimesis de la représentation de la lignée en Acadie qui passe, justement par le prénom ?
28. Initiée dès l'âge de dix-sept ans au braquage par son copain Jimmy Grey, Brigitte avait été arrêtée pour vol à main armée dans un dépanneur (une épicerie de quartier) par nul autre que Jérôme Marceau alors débutant au Service de police de la ville de Montréal, et condamnée à purger une peine de prison.
29. Cette incorporation s'est effectuée en dépit de sérieuses réserves de son père dont la méfiance de faussaire l'amenait à entrevoir les risques d'une entreprise susceptible d'attirer l'attention du fisc et des autorités.

Brigitte. Et si cette tentative est un échec, celui-ci n'a d'autre finalité que d'en souligner davantage le caractère aliénant, du fait de la perversité d'une relation complexe et inédite entre son père (Carl Leclerc), son avocat[30] (Denis Brown) et son amant (Harry, masque patronymique de l'honorable juge Adrien Rochette) : le père qui rémunère l'avocat, lequel rétrocède, dans un complexe circuit financier, l'argent au juge pour les services sexuels à lui offerts par la fille. Perverse quadrature du cercle dont Brigitte est la victime et la découverte de la trahison paternelle dans cette sordide affaire n'aura fait qu'accentuer le désarroi de la victime, poussée à commettre un geste désespéré : l'assassinat de quatre hommes[31] dans une salle de tribunal au palais de justice[32]. Y a-t-il signe plus puissant pour faire le procès de la justice que la fulgurance inouïe d'un acte aussi riche en connotations ?

D'abord en rapport au lieu – un palais de justice qui, par retournement antiphrastique devient un lieu d'(in)justice – et en rapport aux acteurs clés du système judiciaire – tous des hommes, en l'occurrence. Cette particularité ne manque pas d'éveiller, dans l'esprit du lecteur, la subtile association de la loi, incarnée ici par des hommes pourris[33], à la figure du père. Une figure paternelle empreinte de bien des vices : égoïste, abusive et manipulatrice. De

---

30. Censé œuvrer pour lui obtenir le pardon administratif auprès du juge Adrien Rochette alias Harry. Le hic : l'avocat et le juge ont, avec la complicité passive du père, abusé de la naïveté de Brigitte, dans la mesure où les dossiers concernant les demandes de pardon relèvent du tribunal administratif et non de la Cour supérieure – le juge de la Cour supérieure ne servant qu'à signer le dossier et à le transmettre au tribunal administratif qui décide en la matière. Voilà comment le dossier de Brigitte Leclerc sera bloqué dans le bureau d'Harry qui, ainsi qu'il appert dans le récit, va faire chanter Brigitte pour coucher avec « Julie ».
31. Le gardien de sécurité, le témoin de l'accusation, le juge et l'avocat.
32. Elle devait y être jugée pour faux et usage de faux et prostitution. Seulement, les accusations les plus graves, celles de faux et usage de faux avaient, contre toute attente, été levées. Ne restait plus que l'accusation de prostitution, à l'encontre de Julie, sa sœur morte dont elle avait usurpé l'identité. Arrangement derrière les portes closes entre juge et avocat, donc entre hommes, vécu comme la goutte d'eau qui aura fait déborder le vase, que dénonce Brigitte à travers ce quadruple meurtre spectaculaire.
33. Un père dévoyé, un témoin (Gilbert Bois) atteint du VIH (donc pourri de l'intérieur), un avocat marron, comme le signale si bien son patronyme (Brown) et un juge en délicatesse avec son code éthique. À ce propos, son

sorte que dans le premier polar de Jacques Savoie, le crime éblouit le lecteur avec le strabisme du trompe-l'œil, à travers un subtil renversement des statuts actantiels : une coupable-victime et des victimes-coupables.

Dans *Cinq secondes*, le dévoiement de la figure paternelle contribue au carcan oppresseur enserrant la victime (Brigitte) dans une profonde aliénation, dont elle ne peut s'échapper que par la mort violente. Mort violente comme signature d'un crime – un quadruple meurtre en l'occurrence – aux allures de ce que Boileau-Narcejac, en rapport aux personnages de Simenon, qualifient d'« évasion manquée[34] ». En effet, le destin tragique de Brigitte Leclerc n'est pas sans rappeler celui du personnage du coupable chez Georges Simenon, aux accents de « désespoir presque métaphysique », pour reprendre la formule de Boileau-Narcejac[35]. Un personnage qui se débat, poussé par quelque chose de plus profond, de plus existentiel, étant donné qu'il « obéit non pas à des motifs précis, mais à une inclination puissante et informulable, tressée d'instinct et de liberté[36] ». Quête existentielle comme tentative désespérée, tel qu'on le voit avec Brigitte Leclerc qui, en un ultime éclair de lucidité – cinq secondes[37], faut-il le rappeler –, voit clair en elle et décide de mettre un terme à une oppression phallocratique quitte pour cela à recourir à la violence criminelle. Voilà qui fait dire à Boileau-Narcejac que :

---

pseudonyme, à l'instar du patronyme de l'avocat, n'est pas moins riche en connotation, dans la mesure où il renvoie tout aussi bien à la pourriture, en référence au célèbre personnage Dirty Harry du film *L'Inspecteur Harry*. Ce qui crée une chaîne d'associations connotatives : le juge et l'avocat, figures d'autorité associées à la figure du père d'une part ; et d'autre part les différentes facettes de la figure du père elles-mêmes associées à la pourriture, c'est-à-dire à la perversité.

34. Boileau-Narcejac, *Le roman policier*, Paris, PUF, coll. « Que sais-je ? », 1982, p. 74.
35. *Ibid.*
36. *Ibid.*
37. En ce sens, le titre du premier polar de Savoie est très significatif. En effet, le roman s'ouvre sur un fait divers retentissant : le quadruple meurtre suivi de la tentative de suicide de la coupable dans une salle de tribunal de telle sorte que le récit adopte un régime causal, explicatif de ce fait divers retentissant. Ainsi, le récit porte sur une rétrospection articulée autour du phénomène de la mort imminente où la jeune femme voit défiler, en cinq secondes, les événements marquants de son existence.

> tout homme est coupable qui ne réussit pas à se dégager du carcan d'habitudes qui l'étouffe et tout homme est déjà pardonné qui s'efforce, par la violence, de rompre le cercle où l'enferme la médiocre vie quotidienne[38].

En effet, au cœur de ce polar psychologique se trouve la question du pardon. Pardon pour lequel se débat Brigitte afin d'*exister* par elle-même ; mais en même temps pardon comme faille, point de vulnérabilité, devenu source de chantage et de tyrannie. Pardon dont l'obtention, à titre posthume, témoigne de l'empathie de l'enquêteur[39] et par le fait même, du lecteur, face à un crime qui renvoie à quelque chose de supérieur, à « une vérité qui transcende nos idées de morale et de justice[40] ».

La soif de liberté peut revêtir une dimension existentielle comme le montre le parcours tragique de Brigitte Leclerc dans *Cinq secondes* ; tout comme elle peut être motivée par la volonté d'échapper à une tradition cruelle, que l'on veut perpétuer à tout prix, même jusqu'à devenir assassin.

PÈRE ASSASSIN...

Dans *Une mort honorable*, le carcan tient de la pesanteur d'une tradition pluriséculaire, à laquelle se soumet la figure paternelle. Sanjay Singh Dhankhar, malgré son séjour[41] au Canada, précisément à Montréal au Québec, reste le « digne » fils de son Haryana natal, l'un des États les plus conservateurs de l'Inde, avec ses traditions, ses hiérarchies à travers le système des castes et son code basé sur l'honneur. Une tradition incarnée par un père autoritaire, sous le joug duquel ploient Rashmi et Sangeeta, ses

---

38. Boileau-Narcejac, *Le roman policier*, p. 72.
39. Chargé de l'enquête de ce quadruple meurtre, Jérôme Marceau va réussir à élucider cette affaire et à dévoiler tout le tragique de la vie de Brigitte, qui apparaît en fait comme la véritable victime de ses victimes et finira par lui obtenir, à titre posthume, le pardon administratif après lequel elle avait tant couru.
40. Boileau-Narcejac, *Le roman policier*, p. 72.
41. Il arrive au Canada à la faveur d'un stage professionnel d'une durée de neuf mois.

filles. Les deux sœurs vivent pourtant leur présence au Québec comme une bouffée d'air frais, ultime lueur d'espoir d'échapper à un destin programmé d'avance par une tradition cruelle. Rashmi et Sangeeta en marge du code traditionnel de par leur fulgurante occidentalisation : Sangeeta, la cadette, en rébellion ouverte contre l'autorité parentale, multipliant les aventures et allant jusqu'à perdre sa virginité et Rashmi, l'aînée, compromise dans une relation amoureuse avec un jeune québécois, Gabriel Lefebvre, rencontré sur les bancs de l'université.

Si le couple Gabriel/Rashmi ne manque pas d'émouvoir le lecteur par quelque côté romantique, il n'en demeure pas moins qu'il est, du point de vue du père et de la notabilité traditionnelle de l'Haryana, irrégulier. Irrégularité source de honte et d'infamie dans un système social marqué par la prégnance du collectif. Infamie dont on ne peut laver la souillure que dans le sang, comme en témoigne la condamnation à mort de Rashmi prononcée par le conseil des sages, destinée à restaurer l'honneur perdu du clan aux yeux de la collectivité. Alors, plus d'alternative possible pour le père, bras séculier d'une « justice » traditionnelle impitoyable. Voilà qu'au fil du récit, le lecteur se met à redouter le pire, le drame le plus terrible, l'infanticide. Pressentiment de l'ordre du flair, ressenti dès le départ[42] par l'enquêteur Jérôme Marceau dans le regard saisissant de Sanjay Singh Dhankhar. En fait, il semble qu'il s'agisse plus d'un regard d'effroi, à voir comme paradoxale preuve qu'il lui reste encore malgré tout à ce père assassin une once d'humanité.

Revenons au crime, à l'infanticide, commis dans l'anonymat d'un lieu que l'on pense perdu dans la vastitude de l'espace canadien, dans la pragmatique attendue du crime parfait. Mais la méconnaissance de l'assassin des réalités socioculturelles de l'Acadie[43], transformée ici en scène de crime, aura permis à l'enquêteur de mettre la main sur la pièce manquante, mais néanmoins essentielle du puzzle policier : le cadavre. En fait,

---

42. Tout part en fait d'un banal achat de voiture, vendue par Sanjay Singh Dhankhar à Jérôme Marceau, désireux de suivre le périple du héros du roman de Jacques Poulin, *Volkswagen blues*. Prenant possession de la voiture, Jérôme Marceau y découvre une tâche de sang qui va réveiller son instinct d'enquêteur.
43. Où tout le monde est cousin et sait tout sur tout le monde.

il a été question, le long du récit, d'une enquête impossible, qui ne dit pas son nom[44], menée sur la foi d'une intuition, d'un pressentiment, celui de la possibilité de l'existence d'un cadavre. Une enquête à l'origine d'un récit porté à la recherche du cadavre caché. Une enquête atypique sur un crime qui ne l'est pas moins : le crime d'honneur. Notion par trop controversée, le crime d'honneur[45] réfère au choc des cultures, inévitable en cette ère de mondialisation ; crime lié à ce que j'appelle la *hantise de la dépossession*. Sentiment de dépossession de ses valeurs les plus fondamentales dans un monde en pleine mutation et auquel on refuse de s'adapter ni encore moins de se conformer, arc-bouté que l'on est sur une valeur refuge comme l'honneur, centrale dans les sociétés où prime le collectif et que l'on va défendre jusqu'au bout, y compris par la violence criminelle.

Certes, l'hypertrophie du sens de l'honneur peut mener au meurtre, comme on peut le voir avec Sanjay Singh Dhankhar ; toutefois, le déficit d'honneur, s'il ne pousse pas jusqu'au meurtre, incite du moins à s'égarer dans les dédales de l'illégalité, ainsi que le montre le parcours de l'enquêteure chef du SPVM. En effet, Lynda Léveillée se transforme en flic ripou, compromise par goût du lucre dans un trafic de passeports volés[46], révélateur de l'extrême sensibilité des relations politiques[47] entre le Québec et

---

44. Jérôme Marceau est en convalescence après le violent coup de batte de baseball reçu sur la tête au terme de sa première enquête dans *Cinq secondes*. Temporairement hors-service, puisqu'en congés de maladie, il n'est pas habilité à mener des enquêtes.
45. Lire à ce sujet, Élif Shafak, *Crime d'honneur*, Paris, Éditions Phébus, 2013, 416 ; ou Clementine Van Eck, *Purified by blood: Honnour Killings Amongst Turks in the Netherlands*, Amsterdam, Amsterdam University Press, 2003, 352 p. ; ou encore Sharon K. Araji, « Crimes of Honour and Shame: Violence Against Women in Western and Non-Western Societies », The *Red Feather Journal of Postmodern Criminology*, 2000, pour ne citer que ces références.
46. Il est question de cinq mille passeports canadiens subtilisés et destinés à être vendus au prix fort à des Pakistanais.
47. L'affaire des passeports disparus aura révélé une autre, plus sensible, de l'ordre du scandale politique autour du *Protocole de 95*. Il s'agit d'une opération ultrasecrète conçue par les forces souverainistes lors du référendum sur la souveraineté du Québec en 1995. Advenant la victoire du oui, les forces souverainistes promettaient de négocier les conditions de l'indépendance du

le reste du Canada. Arrêtons-nous un tant soit peu sur le symbole même du passeport comme document administratif relevant de la souveraineté et de l'identité nationales, permettant par ailleurs de traverser les frontières, mais transformée ici en vulgaire marchandise susceptible d'être bradée. En effet, on peut voir dans le *deal* entre l'enquêteure chef du SPVM et des membres de la pègre pakistanaise, le signe d'une double trahison : signe de déloyauté d'une fonctionnaire de police québécoise[48] à l'égard du Canada d'une part, et d'autre part, signe d'une trahison vis-à-vis de son éthique professionnelle. Car en franchissant la frontière pourtant étanche entre la police et la pègre, Lynda Léveillée joue avec le feu et accepte de vendre son âme au plus offrant, au risque de se faire démasquer et de disparaître dans le déshonneur[49]. Du coup, la chute de l'enquêteure chef du SPVM revêt une double incidence, psychologique et narratologique à la fois, dans la mesure où il s'agit de débarrasser Jérôme Marceau, l'adjoint, d'une tutelle encombrante, sorte de Surmoi hiérarchique auquel il s'est plié – ne confesse-t-il pas à sa mère avoir fait « la pute[50] » pour sa patronne, prix à payer pour devenir enquêteur adjoint au détriment de bien des collègues pourtant plus aguerris ? – d'une part ; pour le faire exister *pleinement* dans son rôle d'enquêteur d'autre part. Exit Lynda Léveillée, place à Jérôme Marceau.

Nous parlions plus haut d'enquête atypique, à l'origine d'un voyage physique, celui de l'enquêteur au Nouveau-Brunswick, sur les traces de la victime, prétexte d'un voyage intérieur inspiré

    Québec avec les autorités fédérales canadiennes ; mais en marge de cette promesse de négociation, les souverainistes avaient aussi prévu investir et prendre de force les édifices montréalais relevant du gouvernement fédéral. On comprend donc le caractère confidentiel de cette opération digne d'un scénario de roman d'espionnage eu égard au potentiel de scandale dont il regorge.

48. Impliquée dans une opération ultra secrète des forces souverainistes relative à la prise des édifices fédéraux advenant la victoire du oui au référendum de 1995 au Québec.
49. Déshonneur qui la pousse au suicide, comme l'apprend le lecteur au début du troisième roman de la série. À ce sujet, on ne peut s'empêcher de faire le parallèle avec Œdipe qui, face à son double crime, parricide et incestueux, se crève les yeux pour ne pas voir la réalité en face. Lynda Léveillée se suicide pour ne pas faire face à ses propres turpitudes.
50. C'est-à-dire d'être son espion au sein du service et lui rapporter les moindres faits et gestes de ses collègues.

de la lecture du roman *Volkswagen blues* de Jacques Poulin[51]. Voyage intérieur transformé non seulement en enquête à Haute-Aboujagane, mais aussi en pèlerinage pour Florence Marceau, la mère de l'enquêteur, désireuse de voir la mer avant l'ultime voyage dans la dignité. Désir de voir la mer comme ultime moment de plaisir tout en complicité avec son fils que s'offre un personnage qui se sait condamné. En ce sens, comment ne pas penser à la célèbre chanson *Je voudrais voir la mer* de Michel Rivard[52], qui dès lors acquiert une résonance particulière, ou encore au débat public autour de la question des soins de fin de vie en rapport à l'idée de mourir dans la dignité.

De plus, l'Acadie dans le deuxième polar de Savoie est également évoquée à travers une date symbolique, celle de sa fête nationale, le 15 août, date par ailleurs choisie par le couple Gabriel/Rashmi pour la célébration de leur mariage. Et on ne saurait ne pas voir, à travers ce couple, le mythe d'Évangéline surgi de la plume de Longfellow, recyclé ici à l'aune de la mondialisation avec, en prime, une inversion des rôles: Gabriel traversant continents et fuseaux horaires pour se retrouver en Inde à la recherche de... Rashmi. En fait, Savoie procède ici à une désacadianisation des principaux protagonistes du mythe d'Évangeline dans la pragmatique d'un recyclage à vocation universelle; Gabriel apparaissant sous les traits d'un québécois et Évangeline sous ceux d'une jeune Indienne. Ce faisant, Jacques Savoie inscrit ses personnages dans leur époque – celle de la mondialisation, avions-nous dit – propice à la rencontre interculturelle, ce à la faveur de la passion amoureuse, sentiment universel par excellence, mais aussi au choc culturel, susceptible d'allumer, à tout moment, l'étincelle criminelle comme on peut le voir avec Sanjay Singh Dhankhar.

---

51. L'idée du voyage de Jérôme Marceau durant sa convalescence lui est soufflée justement par la lecture du roman de Jacques Poulin dans lequel le héros, au volant de sa Volkswagen « faisait un voyage intérieur, une expédition dans ses souvenirs. En avançant vers nulle part il reculait dans son passé, pour mieux le comprendre mais aussi pour l'oublier ». Jacques Savoie, *Une mort honorable*, p. 16.
52. Auteur-compositeur-interprète québécois, auteur de la chanson *Je voudrais voir la mer*, une des chansons de l'album éponyme *Michel Rivard*, sorti en 1989. Le désir de Florence Marceau de voir la mer avant le grand voyage rentre en résonance avec le refrain de la chanson du chanteur québécois: «Je voudrais voir la mer / Et danser avec elle / Pour défier la mort».

Inscrire ses personnages dans l'air du temps c'est aussi les faire exister dans le réalisme de leur époque, marqué par la prégnance de la modernité technologique à travers l'usage des nouvelles technologies de l'information et de la communication : Gabriel dont le périple romantique en Inde fera la pâture du blogue qu'il crée et alimente ; blogue comme espace d'expression où s'exposent ses états d'âme, mais aussi comme lien, fût-il virtuel, avec Jérôme Marceau et nombre d'autres cyberlecteurs.

Bref, il est question ici d'un récit où quête et enquête se conjoignent au service du rapprochement entre Jérôme Marceau et Gabriel Lefebvre, dans l'amorce d'une relation père-fils. C'est d'ailleurs cette dynamique relationnelle qu'explore *Le fils emprunté*, dernier roman de la trilogie policière de Jacques Savoie.

PÈRE EMPRUNTÉ...

La relation père-fils dans le polar de Jacques Savoie revêt une double dimension. Une dimension en creux, caractéristique de la relation entre Jérôme Marceau et son père, déjà évoquée en filigrane dans *Cinq secondes*, placée sous le signe de l'absence et de l'humiliation. Justal Jeanty, prototype du père absent[53], n'est présent dans la vie de son fils qu'à travers le double signe du handicap : la couleur de sa peau – Jérôme Marceau est métis dans un pays de Blancs – et une infirmité physique – l'atrophie de son bras, séquelle de la consommation par sa mère de la thalidomide durant sa grossesse. L'absence du père est, pour le fils, synonyme d'abandon[54], cause par ailleurs de la consommation médicamenteuse de la mère et donc du moignon qui vaudra au fils de la part de ses collègues, le surnom peu sympathique de « Aileron ». Bref, dans la vie de Jérôme Marceau, Justal Jeanty ne représente qu'une double tache, une double infirmité, physique et pigmentaire. Outre l'absence, l'autre trait marquant de la relation entre Jérôme Marceau et son père est l'humiliation. Remonte alors à la mémoire de l'enquêteur, revenu en arrière dans le temps,

---

53. Justal Jeanty n'aura jamais connu son fils puisqu'il retournera à Haïti après ses études universitaires à Montréal.
54. En choisissant de retourner dans son pays natal, Justal Jeanty abandonne son fils ainsi que la mère de son fils. Du coup, Jérôme portera le patronyme de sa mère qui l'élèvera toute seule.

à l'âge de dix ans, le pénible souvenir de ce ballon de football lancé et qu'il a été incapable d'attraper justement à cause de son handicap. Complicité manquée entre le père et le fils, à la base de la déception du père, soulignée dans cette phrase assassine : « Tu n'es même pas capable d'attraper un ballon![55] »

La mise en contexte de cette relation en creux dans les deux romans précédents éclaire le mobile de la vengeance autour duquel se tisse l'intrigue du dernier roman de la trilogie policière de Jacques Savoie, *Le fils emprunté*. C'est en ce sens que le motif de la vengeance est digne d'intérêt. En effet, symbole de la duplicité du genre, ce motif est naturellement porteur d'un double récit : le *récit absent*, caché, mais à forte teneur mémorielle[56], inscrit dans une dialectique causale à ce que j'appelle le *récit apparent*, celui de la vengeance[57] proprement dite, dont le premier en est le moteur, récit apparent intelligible qu'en fonction du premier.

Envisagé en fonction du contenu, le motif de la vengeance sert ici de conjonction entre père et fils empruntés, c'est-à-dire Jérôme et Gabriel; car si le fils est emprunté, le père ne l'est pas moins. Conjonction comme marque de cette autre dimension de la relation père-fils, facteur de resserrement du rapprochement entre père et fils mutuellement adoptés, et ce, depuis le tragique assassinat de Rashmi. Rapprochement initié au départ à travers la virtualité numérique d'un blogue, et matérialisé ensuite par l'emménagement du « fils » dans l'appartement de la mère décédée du « père » enquêteur. Gabriel se venge par gangster interposé, en faisant tabasser Sanjay Singh Dhankhar, le bourreau de sa fiancée, dans sa cellule de prison. Devenu enquêteur chef[58], Jérôme Marceau – que personne n'ose plus appeler « Aileron » depuis sa promotion – entend laisser tuer un père absent devenu invisible[59] depuis son recentrement religieux comme *Fanmi Baron*, un des

---

55. Jacques Savoie, *Une mort honorable : une enquête de Jérôme Marceau*, Montréal, Libre Expression, coll. « Expression noire », 2012, p. 192.
56. En l'occurrence le récit du souvenir de l'humiliation que raconte Jérôme Marceau à sa mère Florence.
57. Ici, c'est la trame narrative du *Fils emprunté*.
58. Avec la sortie de scène de l'ex-enquêteure chef Lynda Léveillée qui aura préféré le suicide à l'infamie, Jérôme Marceau est promu enquêteur chef du SPVM; promotion prédite par sa mère quelques temps avant sa mort.
59. Les membres de son culte ne l'appellent-ils pas « l'homme sans visage »?

grands chefs spirituels Radas, une des deux grandes familles du culte vaudou. Mais que le lecteur se rassure. L'enquêteur chef du Service de police de la ville de Montréal va retrouver son instinct de flic au terme d'un âpre affrontement discursif avec son « fils » désormais étudiant en philosophie, où le père, coincé dans une impasse rhétorique, est victime de la morale de l'arroseur arrosé[60]. Ainsi la décision de se lancer dans une course contre la montre avec les assassins de son père[61] ramène-t-il au premier plan les deux crimes[62] antérieurs aux allures de meurtres rituels par le supplice du pneu, vécus par la communauté haïtienne comme un profond traumatisme. En fait, le caractère rituel de ces crimes ne sert que d'écran de fumée, habile leurre pour détourner l'attention du véritable mobile des assassins, signe de leur vilénie, la cupidité : détrousser Justal Jeanty, à l'abri du masque patronymique de Georges Nelson Cédras[63] alias Fanmi Baron, d'une fortune colossale, acquise grâce au trafic de cocaïne durant le règne de Raoul Cédras[64].

À ce propos, on ne pourrait passer sous silence, bien qu'en filigrane, une autre relation père-fils ; celle entre le jeune Désiré Dessalines et son père Patrice Loisellière alias Papa Legba, chauffeur et intendant de *Fanmi Baron*. Après vingt ans de loyauté[65]

---

60. En effet, ne se venge-t-il pas lui-même aussi en laissant assassiner son père comme le lui rappelle si bien son « fils » à qui il sert un sermon sur la question de la vengeance ?
61. Prisonnier dans un conteneur à la station d'épuration des eaux usées Jean-R. Marcotte à Rivière-des-Prairies.
62. Il s'agit de deux meurtres survenus dans un hangar souterrain du métro de Montréal inspirés du supplice du pneu souvent utilisé par les militants de l'ANC (African National Congress) en Afrique du Sud durant la lutte contre l'apartheid. Ce qui, au départ, va orienter l'enquête vers la piste sud-africaine, vite abandonnée au profit de celle du règlement de comptes au sein du milieu haïtien.
63. Justal Jeanty adopte le patronyme Cédras par alliance, après son mariage avec la sœur du général Raoul Cédras.
64. Né en 1949, chef d'une junte militaire qui, par un coup d'État, déposa le président Jean-Bertrand Aristide en 1991. Il dirigea Haïti de 1991 à 1994.
65. Cocaïnomane invétéré, Papa Legba a été soigné de sa dépendance par Mambo Freda, prêtresse de *Fanmi Baron* et épouse de « l'homme sans visage ». En signe de gratitude, Papa Legba se mettra au service de *Fanmi Baron* comme chauffeur et intendant, vingt ans durant lesquels il fera preuve d'abstinence par rapport à la consommation de drogue.

vis-à-vis du Baron, celui dont le surnom renvoie au dieu vaudou du passage entre les mondes visible et invisible, n'est plus qu'un homme déchu, entraîné dans une dérive morale et meurtrière par ses complices cocaïnomanes, Ogou Feray et sa femme Yoruba. Et le récit de son fils brisé devant les enquêteurs face à la rechute de son père reste l'un des épisodes les plus poignants du roman, marque, malgré tout, de cet attachement filial que l'on dit indéfectible entre un père et son fils.

Nous parlions plus haut de l'enquêteur, lancé dans une course contre la montre, en lien à l'imminence du dernier meurtre, l'assassinat de son père, censé boucler une série meurtrière inspirée du triangle de la Sainte Trinité. Après le double assassinat dans les tunnels du Montréal souterrain du fils[66] et du Saint-Esprit[67], ne restait plus que celui du père, pour boucler la boucle. D'ailleurs, le polar, comme genre centré sur la mort, ne favorise-t-il pas la mimesis du meurtre du père, inauguré par ailleurs par Œdipe lui-même, figure archétypale du roman policier? Dans *Le fils emprunté*, il est question d'un père assassiné et à qui on ampute, qui plus est, un bras. Amputation à mettre sur le compte de l'expression de la justice immanente, dans la logique de la sadique arithmétique contenue dans la formule de la loi du talion, que le réalisme de la situation amène à réviser par l'expression: œil pour œil, main pour main. Meurtre du père comme condition *sine qua non* pour l'affirmation et l'épanouissement du fils, ainsi débarrassé de toute entrave, qu'elle soit familiale[68] ou professionnelle[69]. Désormais libre d'exister par lui-même, Jérôme Marceau, avec l'élimination de toutes les tutelles, trouve l'autonomie; et comme tout personnage autonome, il est érigé en sujet sans nul besoin de complément[70], promis sans nul doute à de nouvelles aventures.

---

66. Il s'agit d'Anatole Nelson Cédras, fils du Baron et en fait, demi-frère de Jérôme Marceau, que lui avait préféré son père, étant donné qu'il ne souffrait d'aucune infirmité.
67. Personnifié ici par la prêtresse Mambo Freda, épouse du Baron et mère du demi-frère de l'enquêteur.
68. Après la mort de Florence Marceau, sa mère, l'enquêteur perd son père, Justal Jeanty alias Georges Nelson Cédras/*Fanmi Baron*.
69. Avec le suicide de Lynda Léveillée.
70. Allusion à l'ouvrage de Vincent Descombes, *Le complément de sujet. Enquête sur le fait d'agir de soi-même*, Paris, Gallimard, coll. «NRF-Essais», 2004, 540 p.

SE RÉINVENTER...

Notre ambition a été de présenter, dans les limites de cet article, le polar de Jacques Savoie à travers le prisme universel de la relation filiale. Filiation comme balise ramenant l'humanité à l'échelle du microcosme familial. Envisagée sous la perspective policière, et plus précisément dans le polar de Jacques Savoie, cette filiation s'avère problématique avec l'existence de *pères pervers*: père dévoyé, père absent et invisible, voire assassin. En tout cas, la figure paternelle est l'incarnation d'une tradition dont la pesanteur constitue une chape de plomb, facteur d'un univers étouffant dont on ne s'échappe que par la mort. Mort perçue comme «évasion manquée», comme on a pu le voir avec Brigitte Leclerc par exemple; ou comme symbole d'une tradition cruelle, avec Rashmi; mais aussi mort, notamment du père, comme libération, avec l'effacement de la tradition et la possibilité de se (ré)inventer. Se réinventer pour construire soi-même son propre destin, à l'abri de toute charge tutélaire, un peu à l'image de la dynamique relationnelle entre Jérôme et Gabriel, père et fils empruntés qui se sont adoptés mutuellement et qui s'apprivoisent et s'ajustent l'un à l'autre au fil des romans. En somme, si la *filiation* s'avère problématique, *l'affiliation* elle, est porteuse de promesses. Cette subtile dialectique issue du polar de Savoie n'est pas seulement éclairante par rapport à ses protagonistes au sein de la fiction; elle l'est aussi par rapport à lui-même et en cela, elle jette une lumière nouvelle sur son expatriation. Cette adéquation entre ce que l'épistémè de la critique classique appelait l'homme et l'œuvre, animée du souffle de la réinvention de soi, permet alors à Jacques Savoie, à partir du populaire et principalement du polar, d'ouvrir, pour la littérature acadienne, l'une des voies les plus prometteuses de la modernité, lui permettant ainsi de passer de l'exiguïté à ce que j'entrevois comme une *littérature de la traversée*.

VICTOR-LÉVY BEAULIEU SUR JAMES JOYCE : LA TOUR DE BABEL RÉINVENTÉE

Myriam Vien
Université McGill

*Toute écriture ne fait jamais
que creuser le lit d'écritures autres*[1].

Il suffit de survoler la liste (d'une longueur toujours impressionnante) des publications de l'écrivain québécois Victor-Lévy Beaulieu pour se faire une idée de son panthéon littéraire et des illustres écrivains qui y sont consacrés. Victor Hugo, James Joyce, Herman Melville, Léon Tolstoï, Voltaire, Jacques Ferron et Jack « Kérouac » (orthographié avec un accent aigu) figurent comme autant de demi-dieux adorés à qui ce disciple féru paye tribut dans une série de « lectures-fictions », sortes de biographies intuitives et romancées, qui s'offrent en outre comme un miroir réfléchissant sur sa propre pratique d'écriture. En écrivant et en s'inscrivant dans la vie et l'œuvre de ses « pères » littéraires, Victor-Lévy Beaulieu revendique l'héritage colossal de ces géants de la littérature dans le but d'abattre les frontières qui condamnent la littérature québécoise dans sa petitesse. Au cœur de ce vaste projet, à la croisée de la lecture et de l'écriture, se creuse en filigrane une pratique intertextuelle fondée sur le pillage et l'absorbation de l'Autre, sur laquelle s'appuie en somme toute l'œuvre de Beaulieu : « Écrire, ce n'est pas très difficile, surtout quand je suis comme je suis, capable d'absorber n'importe quoi, le ridicule et le sublime, le dénaturé et le dérisoire[2]. »

---

1. Victor-Lévy Beaulieu, *N'évoque plus que le désenchantement de ta ténèbre, mon si pauvre Abel*, Montréal, VLB éditeur, 1976, p. 111.
2. Victor-Lévy Beaulieu, *Monsieur Melville*, tome I, *Dans les aveilles de Moby Dick*, Montréal, VLB éditeur, 1978, p. 20.

Si le rapport d'émulation et d'admiration qu'il noue avec ses auteurs fétiches ne semble jamais aussi fort qu'avec Victor Hugo – à qui il emprunte d'ailleurs le prénom – Beaulieu confie néanmoins : « [aucun] écrivain ne m'a autant enthousiasmé […] pas même Victor Hugo, ni Jack Kérouac, ni Herman Melville, ni Jacques Ferron, ni Yves Thériault, puisque Joyce en son écriture est l'un et les autres, si solidairement lui-même et si solidairement tous les autres[3] ». Subjugué par le génie de Joyce, Beaulieu conçoit la démarche de ce dernier comme l'affirmation d'une volonté de puissance totalisante, puissance qui le séduit du fait, surtout, que Joyce est irlandais et donc issu d'une nation qui a longuement ployé l'échine devant la couronne britannique, au même titre que le Québec. Parce que Beaulieu nourrit l'ambition « d'être beaucoup », selon ses termes, de déborder les limites de la pensée et du langage auxquelles le confine son « pays-pas-encore-pays », c'est donc à la hauteur de l'œuvre de Joyce qu'il place son entreprise d'écriture. Comme le note Robert Dion, « pour Beaulieu, c'est le privilège de l'écrivain du pays inexistant que de pouvoir recommencer les grands chefs-d'œuvre universels : en l'absence d'une culture forte, l'écrivain en territoire équivoque s'assimile en effet à une sorte de pure instance médiumnique à travers laquelle les dieux – Melville, Hugo, Joyce – parlent directement[4] ». Beaulieu se donne ainsi le mandat de réinvestir et de reprendre les projets littéraires de ces grands auteurs, de relayer leurs ambitions et de refaire les chefs-d'œuvre laissés en plan, mandat qu'il ne peut mener à bien à moins de se fondre entièrement dans la vie et l'œuvre de ceux-ci. Jean Morency, dans son article « Américanité et anthropophagie », explore les mécanismes d'appropriation à l'œuvre dans *Monsieur Melville*, l'essai que consacre Beaulieu à l'auteur de *Moby Dick* :

> L'écrivain du pays équivoque devient ainsi le réceptacle de tous les discours, de tous les textes, de tous les mots. Il se tient au milieu d'une multitude de langages étrangers, dans un espace

---

3. Victor-Lévy Beaulieu, *James Joyce, l'Irlande, le Québec, les mots*, Montréal, Éditions du Boréal, 2010 [2006], p. 1037. Désormais, les références à cet ouvrage seront indiquées par le sigle *JJ*, suivi du folio, et placées entre parenthèses dans le texte.
4. Robert Dion, « VLB, la langue de Joyce », *L'Action Nationale*, vol. XCVII, n°s 5-6, mai/juin 2007, p. 77.

absent et un temps aboli parce que privés du support d'un projet national clairement établi. L'écrivain du pays équivoque n'existe finalement que dans les mots qu'il dévore inlassablement, dans une vacance géographique et historique parfaite[5].

Cette dynamique imprègne également *James Joyce, l'Irlande, le Québec, les mots*, dans laquelle le romancier Abel Beauchemin, alter-ego de Beaulieu, travaillant à écrire un essai sur Joyce, se confond dans l'œuvre et l'existence de l'écrivain adulé, affirmant s'être « reconnu [en Joyce] dans un certain nombre de coïncidences » (*JJ*, 360).

Des analyses antérieures de *James Joyce, l'Irlande, le Québec, les mots*, réalisées dans le cadre d'un numéro spécial de *L'Action Nationale*, ont soulevé de quelle façon le parcours de Joyce, mis en relation avec les enjeux linguistiques et nationaux de son Irlande natale, permettent à l'écrivain québécois de formuler des pistes de sortie quant aux impasses de son propre projet d'écriture. Si les questions de l'expérimentation langagière et du renouvellement du français prennent souche ainsi au cœur de l'œuvre, celles-ci sont traversées par une métaphore babélique qui informe tout le programme littéraire de Beaulieu, et que la critique ne fait pourtant que relever au passage. Nous nous proposons ici de creuser davantage cette problématique, en démêlant d'abord cette toile de correspondances établies dans le texte entre la vie d'Abel et celle de Joyce, entre le monde québécois et le monde irlandais, pour dégager le régime symbolique qui les infère. À dessein de connecter son roman familial, pilier de son entreprise personnelle, avec l'œuvre de Joyce, Beaulieu met en rapport les figures du père et de la mère dans son œuvre avec les thèmes de l'écriture et du pays. Un réseau de coïncidences se tisse alors ; ventriloquie, imitation et procédés de dédoublement participent de cette campagne d'assimilation par laquelle Beaulieu entend incorporer tout Joyce. Car ce n'est pas seulement l'acte d'écriture qui rapproche Abel de Joyce, c'est aussi le paysage socio-politique dans lequel chacun évolue et qui offre à bien des égards – c'est Beaulieu qui l'assure – de frappantes similitudes. Ce parcours comparatif entre l'Irlande de Joyce et le Québec d'Abel est donc

---

5. Jean Morency, « Américanité et anthropophagie littéraire dans *Monsieur Melville* », *Tangence*, n° 41, 1993, p. 58.

l'occasion de greffer le projet romanesque de Beaulieu, qui se trouve alors dans une impasse, à celui de Joyce. Nous verrons également, dans un deuxième temps, comment ce phénomène d'appropriation se cristallise autour de la notion d'exil, qui devient une façon pour Beaulieu / Abel de franchir les frontières de l'exigüité québécoise en plaçant son entreprise d'écriture sous l'égide de l'auteur d'*Ulysse* et de *Finnegans Wake*. L'écrivain fait sienne la démarche langagière de Joyce et ambitionne de créer à son tour un langage révolutionnaire qui puisse affirmer l'autonomie de la littérature québécoise, une condition qu'éclaire également la métaphore babélienne filée tout au long de l'œuvre. Enfin, le dernier tiers de notre étude se consacrera à observer, à partir du mythe de la Tour de Babel, visitée par Beaulieu à travers Joyce, comment le travail sur les mots devient un lieu de rapprochement entre les deux écrivains.

DE LA VERTE ÉRIN À LA BELLE PROVINCE

Dans cet ouvrage colossal, sur plus d'un millier de pages, l'écrivain relate l'histoire politique et sociale de l'Irlande ; déplie, fasciné, sa foisonnante mythologie et les sagas qui la composent ; et rend compte de la vie et l'œuvre de James Joyce. Le récit, en forme de salut à ce père littéraire qu'il place au-dessus de tout, s'ouvre sans hasard à l'occasion des funérailles du père biologique d'Abel, qui rassemblent toute la tribu des Beauchemin dans la grande maison des Trois-Pistoles. Cette entrée en matière dévoile aussi implicitement l'autre mort mise en scène dans le roman : celle du grand projet d'écriture d'Abel, de ce « livre de la plus haute autorité » qu'il devait rédiger avec son père et dont le titre anticipé, « La Grande tribu », est bien connu du lectorat de Beaulieu. « Tu devais écrire un roman avec notre père. Pourquoi ne pas l'avoir fait ? » (*JJ*, 24) s'enquiert Steven, le frère poète, ce à quoi Abel répond : « Je ne veux pas parler de ce qui a été infaisable pendant vingt ans, le pays en son territoire comme l'écriture en sa plus haute autorité » (*JJ*, 24).

Comme le souligne Stéphane Inkel, la figure du père, dans l'œuvre de Beaulieu, est toujours placée à côté de l'écriture : c'est l'adjuvant nécessaire à la réalisation du Livre. De fait, dans *James Joyce, l'Irlande, le Québec, les mots,* tout porte à croire que

« le projet de *La grande tribu* [se] voit explicitement abandonné, comme si mettre en scène la mort du Père et faire de sa lecture-écriture de Joyce la lente traversée du deuil, c'était surtout faire le deuil du Livre qui désormais restera bel et bien à *venir*[6] ». Ainsi, plutôt que de donner suite à cette *Grande Tribu*, projet du fils et du père remisé dans les limbes de la création, Abel se penche sur les livres qu'il a fait relier couleur vert-pituite, couleur de la vieille Irlande, qui l'aideront à écrire son ouvrage sur Joyce.

En parallèle avec son ambitieux programme irlandais, le livre explore aussi la relation conflictuelle entre Abel et sa mère « reptilienne ». Décrite comme une femme austère qui eut horreur de se soumettre au devoir conjugal et d'enfanter 12 fois alors qu'elle rêvait d'être religieuse, la mère reptilienne devient aussi, par analogie, le symbole du Québec, d'un pays qui se refuse, qui résiste à sa propre libération. La présence de la mère reptilienne dans la maison d'Abel, source de tensions, donne prétexte à une série d'invectives fantasmées par le narrateur :

> tu n'en voulais plus d'enfants, ni fils ni filles, tu avais suffisamment donné à l'amère patrie, une bouche de plus et de trop à pourrir, pourquoi faire et pourquoi s'y faire. Meurs, incompétente mère reptilienne ! Tu ressembles tellement à ce pays en son exil intérieur, un trou béant, aveugle, aveuglant, pire qu'en contrée irlandaise et shamrock, vert-pituite ! Meurs ! Meurs donc, imparrissable truie québécoise ! (*JJ*, 1032)

Comme l'Irlande, que Beaulieu compare plus loin à une « truie dévoreuse de sa portée », le Québec, rongé en son sein par l'exil intérieur, s'incarne dans la figure de la mère reptilienne. Ces images d'une maternité vue comme agressante rendent compte d'un rejet de la matrice (de la mère comme de la patrie), comparée à un « trou béant, aveugle, aveuglant » qui brime, qui empêche, et dont il faut se libérer. Ce procès symbolique intenté à la mère tend à faire du roman familial d'Abel (et de celui de Joyce) une métaphore du pays et de son histoire : « Pour Joyce – déclare Abel – l'Irlande ne constituait qu'une extension de sa propre famille. Collectivement, les gens de sa race étaient des

---

6. Stéphane Inkel, « Visages de *La grande tribu* », *L'Action Nationale*, vol. XCVII, n°s 5-6, mai/juin 2007, p. 110.

aliénés religieux et politiques, qui n'avaient rien appris du passé, qui s'entredévoraient, comme cette truie qui mangeait ses petits et qui devint pour l'Irlande l'image même de son pays » (*JJ*, 299-300). En soumettant l'Irlande de Joyce et le Québec d'Abel à un examen parallèle, l'écrivain québécois trace un certain nombre de correspondances. Systématisées, ces comparaisons se rassemblent autour de deux facteurs d'aliénation, la religion et la colonisation, responsables selon l'écrivain d'avoir assombri le destin des deux nations, et desquels découleraient l'intrusion hégémonique du clergé catholique dans la vie familiale, la division du peuple face au conquérant, un penchant incontrôlable pour la dive bouteille, l'inceste et l'hygiène dentaire défaillante comme pathologies partagées. Soulignant chaque similitude entre l'Irlande pliée par le joug britannique et la Nouvelle-France sous l'occupation anglaise, Abel déclare : « Je suis Québécois, dans un pays anglophone qui s'appelle le Canada et que je ne considère pas comme étant mien. Je ne suis pas bilingue et c'est par choix que je ne le suis pas. À bien des égards, le monde qu'a connu Joyce en son enfance et dans sa prime jeunesse ressemble au mien » (*JJ*, 955-956). Le partage d'une défaite historique face à l'Empire britannique et une impuissance commune à faire l'indépendance seraient donc les causes de la dégénérescence de ces deux peuples, de leur incapacité à faire l'histoire et à « habiter » véritablement le territoire qu'ils occupent. « Comme les Irlandais, nous n'avons pas encore de pays vraiment à nous » (*JJ*, 226) mentionne Abel, ajoutant plus loin :

> Si l'Irlande et le Québec se ressemblent tellement et paraissent ne devoir arriver jamais à leurs grosseurs, c'est qu'ont manqué l'idée fixe, l'obsession, la compulsion, la manie et la hantise chez O'Connell, Parnell, De Valera, Louis-Joseph Papineau, René Lévesque et Lucien Bouchard. [...] Ainsi la circonstance n'est-elle jamais devenue événement. Sans événement, aucune possibilité pour le génie collectif de se fonder en Histoire. Sur le seuil de la Terre promise, éternellement. Désastreusement. Entre le père impuissant et la mère reptilienne. (*JJ*, 331)

Le père impuissant, c'est l'absence d'hommes fondateurs, l'échec des héros populaires, la déroute des politiciens sans ambition. La mère reptilienne, c'est l'oppression cléricale sur les peuples québécois et irlandais : « penser à ma mère, c'est encore penser à l'Irlande, à cause de la religion qui a orienté leurs destinées à l'une et à l'autre, ma mère, cette bonne sœur clarisse empêchée, l'Irlande, ce pauvre pays cloué à l'envers sur la croix de Saint-André » (*JJ*, 145-146). Or même si l'Irlande et le Québec partagent un héritage judéo-chrétien et un passé politique communs, le narrateur insiste sur le fait que la légendaire combativité irlandaise n'a jamais été l'apanage des Québécois :

> N'avons jamais été vindicatifs comme les Irlandais. Absence de mythes fondateurs grâce auxquels se crée le monde. Sans mythes, il n'y a pas de héros qui [...] déplacent les montagnes, occupent le territoire et le subordonnent à la pensée, au rêve et à la passion. Pendant deux cents ans, notre littérature n'a fait que décrire cette absence. Pour la pallier, la Dévotion chrétienne, le Missionnaire comme héros, la Parole comme exutoire. De préférence loin à l'étranger. Nous n'attendions plus le Révolutionnaire, mais le Prophète et le Messie. (*JJ*, 208)

À défaut de mythes fondateurs sur lesquels s'appuyer, le Québec aurait comblé son manque de culture et d'histoire en accordant à la religion catholique une prise immense sur sa destinée : « Nous n'avions pas de mythologie derrière nous, sauf ce qu'il nous en restait de la mère-patrie dont nous fûmes coupés pendant cent ans. On ne lisait guère Rabelais, mais davantage Bourdaloue et Lacordaire » (*JJ*, 148). Le Bas-Canada aurait pu autrement se nourrir de la mythologie amérindienne « qui, par tant de côtés rejoint la mythologie de la vieille Irlande » (*JJ*, 148), pourtant, « furent rendus silencieux à jamais les sauvages Souriquois, Malécites et Micmaques. Ils avaient une mythologie, mais les affreux jésuites et les affreux sulpiciens en firent un commerce de fourrures » (*JJ*, 125). En réveillant dans son essai les mythes de la Verte Érin, Beaulieu entend se tailler une place dans le sillage de Joyce, dont l'écriture totalisante, qui délie la sonorité du sens des mots, prendrait racine selon lui dans les sagas irlandaises. Plus encore, en récupérant la vie de Joyce, à bien des égards si proche de la sienne se plaît-il à rappeler, et en s'appropriant son discours, Beaulieu rassemble les conditions nécessaires pour provoquer, au Québec, l'avènement simultané du mythe, du pays et d'une littérature véritablement nationale. Or le projet littéraire d'Abel

Beauchemin prévoyait déjà que l'écriture de *Monsieur Melville* permettrait à *La Grande tribu* d'advenir, le livre-fondement ou, pour reprendre l'expression de Beaulieu, «l'œuvre abolissant toutes les autres parce que, d'un seul coup, donnant tous leurs sens aux autres[7]», ce qui, malgré le pillage de l'œuvre de Melville, n'eut pas l'heur d'arriver. Avec Joyce cette fois, y parviendra-t-il?

AUTOUR DE LA NOTION D'EXIL

C'est le parcours de Joyce l'écrivain exilé, quittant la contrée irlandaise pour mieux y revenir par les mots qui fascine le plus Beaulieu: «Il faudra plusieurs années d'exil à Joyce pour passer de la dégénération à l'acceptation de cette Irlande folklorique sur laquelle il écrira quelques-unes des pages les plus fulgurantes de *Finnegans Wake*. En fait, l'attitude du jeune Joyce n'est pas exceptionnelle en pays conquis et colonisé» (*JJ*, 117). Du point de vue de Beaulieu, Joyce est le «plus grand écrivain du vingtième siècle» parce qu'il «envoya se coucher le langage anglais comme nul ne l'avait fait avant lui et comme nul ne le fit depuis» (*JJ*, 51), mais Joyce est aussi – et surtout – «un écrivain irlandais que l'infaisabilité de son pays désolait au point qu'il en est parti à vingt ans et n'y est plus retourné, même pour mourir. Un exilé dans la nuit européenne, alcoolique, dont la fille devient folle, et qui sombra aveuglé, d'un ulcère au duodénum alors qu'il n'avait pas encore soixante ans» (*JJ*, 52). L'exil serait donc autant une situation qu'un sentiment, lié à l'infaisabilité du pays, et c'est pourquoi Beaulieu se perçoit lui-même comme un *exilé intérieur*: «Exilé, Joyce le fut, toute sa vie d'homme hors de l'Irlande, tandis que moi, Québécois mal armé, perméable et maniable, ne subsiste que dans l'exil intérieur, en ce pays qui n'en est pas un, colonisé de l'intérieur, aliéné en ses provinces, comme s'il n'y avait rien dans l'air du temps […]» (*JJ*, 806). L'exil, réel ou ressenti, constitue la clé de voûte de l'entreprise d'émulation de Beaulieu à l'égard de Joyce, et renvoie aussi implicitement à la métaphore babélienne qui infiltre l'essai: une fois le projet de la Tour forcé à l'abandon, ses bâtisseurs, châtiés par Yahvé qui confond leurs langages, doivent

---

7. Victor-Lévy Beaulieu, *N'évoque plus que le désenchantement de ta ténèbre*, p. 142.

se disperser. Le châtiment divin ne peut être plus clair : il s'agit de punir le peuple désobéissant de son hybris, qui le poussa à désirer la verticalité, à s'élever au-delà de sa condition terrestre, alors que Dieu avait expressément ordonné l'horizontalité aux êtres humains, qui devaient se multiplier afin d'habiter toute la terre.

De fait, le désir irrépressible de l'écrivain québécois d'usurper l'identité convoitée l'incite à y projeter ses propres obsessions, dont certaines, il faut dire, ne sont pas des thématiques étrangères à l'œuvre de Joyce, à savoir la religion, la pauvreté intellectuelle, la sexualité exacerbée, l'inceste, la violence, la folie, la tribu familiale, les excès langagiers, pour n'en nommer que quelques-unes. Or Beaulieu ne se contente pas d'établir un rapport purement textuel avec son écrivain favori et son admiration pour lui est tout sauf passive. Comme le remarque Michel Biron dans son article « VLB au pays des géants », qui traite du rapport de l'écrivain québécois avec Melville et Joyce : « Il s'identifie à eux, habite leur corps et s'approprie leur vie comme leur œuvre avec la violence de l'instinct. Mais surtout, il confronte leur biographie à son propre roman familial, il les ramène à lui au prix d'une formidable projection de soi[8] ». Plusieurs critiques ont rapproché la démarche de Beaulieu de l'*anthropophagie culturelle*[9], concept développé par le poète brésilien Oswald de Andrade dans lequel celui-ci prône l'ingestion symbolique du colonisateur, affirmant la modernité de son pays dans un processus de dévoration esthétique et politique qui consiste non pas à singer la culture européenne, mais à la *manger*, à l'assimiler pour en forger sa propre déclinaison. Il y a bel et bien dévoration dans l'œuvre de Beaulieu : les métaphores cannibales abondent et la pratique même du biographe, qui détient quelque chose du compilateur boulimique, ingérant de nombreux ouvrages de références pour en absorber toutes les données, renvoie à cette symbolique. Or il faut aussi reconnaître, à la suite de Biron, que la forme d'assimilation pratiquée dans l'ouvrage sur Joyce s'apparente fortement à de

---

8. Michel Biron, « VLB aux pays des géants », *Études françaises*, vol. 45, n° 3, 2009, p. 27.
9. Concept développé par Oswald de Andrade dans son *Manifesto Antropófago* (1928). Voir Oswald de Andrade et Suely Rolnik, *Manifeste anthropophage/Anthropophagie zombie,* Paris, BlackJack Éditions, coll. « Pile ou face », 2011 [1928], 108 p.

la ventriloquie. La figure de Joyce ne disparaît pas, ingérée par Beaulieu; c'est plutôt lui qui se cache derrière elle pour tirer les ficelles, prêtant à l'écrivain irlandais des paroles qui lui permettent de la sorte de mettre en mots son propre projet.

C'est ce qui fait dire à Abel: «Je m'appelle James Joyce, je m'épelle Irlandais, j'ai pelleté *Ulysse*. J'ai quarante ans et je veux maintenant écrire l'histoire du monde, rien de moins» (*JJ*, 725). Cette histoire du monde, c'est *Finnegans Wake*, «l'œuvre la plus dévastatrice qui soit contre la Grande-Bretagne» (*JJ*, 270), puisqu'à travers l'écriture de Joyce, s'émerveille-t-il, on accède «au pays souverainement irlandais». C'est pour cette raison qu'à côté de Joyce, Beaulieu fait intervenir la figure de Réjean Ducharme, «ce génie de la langue québécoise», qui déploie «une prose aussi enjouée que celle de *Finnegans Wake*, comme un formidable coup de tonnerre mettant fin à la nuit canadienne-française et à ses deux siècles d'écriture en ternes couleurs pastichantes» (*JJ*, 317). Ducharme et Joyce, mis tous deux sur le même plan, sont des réformateurs du langage, et ce n'est donc pas pour rien qu'Abel, se remémorant son séjour à Paris, note la présence de *L'avalée des avalés* dans la vitrine d'une librairie, alors qu'il y entre justement pour se procurer un exemplaire du *Ulysse* de Joyce. Il faut encore souligner la sélection opérée par Beaulieu parmi les sources retenues et la matière ingérée: les éléments «pigés» ou piqués chez d'autres, mis en relief dans son œuvre, renvoient culturellement, symboliquement et politiquement à la réalité québécoise, ou du moins, à ses manques.

Parce que l'Irlande et le Québec sont deux sociétés qui restent selon lui toujours en deçà d'elles-mêmes, incapables, faute d'espace intérieur, de donner corps à leur destin, il faut créer cet espace avec les mots – et avec des mots nouveaux, suivant l'axiome célèbre de Joyce: «Nos mots doivent changer parce que les temps changent» (*JJ*, 660). C'est donc par la voie de l'expérimentation langagière que Beaulieu espère sortir de l'exiguïté, nourrissant le rêve d'écrire un *Finnegans Wake* québécois. Faire éclater les barrières du langage, ne pas limiter l'expression au sens, à la communication, tel semble être le mandat que Beaulieu, à la suite de Joyce, s'impose, s'exerçant à métamorphoser le langage à la manière de son idole, mais de façon éparse, loin d'étendre cette démarche d'écriture à l'ensemble de l'œuvre. Aussi à la fin et au début de chaque chapitre trouvet-on de courtes phrases écrites dans un style pastichant Joyce, avec un résultat plus ou moins convaincant. Bruno Roy, dans son article « Des mots pour venir au monde », questionne la qualité de cette pratique : « Cabotinage, prétention et extravagances typographiques dont le sens n'appartiendrait qu'à VLB lui-même? À moins d'admettre, dès le départ, une originalité de la forme, cette mécanique langagière conduit parfois à une déformation insignifiante du mot[10]. »

Au-delà de ces expérimentations ratées, où la permutation des syllabes et les jeux de mots stériles réaménagent le sens avec un succès douteux, la pratique d'écriture de Beaulieu est beaucoup plus concluante dans son approche du matériau langagier québécois. Archaïsmes, régionalismes et néologismes formés à partir d'un bagage linguistique français, anglais et amérindien, circulent joliment et avec fluidité dans l'écriture de Beaulieu dans le but avoué d'inventer un langage proprement québécois. « Je fais toujours usage de la langue de mes ancêtres français – dit Abel – langue que j'ai su enquébécoiser pour qu'elle parle de ce que je suis vraiment et non pas pour qu'elle singe une culture qui n'est plus tout à fait la mienne » (*JJ*, 958) parce que, ajoute-t-il plus loin, « Être Québécois, c'est reprendre langue afin que je puisse tout dire dans des mots, un rythme et une sonorité faisant état de ma singularité. Joyce m'est donc non seulement utile, mais nécessaire » (*JJ*, 958).

Le texte de Joyce se voit non seulement assimilé par l'effort de mimétisme qui pousse Beaulieu à copier le style joycien, mais également par la traduction à laquelle ce texte est soumis dans *James Joyce, l'Irlande, le Québec, les mots*, où presque tous les extraits des œuvres de Joyce retrouvés dans l'épais volume sont transcrits en français. Annie Brisset, dans *Sociocritique de la traduction*, suggère que le texte étranger est *naturalisé* par la traduction qui l'introduit dans la société, réalité d'autant plus prégnante dans le cas québécois, où l'étranger est souvent vu comme une « anti-valeur[11] » :

---

10. Bruno Roy, « Des mots pour venir au monde », *L'Action Nationale*, vol. XCVII, n°s 5-6, mai/juin 2007, p. 67.
11. Annie Brisset, *Sociocritique de la traduction. Théâtre et altérité au Québec*, Montréal, Éditions Le Préambule, coll. « L'Univers des discours », 1990, p. 70.

> Dans la société québécoise encore peu certaine de son identité, la traduction remplit d'abord une fonction spéculaire de nature à légitimer le discours constitutif de la représentation sociale, en lui apportant de l'extérieur des appuis qui le confortent [...]. Dans une société où la littérature a partie liée avec le politique, où l'on proclame que l'existence même de la «nation québécoise» est subordonnée à celle d'une littérature propre, le travail de traduction recoupe celui de l'écriture : consolider les idéologèmes de la représentation sociale, notamment dans ses dimensions historiques et politiques. Cela même implique une mise entre parenthèses de l'altérité fondamentale du texte étranger, appelé à cautionner la représentation du fait québécois[12].

Cette question de l'irruption de la langue étrangère dans le texte est habilement contournée par l'écrivain québécois : si le code linguistique de la langue de Joyce lui demeure largement inaccessible[13], la traduction démultiplie le sens de l'œuvre et la rend dès lors universelle. En traduisant le texte joycien et en l'intégrant dans son œuvre, Beaulieu le naturalise et le rapporte au projet national québécois. Le discours de Joyce se voit donc incorporé et expurgé de son étrangeté. De la même façon, le jeune Abel s'accroche aux mots français attrapés au fil de sa lecture pour tâcher de comprendre *Finnegans Wake*, long et minutieux décryptage qui s'insère également dans le processus d'appropriation de l'œuvre, intimement lié au vécu du narrateur :

> À partir d'un mot, d'un fragment de phrase et, parfois, de la phrase entière, je me constituais moi-même histoire du *Wake* en l'histoire du *Wake*, je m'inventais. Il m'arrivait de mettre des noms québécois à la place des noms irlandais, de rebaptiser en Boisboucache (la rivière de mon pays natal) la Liffey, de

---

12. *Ibid.*, p. 252-253.
13. Même s'il avoue ne pas bien lire l'anglais, Beaulieu compare trois traductions de *Finnegans Wake* et analyse dans chacune le mot choisi pour traduire *riverrun* : «Évidemment, je ne fais que m'amuser, car, et c'est bien malgré moi, je suis juste assez bilingue pour sentir qu'*erre-revie* n'est pas le mot qui convient pour l'ouverture de *Finnegans Wake*. Mais je ne suis pas suffisamment bilingue pour proposer vraiment celui qui ferait *roue carrée, et parfaitement*» (*JJ*, 963-964).

substituer Montréal à Dublin, le père Brébeuf à saint Patrick, le comté de Rivière-du-Loup au comté de Galway, le cap Tourmente au cap Horth, le golfe du Saint-Laurent à la mer d'Irlande, Honoré Mercier et Louis-Joseph Papineau aux libérateurs O'Connell et Parnell. J'aurais voulu recréer le *Wake* en l'enquébecquoisant, car, le répéterai-je encore, il n'avait été écrit que moi et m'indiquait la route à prendre si je voulais me féconder et renaître et par cela même obliger mon pays-pas-encore-pays à en faire autant. (*JJ,* 971)

Par l'acte de lecture comme par la traduction du texte, Abel recrée lui-même l'œuvre de Joyce, lui donne un sens et la revendique comme sienne. S'il fonde même le fantasme d'écrire un *Finnegans Wake* à partir de ces bribes, c'est que le projet de Joyce, « hénaurme architecte du langage », permet précisément ce réaménagement du sens par la transformation des mots, projet que Beaulieu/Abel associe à une tentative de « réinvent[er] la Tour de Babel » (*JJ,* 456).

BABEL OU L'INACHÈVEMENT[14]

Si le terme *Babel* évoque au sens commun l'idée de la confusion des langues et de la dispersion des peuples sur la terre, ce n'est là, pourtant, qu'une seule des interprétations possibles d'un texte biblique très bref, « d'une trompeuse clarté[15] », abondamment glosé avec les âges et sujet de ce fait à des connotations variables. Le mot en soi découle d'origines ambiguës, de la multiplicité de significations qui lui ont été accolées. L'étymologie, déjà, renvoie à deux sources distinctes : l'une akkadienne et l'autre hébraïque. *Bab-ili* ou *Bab-îlu* en akkadien, plus proches morphologiquement de *Babel*, signifient la « porte de Dieu[16] », tandis que le mot *Bâlal* en hébreu reflète plutôt l'idée de « confusion[17] » ou de

---

14. Nous empruntons ici le titre d'un ouvrage de Paul Zumthor : *Babel ou l'inachèvement*, Paris, Éditions du Seuil, 1997, 227 p.
15. *Ibid.*, p. 11.
16. *Ibid.*, p. 49.
17. Hubert Bost, *Babel : du texte au symbole*, Genève, Labor et Fidès, 1989, p. 75.

« confondre[18] ». Le texte biblique donne crédit à cette dernière explication en établissant un lien causal entre le projet babélien et les conséquences auxquelles il donna suite : « C'est pourquoi on l'appela du nom de Babel. Là en effet, Iahvé confondit le langage de toute la terre et de là Iahvé les dispersa sur la surface de toute la terre[19] ». Pour Catherine Khordoc, il est clair que l'extrait de la Genèse joue sur les deux étymologies possibles du mot *babel* :

> Si le nom de Babel a été donné à cette ville et à cette tour, c'est pour renvoyer, d'une part, à la confusion qui régnait lorsque la langue a été confondue et que le peuple a été dispersé ; d'autre part, cette ville était consacrée à Dieu, puisque le peuple voulait atteindre les cieux en construisant une tour aussi haute. On a donc attribué la confusion entre *Bâlal* et *Bab-ili* à un jeu de mots où la « porte de Dieu » est également le lieu de « confusion »[20].

Pour sa part, Voltaire, dans l'entrée « Babel » de son *Dictionnaire philosophique,* affirme qu'« il est incontestable que Babel veut dire confusion[21] », souscrivant à l'idée générale qui est accolée encore aujourd'hui au terme. Or, une autre source de confusion étymologique est identifiée dans l'article de Voltaire qui fait remarquer que, dans les langues orientales, « *Ba* signifie père [...] et *Bel* signifie Dieu[22] ». Jacques Derrida, dans un texte intitulé « Des tours de Babel », abonde dans le même sens : *Babel* signifie aussi « le nom du père, plus précisément et plus communément, le nom de Dieu comme nom de père[23] ». Un sens à ne pas négliger, considérant surtout le rôle titulaire que Joyce joue dans l'œuvre de Beaulieu, et sur lequel nous reviendrons.

---

18. Paul Zumthor, *Babel ou l'inachèvement*, p. 49.
19. Genèse 11, 9, citée dans Catherine Khordoc, *Tours et détours. Le mythe de Babel dans la littérature contemporaine,* Ottawa, Presses de l'Université d'Ottawa, 2012, p. 28.
20. Catherine Khordoc, *Tours et détours. Le mythe de Babel dans la littérature contemporaine*, p. 28.
21. Voltaire, *Le Dictionnaire philosophique*, Christiane Mervaud (dir.), Oxford, Voltaire Foundation, 1994-1995, p. 64.
22. *Ibid.*
23. Jacques Derrida, « Des tours de Babel », *Psyché. Inventions de l'autre*, Paris, Galilée, 2003, p. 211.

Si la légende de la Tour de Babel est donc sujette à plusieurs interprétations, Beaulieu adhère quant à lui à l'exégèse biblique qui fait de la multiplicité des langues et de la division des peuples sur la Terre le résultat d'un châtiment divin, punissant les hommes de l'orgueil à l'origine du projet babélien. Une vision qui traduit l'ambition totalisante que l'écrivain québécois reconnaît volontiers dans l'œuvre de Joyce. Se mettant à nouveau dans la peau de Joyce, Abel déclare :

> Dans mon histoire du monde, je remonterai jusqu'à l'archétype, cette Tour de Babel, qu'on a associé au sentiment d'orgueil qui s'est emparé de l'humanité quand, voulant s'égaler à Yahvé, elle entreprit d'ériger une tour si haute qu'elle rejoindrait le centre de la Terre. Yahvé vit ce que faisaient les hommes et il n'apprécia pas. Si on en juge par les Saintes Écritures, ce n'est pas la Tour elle-même qui le désobligea, mais le fait que tous les hommes réunis pour la construire *se servaient d'une même langue et des mêmes mots*. (*JJ,* 744)

La suite de l'histoire est connue : Yahvé corrompit alors « la langue originelle et unitaire de l'humanité, pour en faire une multitude de langages, sources de divisions, de conflits et d'anarchie qui empêcheront l'homme d'évoluer comme il aurait dû » (*JJ,* 744). Beaulieu, agitant encore la marionnette Joyce, lui fait dire :

> Dans mon histoire du monde, je voudrais faire voir ce que serait aujourd'hui la langue originelle si Yahvé n'en avait pas interdit la diffusion, l'expansion et l'approfondissement. Je voudrais aussi faire voir ce que, dans son esprit, serait devenue l'humanité si elle n'avait pas été aussi désastreusement freinée dans son essor. (*JJ,* 744-745)

Du point de vue de Beaulieu, la fracture de la *lingua adamica* est une malédiction pour l'humanité, dont il déplore l'unité perdue. D'où la nécessité ressentie de mêler les langues et les dialectes dans un effort pour reconstituer ce premier système universel de communication. Si Joyce envoya coucher la langue anglaise, Beaulieu ambitionne à son tour de dépasser la langue française, « devenu[e] une langue désincarnée parce que trop policée, qui ne produit plus guère de métaphores, qui vit de son vieux gagné, qui n'invente plus » (*JJ,* 958).

Abel renchérit : « La langue française s'évente et s'en vante. Elle ne m'est donc pas très utile si je suis Québécois et si je tends à devenir souverain. Ce qui m'inspire, je dois donc le chercher ailleurs » (*JJ*, 958). Le chercher ailleurs, c'est à dire chez Joyce, ce maître sacré de l'écriture qui distille l'essence des mots de toutes origines pour retrouver quelque chose cette langue babélienne disparue.

L'image que projette la Tour de Babel, c'est donc à la fois la volonté d'atteindre un idéal, de laisser libre cours à l'orgueil et à l'ambition ; et le symbole de la confusion des langages, de la dispersion des peuples. En d'autres mots, c'est *l'établissement de limites entre les hommes,* mais aussi *en l'homme.* Beaulieu interprète la démarche de Joyce comme une tentative de revenir à un « avant-Babel », à un monde qui ne connaît pas de frontières sur le plan langagier comme sur le plan géographique. *Finnegans Wake* figure ainsi comme l'emblème de l'œuvre infinie, inachevée et inachevable, notamment parce que la première phrase du livre renvoie à la dernière, induisant un cycle de lecture sans fin, mais aussi parce que, fusionnant langues et dialectes existant pour créer une toute nouvelle écriture : son sens ne sera jamais fixé. Pour Derrida, la Tour de Babel, « ne figure pas seulement la multiplicité irréductible des langues, elle exhibe un inachèvement, l'impossibilité de compléter, de totaliser, de saturer, d'achever quelque chose qui est de l'ordre de l'édification, de la construction architecturale, du système et de l'architectonique[24]. »

***

Ainsi, sur les pas de Joyce, Beaulieu fait sien ce projet de réinventer la Tour de Babel et finit sans surprise par l'orthographier « B'Abel », marquant une autre tentative d'appropriation de la matière mythique joycienne. Car Babel, comme le notait Voltaire et Derrida, c'est aussi la figure du Père que l'on cherche à atteindre, à égaler. Selon Anne Élaine Cliche, « Joyce est pour Abel ce remède impossible, ce père babélien qu'il tente de s'incorporer par un exercice de dévoration perpétuelle commencé il y a de cela bien des décennies[25] ». Ce processus s'achève apparemment dans les

---

24. *Ibid.*, p. 209.
25. Anne Élaine Cliche, « Abel Beauchemin : biographe, pédagogue, profanateur et cannibale », *L'Action Nationale*, vol. XCVII, n°s 5-6, mai/juin 2007, p. 125.

dernières pages de l'essai, au terme d'une scène grotesque où Abel, après avoir déterré et dévoré le cadavre de son père, entre dans un corps-à-corps avec sa mère reptilienne pour l'empêcher de se repaître de la chair de James Joyce et sa fille Lucia, apparus, on ne sait trop comment, entres les stèles du cimetière des Trois-Pistoles. Après s'être donc livré à un étrange repas totémique, Abel prend les poils pubiens de Lucia et le sexe de Joyce, les seuls morceaux arrachés à la gueule maternelle, et les porte non à sa bouche, mais à son bas-ventre, dans l'espoir d'une fécondation exécutée rituellement dans la fosse du Père. Cette percée profonde dans l'œuvre et la vie de Joyce révèle ainsi son objectif final : réactiver le grand projet d'écriture d'Abel en lui assignant une nouvelle figure tutélaire et en « fertilisant » littéralement ce projet par un séjour prolongé dans la luxuriante Irlande, patrie originelle de Joyce. Repu de la viande paternelle, et confiant de posséder Joyce, de partager avec lui la plus grande intimité, Abel sait maintenant que le Livre qui abolira toutes les frontières va pouvoir s'écrire : « Si les greffes prennent bien, je pourrai enfin écrire le livre de la plus haute autorité » (*JJ*, 1039).

POSTFACE
MICROSCOPIE DE LA LUMIÈRE

François Paré
Université de Waterloo

DÉCRIRE L'INVISIBILITÉ

Issue des sciences de la lumière, la microscopie est l'étude du minuscule et surtout de l'invisible[1]. Elle se nourrit de concepts très utiles comme la densité, le contraste, le reflet, la précarité et l'ombre. Bien qu'elle cherche à identifier l'infiniment petit et ait parfois recours pour y arriver à des techniques de disjonction et de dispersion, elle ne s'intéresse pas pour autant à l'espace, notion indéfinie qui semble étrangère à la matière observable, et encore moins à l'errance ou à l'exiguïté, car ce sont là des perspectives variables qui ne relèvent guère des pratiques du regard, mais plutôt de perspectives éthiques. Cependant, la microscopie suppose que l'invisible et le minuscule sont bel et bien des éléments recevables, des objets de savoir à part entière qui concernent le fonctionnement autant du monde physique que de la culture et de la société.

Or, nous le savons bien, tout peut être inobservable à l'œil nu. La culture est ainsi saturée d'angles aveugles. Que de phénomènes ne voyons-nous pas en dépit d'une panoplie d'instances médiatiques, politiques et épistémologiques devant faire la lumière sur la part absconse du pouvoir! Cette cécité fondamentale sert du reste à instituer la culture. Et nous, qui travaillons sur la littérature, le savons bien. Tout peut échapper au regard, tout peut être dissimulé.

---

1. Voir l'histoire de la microscopie dans l'excellent ouvrage de Marc J. Ratcliff, *The Quest for the Invisible: Microscopy in the Enlightenment*, Burlington (Vermont), Ashgate, 2009.

Au jour le jour, un versant du monde est donc occulté, en dépit des gestes et des paroles, parfois stridentes, qui en émanent. Car nous n'appréhendons que ce qui est dans le champ du regard et nous ne saisissons que ce qui relève d'une pensée du visible. Le reste passe le plus souvent inaperçu, échappant autant à l'histoire et à la mémoire qu'aux espaces éthiques, esthétiques et géopolitiques. Telle est l'exiguïté dans son essence même.

Or s'il semble important aujourd'hui de frayer au-delà de cette notion d'exiguïté, il ne faudrait pas pour autant renoncer à une grande enquête transversale dont l'objectif serait justement d'illuminer tous les lieux de résistance, sans exception, à la manière de l'imagerie hyperspectrale dont les sciences de l'optique nous fournit l'exemple : les à-côtés, les marges, les espaces amortis, les disjonctions, les reliefs pourraient ainsi se loger dans la matière active des savoirs réflexifs mis en œuvre par la culture[2]. L'irruption dans le champ du visible de certaines logiques de l'ouverture et de la complexité entraînerait, il faut l'espérer, un nouveau savoir sur des notions pourtant bien établies, comme le lieu de naissance, la mémoire, la séparation, le départ, la honte, la nostalgie, le retour, l'inadéquation, l'impuissance, l'intensité du lieu, l'ici et l'ailleurs, l'ouverture. Tous ces éléments *militent* justement au sein de la littérature. Mais leurs mouvements et leur emprise sur le sens sillonnent des réalités microscopiques qui requièrent un balayage systématique des discours, car rien ne semble saillir dans la luminosité diffuse et familière à laquelle nous sommes habitués. Aucune « signature spectrale » ne permet d'enchâsser l'exiguïté et de lui donner la plénitude éclatante du sens. Se cache ainsi, derrière les savoirs qui nous occupent, une sorte d'accablement qui traverse toutes les communautés minorisées, structurées au quotidien par l'invisibilité.

C'est pourquoi nous sommes appelés en tant que chercheurs du microscopique à jeter une lumière particulière sur les lieux habitables et à professer notre engagement envers l'habitabilité générale du monde. Dans son étude sociologique

---

2. Voir la définition de l'imagerie hyperspectrale ou spectro-imagerie sur le site de la Société française de photogrammétrie et télédétection : « L'imagerie hyperspectrale permet de reconnaître dans le pixel la "signature spectrale" des constituants qu'il contient, c'est-à-dire de les identifier », en ligne : http://www.sfpt.fr/hyperspectral/?page_id=168 (page consultée le 3 août 2015).

des liens culturels, Christine Détrez nous invite à effectuer des « changements de regards » et à approcher les groupes humains à l'aide de notions plus inclusives comme la légitimité, l'indistinction et l'éclectisme[3]. En effet, les sociétés précaires ne sont pas nécessairement masquées par la culture dominante ; elles ont plutôt tendance à s'y blottir comme des noyaux de résistance tout en adoptant des stratégies de créolisation et de déplacement identitaires. C'est par un mimétisme paradoxal, où elles se perdent souvent, que les cultures de l'exiguïté parviennent le plus souvent à sortir d'elles-mêmes.

Au terme de ce recueil d'articles sur la notion d'exiguïté, un parcours d'œuvres littéraires très diverses m'amènera donc à établir un éventail des logiques de la distance, comme le voyage, l'ailleurs, le lieu de naissance et l'espace migratoire[4]. Nombreux sont ceux et celles, il faut en convenir, qui ont étudié cette question du déplacement identitaire et de l'exil, de même que ses représentations en littérature. En 2000, le texte bien connu d'Edward Said sur la condition palestinienne, « Reflections on Exile », posait de façon précise, dès la toute première phrase, le drame de l'exilé et la substance épistémologique de son expérience particulière de l'espace : « *Exile is strangely compelling to think about but terrible to experience. It is the unhealable rift forced between a human being and a native place, between the self and its true home: its essential sadness can never be surmounted*[5] ». L'exil est certainement pour Said une dimension de l'invisible. Les « migrants internes » que sont les Palestiniens ne bénéficient nullement d'une existence pérenne. Au contraire, ils forment une société en sursis et périssable. Ils sont « inguérissables ».

Les tableaux littéraires dont nous serons les témoins à l'instant ne correspondront pas nécessairement à la détresse collective identifiée par Said, car le déracinement identitaire

---

3. Christine Détrez, *Sociologie de la culture*, Paris, Armand Colin, 2014.
4. J'utilise ici le mot « migratoire » dans le sens d'un départ, d'une césure avec le territoire de naissance ou la culture d'origine. J'imite en cela Constance de Gourcy : « Partir, habiter, rester : le projet migratoire dans la littérature exilaire », *Revue européennes des migrations internationales*, vol. 29, n° 4, 2013, 43-57.
5. Edward Said, *Reflections on Exile and Other Essays*, Cambridge, Harvard University Press, 2002, p. xxx.

pourra aussi être vécu comme une forme d'affirmation et comme une marque de courage devant l'ouverture absolue de l'espace. La littérature est formelle sur cette question de l'ouverture. C'est par le sujet que les conditions de l'exiguïté pourront être transcendées. Mais nous verrons aussi que le point d'arrivée du voyageur, ayant quitté son pays natal pour aller voir ailleurs ce qu'il en est de lui-même et des autres, n'est pas véritablement un lieu à investir, un lieu dont la finalité serait tangible. Au fond, seule la transitivité de l'espace permettra désormais de penser la transparence identitaire d'un sujet affranchi de la sémantique de sa naissance et incapable pour autant de rompre avec la signifiance qui en émane.

Si les notions de minorisation et de marginalité nous ont autrefois poussés à parler de l'identité collective, ici toutefois il sera question du sujet dont le départ représenterait une seconde naissance dans un lieu exogène, un «au-delà» de l'exiguïté. Si le déplacement fait indéniablement partie de l'imaginaire minoritaire ou diasporique, le parcours asymptotique vers l'ailleurs a néanmoins tendance à défaire le lien collectif, au départ comme à l'arrivée. Dans bon nombre d'œuvres poétiques et romanesques contemporaines, le personnage s'insurge contre l'étroitesse étouffante de ses références identitaires. Sa solitude affirmée tient le plus souvent du refus généralisé de la collectivité; mais, indéniablement, sa condition propre est aussi une figure fascinée par le sens à donner à cette rupture. Au-delà de l'exiguïté, dans la distance spectrale des récits, les lieux microscopiques, ceux-là mêmes qui resurgissent sans aucun avertissement dans la mémoire, restent donc marqués par le désir et l'angoisse.

Bon nombre de textes littéraires contemporains, surtout si l'on travaille sur des corpus minoritaires, coloniaux ou post-coloniaux, témoignent dès lors des dissociations propres au déracinement exilaire dans son sens général. «L'exil», écrit Rajaa Stitou dans la revue *Filigrane* en 2006, «n'est donc pas propre à celui qui a quitté son pays, mais concerne tout un chacun face à l'étranger. L'étranger, solidaire de l'exil, est toujours destiné à revenir à chaque déplacement, qu'il soit géographique ou non, à chaque mutation historique. Son émergence aux traits multiples nous montre que la visibilité des faits est sous-tendue par une autre force énigmatique, qui nous agite à notre insu[6]». C'est cette

---

6. Rajaa Stitou, «L'exil comme "épreuve de l'étranger". Pour une nouvelle clinique du déplacement», *Filigrane, écoutes psychanalytiques*, vol. 15, n° 2, p. 56.

complexité extraordinaire des « systèmes référentiels » propres aux figures du départ que nous chercherons à retracer dans une série de tableaux littéraires. Fulvio Caccia note avec force la violence symbolique du geste de rupture :

> Tout se joue dans ce passage entre la mort symbolique et la mort réelle. L'exil, c'est prendre le risque de l'espace, de sa ligne d'horizon infini en tant que continuité de soi. Pari insensé qui parfois permet d'affubler l'exilé du qualificatif de sot. Le saut du sot ? Joyeuse homophonie qui renvoie, par cette sorte de réverbération, à la déraison du sauteur. Transgresser l'enceinte de la cité, du foyer ou de sa condition, c'est déjà s'exposer au péril. Et affirmer sa singularité[7].

Si ce déplacement peut être envisagé comme l'une des faces emblématiques de l'altérité au cœur des sociétés contemporaines, comme le note Caccia, sa reprise dans l'économie symbolique de la littérature permet plutôt d'en mesurer l'ampleur théorique qui dépasse de loin les cloisons immédiates de l'étrangeté.

SUR LES PAS DE KIERKEGAARD

Un jour, au cours d'un de ses nombreux voyages dans son propre pays et à l'étranger, le romancier et essayiste écossais Kenneth White se rend au Phare des Baleines sur la côte nord-est de l'île de Ré au large de La Rochelle. L'espace du pays natal semble connaître ici une expansion vertigineuse, bien que celle-ci ne soit perceptible que par contraste entre les zones d'ombre et l'envahissement diffus de la lumière. Au-delà de cette microscopie des espaces habitables, White apprécie particulièrement la sensation des confins, toujours vécue en solitaire, au gré des itinéraires imprécis que trace le voyageur par son désir intense de tout voir. L'écriture du voyage théâtralise ainsi le départ, sans pour autant y consentir pleinement. La traversée des espaces exogènes répond à la puissance du désir qui façonne le sujet jusqu'à la déperdition : « *To maintain desire in its whole form – that is my*

---

7. Fulvio Caccia, « Le saut », *Moebius*, n° 101, 2004, p. 13.

ethos. What do I mean by the "whole form" of desire? [...][8] ».
Le désir dans sa plénitude « est indivisible », conclura White dans un texte s'intitulant « Insular Delirium ». « C'est l'intentionnalité de tout le corps, de tout l'être[9] ». Le déplacement constant de la pensée nomade chez White repose en réalité sur le constat de la décadence irréversible de la civilisation occidentale. Comme chez d'autres écrivains, la quête de la distance habitable jusqu'à ses états liminaires exprime le rejet des ontologies de l'immobilité. Au contraire, l'Être est pour White un exilé du lieu fixe.

Le voyageur évoque d'ailleurs assez souvent la figure tutélaire de Søren Kierkegaard à laquelle il associe la construction d'un sujet enraciné dans l'étrangeté. Cependant, comme chez son modèle danois, l'exilé chez White cherche à évacuer toute relation de pouvoir, toute marginalisation, toute inégalité. Comme l'oiseau, se logeant dans les anfractuosités des cultures en processus d'érosion, le voyageur se tourne vers l'appel toujours pressant du départ et, en cela, il ressemble aux fous de Bassan perchés au creux des falaises rocheuses : « *On the point of an anfractuous rock, a sturdy, crazy, and determined-looking gannet, swiping the air with its wings, ready to make off somewhere, I wondered where*[10] ». À la manière de Kierkegaard, chez qui il admire les évocations du mouvement et la position de l'exilé à Berlin, White souligne la nécessité de l'expérience du déplacement dans la constitution du sujet et de son intériorité propre. Ce que White emprunte aux logiques de l'exil, c'est la position exacerbée du migrant symbolique (« *his knife-edge knowledge*[11] ») et sa surconscience de la transitivité de l'espace. C'est cela qui paradoxalement fonde l'intensité de sa présence au monde.

Or, dans un ouvrage plus récent (2004), *The Wanderer and his Charts : Essays on Cultural Renewal*, White élabore de

---

8. « Maintenir le désir dans sa forme plénière, voilà mon éthos. Que veut dire pour moi le désir dans sa forme plénière ? » (Je traduis). Kenneth White, *Travels in the Drifting Dawn*, Édimbourg et Londres, Mainstream, 1989, p. 130.
9. *Ibid.*, p. 130.
10. « Sur la pointe d'une anfractuosité rocheuse, un fou de bassan, robuste, déterminé, extrême, striant l'air de ses battements d'ailes, prêt à prendre le large, je me demandais où » (Je traduis). *Ibid.*, p. 130.
11. « Son savoir trenchant comme un couteau » (Je traduis).

façon plus explicite encore l'exigence de la figure nomade en réponse à une profonde crise civilisationnelle dont l'écrivain aime témoigner :

> *The figure I call the intellectual nomad has not only gone critically through all this context, he is the bearer of at least the beginnings of new language and new space. He has broken his way out of the labyrinth and moves in what may at first seem a void, but which is perhaps the high-energy field in which could emerge a (new) world*[12].

Ce positionnement du voyage en contrepoint de sa propre civilisation transforme donc la marginalité de l'exilé volontaire en une résistance aux valeurs hégémoniques déclinantes de sa culture natale, proposant ainsi une structuration positive du désir.

Dans l'ensemble de ses réflexions sur le nomadisme, White ne cesse de revenir à l'histoire philosophique de la rupture et du départ définitif. L'exil ne se donne donc pas à lire, dans ce contexte, comme une expérience du deuil et du retour, comme nous le verrons un peu plus loin chez d'autres écrivains. Au contraire, l'exilé, un « stratège de la mutation[13] », est projeté dans une logique de l'ailleurs dès l'instant où, acquiesçant à l'urgence qui l'anime, il prend la décision radicale de partir. Ce geste de disponibilité ouvre soudainement le sujet à la différence et le désoriente : affranchi de la lourdeur de son histoire, celui-ci témoigne désormais d'une nouvelle géo-poétique de l'avenir.

SUIVRE LA COURBE DE LA TERRE

C'est en partie dans cette perspective du nomadisme que peut se lire, comme un récit poétique sur le départ, *L'homme qui*

---

12. « Celui que j'appelle le nomade intellectuel a non seulement pris en compte de façon critique ce contexte, il est porteur à ses débuts tout au moins d'un langage et d'un espace nouveaux. Il a réussi à s'échapper du labyrinthe et se déplace maintenant dans ce qui semble d'abord un vide, mais qui s'annonce plutôt un espace de grande énergie où pourrait émerger un monde (nouveau). » (Je traduis). Kenneth White, *The Wanderer and his Charts : Essays on Cultural Renewal*, Édimbourg, Polygon, 2004, p. 15.
13. *Ibid.*, p. 207.

pleure du romancier franco-ontarien Alain-Bernard Marchand[14]. Toute l'œuvre de cet écrivain est d'ailleurs structurée par le dépaysement. Le roman, publié en 1995, évoque la découverte de l'Inde, au moment où le narrateur, cherchant à résoudre la douleur d'une séparation récente, dit répondre à l'appel de l'Asie et de ses secrets. Cependant, la pulsion du voyage l'amènera d'abord à Paris, et c'est à partir de cette ville tierce que se traduira pour lui une ouverture triangulaire à l'espace. En effet, l'ailleurs est ici médiatisé par cette escale décisive qui l'amènera à comprendre la nécessité absolue du départ. S'il lui faut tenter de transcender l'exiguïté de son lieu de naissance, c'est donc par ce détour dans les rues de la Ville-lumière. À chaque fois, chez Marchand, le désir amoureux propulse donc le sujet hors de sa naissance. Aimer, c'est acquiescer à une rupture stratégique d'où naîtra peu à peu, de façon oblique, l'harmonie souhaitée avec soi-même.

En effet, dans *L'homme qui pleure*, le récit se construit sur la base de brefs tableaux et ne suit pas un tracé linéaire. Au contraire, les éléments fragmentaires s'amalgament pour former la substance circulaire de la mémoire. S'il est mentionné et parfois décrit, le lieu natal du narrateur sur les rives de la rivière Saint-Maurice n'a d'ailleurs de sens que s'il fait l'objet d'un dépassement. Certes, les excursions en compagnie de sa mère sur les eaux tourmentées de la rivière ont profondément marqué l'enfant, car les scènes sont souvent reprises en contrepoint de l'existence nomade du narrateur adulte. Que signifie alors le lieu de naissance ? Pourquoi ne peut-il être la matrice de toute forme d'attachement à l'espace ? Dans *L'homme qui pleure*, la mère, toujours associée symboliquement à la rivière, disparaît parfois « dans cette matière qui n'avait aucune forme » (*HP*, 93). Or la scène de la disparition provisoire de la mère (et de l'amour inconditionnel du fils), empreinte de nostalgie, comporte aussi une forte dimension pédagogique. Elle reste en effet le signe d'une absence radicale, encore et toujours à venir, au moment où le fils romprait une fois pour toutes avec sa naissance : « C'est de là que je suis né. C'est aussi de là que m'est venue la connaissance de ces choses qui me conduiraient un jour vers lui, l'étranger qu'il était

---

14. Alain-Bernard Marchand, *L'homme qui pleure*, Montréal, Les Herbes Rouges, 1995. Désormais, les références à ce livre seront indiquées par le sigle *HP* suivi du folio.

encore » (*HP*, 93). Le désir entraîne dès lors le narrateur « dans le tourbillon d'un récit inépuisable » (*HP*, 45). Plus encore, le roman devient une machine à engendrer la matière du mythe et à sublimer le matérialisme inhérent au lieu géographique, de sorte que la saisie du sujet en constant déplacement s'arrime désormais à une profonde recherche ascensionnelle vers ce qu'il croit être sa vérité immatérielle : « C'était une histoire du sommet du monde qui se répétait, implacable, depuis que les hommes avaient eu l'idée de donner corps à leurs dieux. C'était une histoire qui disait aussi l'étendue du dépaysement » (*HP*, 44). C'est pourquoi l'œuvre de Marchand verse si naturellement dans le mysticisme, puisque le déplacement évoqué par le narrateur est toujours d'ordre spirituel. L'exiguïté est ici fortement associée à la sclérose des liens sociaux et mercantiles, tandis que son dépassement repose dans la recherche de la transcendance : « J'allais enfin m'arracher à l'immobilité et monter au ciel » (*HP*, 11), s'exclame d'entrée de jeu le narrateur.

Dans « Orbis terrarum », un bref essai publié dans la revue *Liberté*, Marchand évoque ainsi la nécessité paradoxale de la rupture : « La seule filiation que reconnaisse en moi le voyageur est celle des lieux. C'est en substituant la toponymie à la généalogie que je m'inscris dans le monde, semblable aux pèlerins d'autrefois[15] ». Cet attachement à l'espace substitué signifie un déplacement symbolique dont les premières phrases de *L'homme qui pleure* rendent compte. D'emblée, la rupture semble radicale : « Un jour, à l'autre bout du monde... » (*HP*, 9). Mais il y a dans cet appel du lointain une injonction que le récit cherche à appréhender, sans pouvoir y arriver tout à fait. Tout est élusif. Il ne s'agit plus de raconter le voyage entrepris, mais plutôt d'en retracer le saisissement, la fascination.

En même temps, le départ engendre un profond désarroi. Plus tard, alors qu'il erre dans les rues de Paris, le narrateur de *L'homme qui pleure* semble regretter le geste du départ. « Je marchais, cela devait suffire. Ne me souviens ni des cours que je suivais, ni du temps qui passait. Tout ça n'est plus qu'un blanc dans la mémoire. J'étais sans but, sans désir, errant » (*HP*, 76).

---

15. Alain-Bernard Marchand, « Orbis terrarum », *Liberté*, vol. 47, n° 3, 2005, p. 79.

L'intense sentiment d'abandon, associé à la folie, ne le reconduira nullement au pays natal ; il désignera plutôt un nouveau départ pour combler la perte. Le récit en arrive ainsi à substituer à la douleur du départ celle de la séparation amoureuse («Mort de lui, dans cette ville de lumière où je marchais sans lui» (*HP*, 76)). Si le départ définitif se conçoit par-dessus tout comme une sublimation mimétique de l'origine, comme son assomption finale en quelque sorte, c'est que la traversée des limites doit un jour se dénouer dans la découverte de l'espace habitable. Arrivé à Lhassa au Tibet, ayant «dévié de la carte» (*HP*, 102), le narrateur de *L'homme qui pleure* croit enfin avoir atteint «la limite du monde» (*HP*, 102). Ainsi s'était déployée à ses yeux la trame du départ, «du désir d'un corps à son éparpillement dans le monde» (*HP*, 110).

Dans *L'homme qui pleure*, le lieu natal suppose enfin une césure, une déprise de l'origine. Si ce départ conduit d'abord à l'aphasie, il devient vite la condition et surtout la matière première du récit. La distance parcourue et encore à parcourir est celle d'une illumination, le narrateur apercevant déjà au bout de son périple «son infaillible et unique lumière qui [l]e guiderait dans le monde» (*HP*, 84). Chez Marchand, le narrateur ne cesse de vouloir partir. Et ce désir qui le consume le ramène toujours à lui-même et à ce qui l'oppresse. L'expérience géophanique de la rupture ne se déploie que dans la vérité présumée de l'autre. Au-delà du «point fixe» se trouve une spirale qui permet d'élargir la circonférence du monde. À l'exiguïté du lieu de naissance s'oppose donc l'étendue du désir dont le voyage est l'indice irrépressible.

LA GALERIE DE GRAND-MÈRE DA À PETIT-GOÂVE

Ceux et celles qui auront lu à leur enfant le magnifique album *Je suis fou de Vava* de Dany Laferrière, illustré par Frédéric Normandin, n'auront aucune peine à imaginer la galerie de Da, la grand-mère du petit Vieux-Os, le héros de l'histoire. Certains songeront aussi, bien entendu, à *L'odeur du café*, récit emblématique de l'enfance de Laferrière dans la localité de Petit-Goâve au sud-ouest de la péninsule haïtienne. Dans son œuvre autobiographique, Laferrière revient à maintes reprises sur la scène ritualisée du café, alors qu'enfant on le voit installé aux pieds de sa grand-mère. Les limites de l'existence insulaire contribuent à enfermer les personnages créés par le romancier dans une continuité cyclique en amont de l'histoire politique. Dans la distance mémorielle, le garçon semble heureux et désœuvré. À l'abri de la dictature, il détient pour un temps la clé de l'ordre social et il lui semble peut-être que sa filiation avec le lieu unique ne fait alors aucun doute. Ce monde étroit est bien le sien ! N'appartient-il pas de plein droit à l'immobilité rassurante de la galerie ? Cependant, pour le narrateur, les gestes hiératiques auxquels celle-ci donne vie appartiennent déjà paradoxalement à l'imaginaire transitif du départ qui, un jour, le priverait à jamais de cette scène fascinée et du liquide magique associé à la figure matriarcale. Car la galerie de Da était déjà un seuil au-delà duquel le désir fébrile de partir se profilait.

Dans *Journal d'un écrivain en pyjama*, Laferrière évoque encore une fois la scène de la galerie ancestrale : « Je change très peu cette histoire de ma grand-mère sur la galerie avec sa tasse de café. Quand j'en parle, je revois la scène, et j'en suis à chaque fois ému. Pas triste. Je voudrais tant que ma vie soit aussi simple qu'à cette époque. On est en pays connu. L'enfance de l'auteur : sa grand-mère, la tasse de café. Il suffit d'une gorgée pour que la magie opère[16] ». Un peu plus loin dans ce passage, l'écrivain relie cette instance primordiale à la littérature, dont la visée serait d'instaurer un humanisme de la mémoire, une intelligibilité paisible et réconfortante du passé :

> Je ne bouge pas de la galerie, car j'ai la fièvre. J'observe les fourmis, un univers qui me fascine encore. Comme si le temps s'était immobilisé pour produire une enfance éternelle. Le lecteur fait le compte : la grand-mère, la tasse de café, les gens qui passent dans la rue, la conversation, l'enfant, la fièvre, les fourmis. Tout est là. Il est rassuré. C'est aussi une des fonctions de la littérature[17].

La galerie est donc la contrepartie exacte de la fébrilité exilaire. Une sorte d'impatience semble avoir depuis lors envahi la

---

16. Dany Laferrière, *Journal d'un écrivain en pyjama*, Montréal, Mémoire d'encrier, 2013, p. 204.
17. *Ibid.*, p. 205.

conscience du narrateur. Pourquoi a-t-il quitté cette galerie de grand-mère Da? Espace microscopique associé à la lumière et à l'ordre, la scène rejoint les formes maternelles de la machine à écrire («elle gardait dans son ventre toutes les phrases de mon roman[18]») dans l'appartement de Montréal où, alors ouvrier d'usine, Laferrière rêve d'écrire le livre qui le «sortira du trou».

Ayant rompu avec le tableau paisible de la galerie, le déraciné est chez Laferrière un «écrivain américain», un homme à l'envergure du continent. S'il parle assez souvent d'exil dans son œuvre et dans ses nombreuses interviews, c'est dans ce contexte d'une ouverture extrême de la terre d'accueil. Partout chez lui, il dit ne pas avoir besoin du regard nostalgique qu'il jette très souvent sur son village natal et sur la perte de l'ordre séculaire que cet espace fugitif projette en lui. Il y revient toujours. Il parle de cette nécessité comme d'une énigme. C'est là-bas, pendant ces après-midi à regarder tomber la pluie sur la galerie ancestrale, que la proposition de l'exil américain prend donc tout son sens.

LE SPECTRE DE LA MÈRE

Par ailleurs, un autre tableau apparaît. En effet, il arrive parfois que l'œuvre littéraire soit entièrement happée par une impression d'étouffement, comme si aucune extériorité n'était possible. Je vous propose, maintenant que nous approchons du mitan de notre parcours, un arrêt sur quelques passages du recueil du poète franco-ontarien Patrice Desbiens, *Un pépin de pomme sur un poêle à bois*[19]. Je ne m'attarderai qu'à la section éponyme dans les dernières pages de l'ouvrage, au moment où l'écriture du poète s'attache au souvenir douloureux de sa mère. Il ne fait pas de doute que le Nord de l'Ontario – et la ville de Timmins en particulier – porte toutes les marques d'une exiguïté oppressive chez Desbiens. Ainsi, le lieu de naissance est, dès la première instance, travaillé par l'impuissance et surtout par une séparation irrévocable que même la poésie ne saura résoudre. Dans toute l'œuvre poétique

---

18. *Ibid*, p. 13.
19. Patrice Desbiens, *Un pépin de pomme sur un poêle à bois*, Sudbury, Prise de parole, 1995. Désormais, les références à ce livre seront indiquées par le sigle *PP* suivi du folio.

de Desbiens, depuis les tout premiers recueils publiés à Québec au milieu des années 1970, le nord ontarien ne se laisse concevoir qu'à partir du Québec et c'est en cela que, dans son origine même, le poète témoigne d'un exil linguistique et plus largement symbolique qu'il conçoit comme une absence catastrophique à lui-même, un effacement de l'être dont l'écriture rendra compte ironiquement et par voies détournées. Or cette « fissure » ramène toujours le sujet à son enfance dont il n'arrive à assumer que les conditions de marginalité et l'infantilisation généralisée qui est sa conséquence première. La poésie, écrira-t-il dans la revue *Liberté* en 2006, est toujours « un point trop petit[20] ».

Cette séparation congénitale s'exprime dans *Un pépin de pomme sur un poêle à bois* par le biais du personnage tragique de la mère du poète. Si le livre semble à prime abord être l'éloge de Fleur-Ange Scanlan, femme au « sourire inoubliable / Comme un horizon » (*PP*, 170), cette impression est vite emportée par les références très nombreuses à la spectralité mortifère du personnage maternel et à la censure qu'elle impose au poète en l'amenant à interroger le sens et la finalité de son travail :

> Elle lit ceci par-dessus mon
> épaule.
> je sens sa main
> maternelle et glaciale
> sur mon épaule.
> elle dit mon nom.
> elle répète mon nom, comme
> une litanie.
> [...]
> j'écris ceci avec l'efface de mon
> crayon, comme une cassette qui
> se rembobine (*PP*, 163).

Alors qu'elle devrait normalement représenter toute la force de l'origine ancestrale, Fleur-Ange n'est devenue « sous l'écran vide du ciel / de Timmins » qu'une réverbération indistincte. Et le malheur, s'écrie le fils éperdu, c'est qu'« [e]lle se répète dans ses / enfants » (*PP*, 184).

---

20. Patrice Desbiens, « La Belle Province », *Liberté*, vol. 48, n° 2, p. 14.

Cet effacement du nom à la naissance, alors même que celui-ci devrait être assigné et la différence inscrite à jamais par la transmission de la mémoire pleine, Desbiens le martèle à de nombreuses reprises dans ces pages où l'écriture, plus désarticulée que jamais, ne cesse de revenir au souvenir de la pauvreté maternelle et aux structures hégémoniques qui en sont la cause. Comment aurait-il pu échapper à cet héritage d'itinérance qui résulte du lieu de sa naissance?

> J'écris ceci
> je dors sous des viaducs sous
> un ciel bleu fer.
> un ange aux robes sales
> est accroupi
> de tout son poids
> sur ma poitrine.
> il est pesant comme une
> poutre et il suce mon
> souffle (*PP*, 195).

Plus tard, comme si elle flottait dans le ciel, la mère survole la ville de Québec « comme un violon dingue » (*PP*, 186) et refuse de revenir parmi les vivants. Il n'y a donc pas d'espace valide où exister : la langue proprement maternelle, bafouée sous les yeux mêmes de la mère impuissante, transforme la filiation en condition exilaire. L'exiguïté n'a pas d'au-delà. Dès lors, le monde sous toutes ses formes, humaines et objectales, devient *cheap* et condamne le sujet minorisé à un délaissement de la valeur et une perte de l'identité. Toute l'impuissance du sujet chez Desbiens découle de l'atrophie de l'espace et de l'impossibilité de concevoir le départ comme une dimension acceptable de l'identité.

LA FILLE AUX YEUX ÉTEINTS

Desirada de la romancière guadeloupéenne Maryse Condé s'ouvre sur la naissance de Marie-Noëlle en plein Carnaval et sur le portrait de sa mère déchue, Reynalda, « fille excentrique et maussade qui n'avait pas voulu se contenter du lot commun[21] ». L'enfance

---

21. Maryse Condé, *Desirada*, Paris, Robert Laffont, 1997, p. 21. Désormais, les références à ce livre seront indiquées par le sigle *D* suivi du folio.

de Marie-Noëlle dans la petite ville antillaise de Port-Louis est marquée par un détachement progressif du réel, car l'enfant est minée par une démence imprécise : « La fillette joufflue et lutine, capricieuse et caressante qui avait enchanté le cœur de Reynalda, n'était plus. Avait pris sa place une grande gaule, la peau sur les os et les yeux éteints, fixant les gens à l'entour d'une manière qui les mettait mal à l'aise, car elle semblait poursuivre à travers eux une obsession intérieure » (*D*, 28). Dès lors, le lieu natal de la fille se décompose et n'offre plus de cohérence à laquelle s'accrocher. On n'y observe plus qu'un univers parcellaire, que des points microscopiques dont le scintillement passager plonge l'univers visible dans une fragmentation inintelligible. Tel est le pays d'origine du personnage, désormais intériorisé comme une absence : « Marie-Noëlle porta toujours ces images et ces sensations en elle. Sans la prévenir, elles resurgissaient et reprenaient possession d'elle-même. L'instant s'arrêtait. Au beau milieu d'une phrase ou d'un geste, elle semblait tomber en état et s'immobilisait les yeux vides, comme hébétée » (*D*, 32).

À ce contexte de délaissement symbolique, le roman de Maryse Condé oppose la normalité apparente de la banlieue immigrante parisienne. En effet, invitée par sa mère à la rejoindre en France, Marie-Noëlle se retrouve auprès d'elle dans un « appartement vide » du bâtiment A de la cité Jean-Mermoz à Savigny-sur-Orge, un milieu multiculturel où vit « un fort contingent d'Africains, d'Antillais et de Réunionnais » (*D*, 36). Ce qui frappe l'enfant à son arrivée en France, ce n'est pas tant l'étrangeté du nouveau cadre de vie – au fond, les immigrants se ressemblent tous – que celle de sa mère qui, contrairement aux autres femmes de la cité, passe ses journées « dans un réduit qui lui servait de bureau ». Au retour du travail, Reynalda « tirait sur elle comme une dalle de tombeau la porte de sa chambre » (*D*, 39), en dépit de la lumière chaleureuse apportée par son compagnon haïtien, Ludovic.

Or la mère, indifférente à la vie de la banlieue et enclose dans l'exiguïté de son écriture quotidienne, détient le secret du pays d'origine. Ce savoir, qui forme la substance de sa différence radicale, elle le transmet à sa fille dans un monologue fortement souligné par la narratrice de *Desirada* : « C'est à la Désirade que je suis née. Les gens de la Guadeloupe ont une mauvaise idée de la Désirade à cause des sacripants et des lépreux qu'on y envoyait dans le temps et aussi parce que rien n'y pousse. Rien » (*D*, 62). La condamnation populaire qui frappe l'île et son infertilité s'opposent, dans le souvenir de la mère, à l'intimité chaleureuse de la montagne en compagnie des autres femmes du village. Cette insularité primordiale restera dans toute la suite du roman le fondement du regard que jette l'exilée sur son existence quotidienne, et en particulier sur ses rapports difficiles et violents avec les hommes. En effet, le personnage de Marie-Noëlle permet à Maryse Condé de reconstruire une appartenance identitaire au pays d'origine qu'est la Guadeloupe, jusqu'alors un pays à l'écart, « une terre marginale et déshéritée. Une terre d'exil » (*D*, 175), dont le peuplement remonte au transbordement infâme des esclaves, et où les liens de parenté trament la vie quotidienne : « Tous les Guadeloupéens sont parents », peut-on lire au milieu du roman. « Premièrement, ils sont pour la plupart sortis du même ventre-négrier, expulsés au même moment, sur les mêmes marchés aux esclaves. Deuxièmement, dans les plantations, des liens se sont noués entre ceux-là et les autres, promiscueux, proches comme des incestes » (*D*, 176). Si la Montagne a été un refuge réel pour les femmes du passé récent comme Reynalda et symbolique pour les générations suivantes, c'est que la Guadeloupe était déjà dans sa conception même un territoire de la séparation. Le désir qu'elle suscite encore chez tous les déracinés est dans les faits un terrible poison. Ainsi, dans *Desirada*, l'expérience exilaire se dessine aux deux extrémités de la distance parcourue. Seule une conscience exacerbée du lieu d'origine et des tensions insolubles qu'il suscite pourra conduire Marie-Noëlle à prendre possession d'elle-même et à « marqu[er] sa trace sur la terre » (*D*, 180).

REVENIR SUR SES PAS

Chez l'écrivain franco-manitobain J. R. Léveillé, une semblable impulsion du départ sert de motif central à l'ensemble du projet d'écriture, dans la mesure où le renoncement explicite au lieu de naissance fonde la littérature – et en particulier le roman – comme art de l'indétermination générique, métaphorique et narrative. Si l'exiguïté est pour ce romancier une condition de la pensée unique, son envers dans le récit entraîne ce que Lise Gaboury-Diallo appelle « une sorte de codification de l'ambigu[22] ». Cette rupture avec la clarté apparente du passé postule le déploiement d'un sujet radical dont la conscience cherche à épuiser l'ordre immuable attribué à l'histoire collective : « [l]'ivresse, l'oubli, le rêve sont trois types de rideaux ou de brouillards qui voilent et dévoilent les faits qui peuvent alors apparaître comme étant contradictoires ou paradoxaux[23] ». À ce titre, *New York Trip, ou Tableaux d'une exposition*, bref ouvrage bilingue paru en 2003 à la suite des événements tragiques du 11 septembre 2001, offre un ensemble de perspectives très intéressantes sur les fonctions viatiques dans l'œuvre de Léveillé[24]. Accompagnées d'une référence au poète suisse Blaise Cendrars, les premières lignes du texte dénotent d'ailleurs le caractère compulsif du voyage : « Une fois de plus, je quitte Winnipeg à l'automne ; dans la pluie » (*NYT*, 7). Ce départ familier provoque pourtant un sentiment de désertion générale, comme si la ville tout entière, soudainement dépeuplée, avait servi de lieu de transit vers un ailleurs plus captivant et surtout plus apte à saisir au passage les signes du vivant. Du même souffle, le périple amène le voyageur à redécouvrir au gré des expositions l'univers artistique des grandes galeries et musées où il est à même d'admirer et de commenter entre autres les tableaux de Delacroix, Cézanne, Van Gogh, Pollock, Degas et Manet. L'atterrissage sur la piste de l'aéroport La Guardia est grisante, tant elle fait contraste avec la vacuité existentielle de l'intersection des rues Portage et Main à Winnipeg. Accompagné d'une inconnue rencontrée à bord de l'avion, le narrateur s'exclame : « Quand nous sortirons de l'aéroport, nous serons dans les lumières de la ville. Zappés par les neurones de New York » (*NYT*, 13). L'aventure exaltante du départ le conduira encore une fois à entrelacer les plaisirs de l'art et du corps.

Contre toute attente, cette échappée dans la lumière survient au terme d'une ascèse christique dont une part importante de l'œuvre de Léveillé cherche à rendre compte. Dans *New York*

---

22. Lise Gaboury-Diallo, « Romans en marge : les trois premières fictions de J. R. Léveillé », *Cahiers franco-canadiens de l'Ouest*, vol. 20, n°s 1-2, 2008, p. 106.
23. *Ibid.*
24. J. R. Léveillé, *New York Trip, ou tableaux d'une exposition*, Ottawa, L'Interligne, 2003. Désormais, les références à ce livre seront indiquées par le sigle *NYT* suivi du folio.

Trip, le voyage autofictionnel dans la ville suprême de l'art renvoie à l'expérience évangélique de la crucifixion et de la résurrection. Dans son évocation du travail de l'écrivain, Léveillé fait d'abord appel à une série de jalons intertextuels et intermédiatiques, commençant par la Bible jusqu'aux tableaux de Cy Twombly dont les œuvres «phrasées» formeraient, selon lui, un roman où il est possible de «revenir sur ses mots» (*NYT*, 27). Or ce retour sur soi, inhérent au travail de l'artiste, garantit justement la délocalisation progressive du message. Le Christ n'est-il pas le modèle ultime du dépassement du lieu?

Léveillé n'a jamais été aussi clair sur l'importance de la figure christique que dans ce bref compte rendu d'une excursion à New York. L'écrivain suit pas à pas son modèle et, comme chez Alain-Bernard Marchand, son personnage obéit à une logique ascensionnelle: «Je monte, je remonte, je refais surface (ça, c'est une expression de peintres – de ceux qui naviguent en plein dans le liquide arc-en-ciel), j'arrive au sommet du calvaire; un peu plus... au sommet de la croix. Me voilà planté tout en haut de l'échafaudage» (*NYT*, 26). Au fond, le voyage en avion qui l'avait amené de Winnipeg à New York annonçait cette transfiguration de l'écrivain par la peinture. Dans les dernières pages de *New York Trip*, au moment où il attend son vol de correspondance vers Winnipeg, le narrateur invoque les dernières apparitions du Christ sur terre et son ascension: «Quant à moi, l'heure est venue et il vaut mieux pour vous que je parte» (*NYT*, 44). Or cette sublimation ultime du lieu n'est jamais définitive. L'écrivain, s'abreuvant à la transcendance de l'image, sait que le retour vers l'origine est dans l'ordre des choses, mais que le temps ne se répète jamais exactement[25]. Comme les autres avant lui, il lui semble dès lors appartenir à une classe d'initiés, d'*extasiés*, qui, affranchis de «la géhenne sempiternelle de la répétition» (*NYT*, 44), sont en mesure de déchiffrer cette «sérigraphie» de l'infime différence qu'est le récit.

---

25. C'est sur l'image de la trace que se termine, on s'en souviendra, le court récit de *Plage*, alors que le personnage, objet du désir du narrateur, s'émerveille des «mouvements d'eau à peine perceptibles» (p. 164) et des empreintes laissées par les marcheurs dans le sable. Effacées par les vagues, ces traces invoquent la nécessité du retour. Par son travail sur le langage, l'écrivain retrace ses pas et ceux de ses prédécesseurs. Voir les dernières pages du roman: J. R. Léveillé, *Plage, Romans*, Saint-Boniface, Éditions du Blé, 1995, p. 162-170.

J'HABITERAI MON NOM

>Étranger, sur toutes grèves de ce monde, sans audience ni témoin, porte à l'oreille du Ponant une conque sans mémoire :
>
>Hôte précaire à la lisière de nos villes, tu ne franchiras point le seuil des Lloyds, où ta parole n'a point cours et ton or est sans titre...
>
>« J'habiterai mon nom », fut ta réponse aux questionnaires du port. Et sur les tables du changeur, tu n'as rien que de trouble à produire.
>
>Comme ces grandes monnaies de fer exhumées par la foudre[26].

L'exiguïté est une manière parmi d'autres d'habiter son nom. Il n'est pas exact de dire que le marginal et le minoritaire sont partout étrangers, car comme le déclame si magnifiquement le poème de Saint-John Perse qui clôt le sixième chapitre de son recueil *Exil*, le déraciné, du même souffle étranger et « hôte précaire », est celui qui est entré en lui-même et nous a fait pénétrer à sa suite dans le miroitement réciproque des lieux. Par ces lignes, le poète antillais s'interroge sur la filiation rompue et renouée, la nostalgie épuisante du pays perdu, l'affirmation de sa différence au prix de tout, la circulation du fils ou de la fille déracinée comme une monnaie, le mouvement incessant de l'esprit, une ontologie du vacillement. Si, dans les œuvres étudiées ici au passage, une sourde obscurité menace souvent d'entraîner les personnages déplacés dans la folie ou la dissolution des valeurs, il subsiste tout de même quelque chose du déchirement lumineux de la pensée qui enveloppe à jamais autant ceux qui partent que ceux qui restent. Une microscopie de la lumière. De part et d'autre de la mémoire, c'est cette fiction taillée dans le temps, ce dépassement de la naissance, cette ligne étroite ouverte sur la distance, qui encore aujourd'hui ne cesse d'interpeller l'écrivain.

---

26. Saint-John Perse (pseud. Marie-Auguste Alexis Léger), *Exil*, Paris, Gallimard, 1942, p. 49.

NOTES BIO-BIBLIOGRAPHIQUES

Renald Bérubé a enseigné les littératures québécoise et états-unienne au collège Sainte-Marie, à l'Université du Québec à Montréal (UQAM) et à l'Université du Québec à Rimouski (UQAR) de 1965 à 2003. Cofondateur avec Jacques Allard de la revue *Voix et images*; cofondateur aussi, avec Danyelle Morin, du Camp littéraire Félix. Il a été chroniqueur littéraire à la radio de Radio-Canada et chroniqueur... sportif à Radio-Canada International. Il a été le commissaire de l'exposition *Yves Thériault : le pari de l'écriture* présentée à la Grande Bibliothèque à Montréal de septembre 2008 à janvier 2009. Auteur de très nombreux articles publiés en divers pays sur la littérature québécoise. Depuis sa retraite de l'enseignement en 2003, il a publié entre autres, avec le photographe Michel Dompierre, un livre d'art sur le pays qu'il habite, *La MRC de Rimouski-Neigette ou Quand la terre devise avec la mer* (2009) dont il est l'auteur du texte; un «roman fragmenté», *Les caprices du sport* (2010); une «histoire biographique», *Je raconte Claude Duguay* (2013); et une *Brève histoire de la nouvelle* (short story) *aux États-Unis* (2015).

Ariane Brun del Re est étudiante de doctorat en lettres françaises à l'Université d'Ottawa. Elle détient une maîtrise en littérature de l'Université McGill. Ses recherches portent sur la littérature franco-canadienne qu'elle aborde à partir des théories de la lecture. Elle est récipiendaire de la bourse de doctorat du CRSH. Avec Pénélope Cormier, elle dirige la section «Critique artistique» sur *Astheure*, un webzine sur l'actualité acadienne.

Pénélope Cormier est professeure de littérature au campus d'Edmundston de l'Université de Moncton. Elle détient un doctorat en littérature de l'Université McGill; sa thèse s'intéressait à la cohabitation du discours identitaire et de la recherche formelle en littérature acadienne contemporaine. Ses recherches portent sur les littératures franco-canadiennes et francophones, dans une perspective de sociocritique et de sociologie de la littérature. Elle est membre du comité éditorial de la revue numérique interdisciplinaire et plurilingue *The Postcolonialist* et responsable des recensions de littérature acadienne pour la revue *Nouvelles*

Études Francophones. En 2014, elle a fondé avec Ariane Brun del Re un espace dédié à la critique des arts acadiens qui est hébergé par le webzine *Astheure*.

Julie Delorme est professeure à temps partiel au Département de français de l'Université d'Ottawa. Détentrice d'un doctorat en lettres françaises au sein de cette même institution, elle a poursuivi des recherches postdoctorales (subventionnées par le Conseil de recherches en sciences humaines du Canada) au Département de littérature comparée de l'Université de Montréal. Elle s'est alors penchée sur le phénomène de l'exil comme métaphore de la prison dans le contexte minoritaire de l'Ontario français. Auteure de nombreux articles sur les littératures française, québécoise et franco-ontarienne contemporaines, elle s'intéresse en particulier à la problématique du stéréotype, à la phénoménologie, à l'épistémologie ainsi qu'aux enjeux liés à la représentation de l'espace dans le cadre des écritures carcérales, concentrationnaires et migrantes.

Lucie Hotte est professeure titulaire au Département de l'Université d'Ottawa où elle est aussi titulaire de la Chaire de recherche sur les cultures et les littératures francophones du Canada. Ses recherches portent sur ses trois principaux champs d'intérêt : les théories de la lecture, les littératures minoritaires et l'écriture des femmes. Elle s'intéresse aussi à la réception critique des œuvres d'écrivains marginaux. Elle a beaucoup publié sur les littératures franco-canadiennes et les enjeux institutionnels propres aux littératures minoritaires. Son plus récent ouvrage, *René Dionne et Gabrielle Poulin : œuvres et vies croisées* (Éditions David, décembre 2014), qui porte sur les œuvres du critique littéraire franco-ontarien, René Dionne, et de la critique, romancière et poète, Gabrielle Poulin, s'est mérité le Prix du meilleur livre de l'APFUCC. Elle travaille présentement à un projet de recherche subventionné par le CRSH portant sur les réseaux littéraires franco-canadiens entre 1970 et 2010.

Isabelle Kirouac Massicotte est lectrice à l'Université de Bologne, où elle collabore également aux activités du Centre interuniversitaire d'études québécoises. Après avoir complété un mémoire de maîtrise intitulé *Sur le seuil de l'atelier : les* *carnets (1947-1949) d'Hubert Aquin* à l'Université du Québec à Montréal, elle a entrepris des études doctorales en lettres françaises à l'Université d'Ottawa en septembre 2012. En mai 2016, elle a soutenu une thèse intitulée *Des mines littéraires: étude chronotopique de l'imaginaire minier dans les littératures abitibienne et franco-ontarienne*. Son analyse porte sur le chronotope minier et ses chronotopes mineurs européens – la mine industrielle de Zola et la mine mythique de Novalis – et nord-américains – le Nord et la *frontier*. Elle souhaite poursuivre ses recherches à propos de cet imaginaire, plus particulièrement sur l'idée d'une mine transnationale, et elle s'intéresse également à la question de la régionalité. Elle est créatrice de contenu et réviseure pour la revue numérique *Le Crachoir de Flaubert* et elle a déjà publié chez *Voix et Images* et *Figura*.

Daniel Long est professeur agrégé au Département d'études françaises de l'Université Sainte-Anne, où il enseigne principalement la littérature française du Moyen Âge, du XVIIe siècle et du XIXe siècle. Il a soutenu à l'Université Paris IV une thèse intitulée *La figure du rêveur dans la seconde moitié du XIXe siècle*, dans laquelle il a étudié l'évolution du héros rêveur chez les principaux romanciers des années 1857-1900. Ses recherches actuelles concernent le phénomène de l'hybridation romanesque, la survivance du romantisme dans la deuxième moitié du XIXe siècle, l'histoire littéraire et socioculturelle du Second Empire ainsi que le roman acadien.

Jean Morency est professeur titulaire au département d'études françaises de l'Université de Moncton. Son principal champ de recherche est la question de l'américanité de la littérature québécoise, à laquelle il a consacré deux ouvrages, *Le mythe américain dans les fictions d'Amérique. De Washington Irving à Jacques Poulin* (Québec, Nuit blanche éditeur, 1994) et *La littérature québécoise dans le contexte américain*, qui est paru en 2012 aux Éditions Nota bene et a été finaliste pour le prix Victor-Barbeau de l'essai décerné par l'Académie des lettres du Québec. Il est aussi l'auteur de 75 articles savants et chapitres de collectifs. Jean Morency a également été titulaire, entre 2002 et 2011, d'une chaire de recherche du Canada dont l'objectif consistait à étudier les multiples emprunts qui ont été faits, par les écrivains du Québec, de l'Acadie et du Canada français en général, à des cultures étrangères, notamment la culture littéraire américaine. C'est dans cette perspective qu'il a participé à la direction de plusieurs ouvrages collectifs, comme *Territoires de l'interculturalité : expériences et explorations* (2013), *L'Acadie des origines. Mythes et figurations d'un parcours littéraire et historique* (2011), *L'œuvre littéraire et ses inachèvements* (2007), *Romans de la route et voyages identitaires* (2006) et *Des cultures en contact : visions de l'Amérique du Nord francophone* (2005), ainsi que de plusieurs colloques scientifiques et numéros de revues savantes. Jean Morency a été élu en 2013 à l'Académie des arts, des lettres et des sciences humaines de la Société Royale du Canada.

Titulaire d'un doctorat de l'Université de Paris-Sorbonne (Paris IV), **Désiré Nyela** est professeur de littérature à l'Université Sainte-Anne en Nouvelle-Écosse, où il enseigne les littératures francophones et les littératures populaires. Signataire de nombreux articles sur la littérature africaine et les littératures populaires, Désiré Nyela est l'auteur de *Lignes de fronts. Le roman de guerre dans la littérature africaine*, co-écrit avec Paul Bleton et publié en 2009 aux Presses de l'Université de Montréal dans la collection « Espace littéraire ». Avec Melikah Abdelmoumen, il a collaboré à l'ouvrage intitulé *La cristallisation de l'ombre. Les origines oubliées du roman d'espionnage sous la IIIe République* de Paul Bleton, publié en 2011 dans la collection « Médiatextes » des Presses universitaires de Limoges. Il vient de faire paraître (novembre 2015) un ouvrage sur le roman policier africain, intitulé *La filière noire. Dynamiques du polar « made in Africa »*, dans la collection « Francophonies » des éditions Honoré Champion à Paris.

Jimmy Thibeault est professeur agrégé au Département des études françaises de l'Université Sainte-Anne où il est titulaire de la Chaire de recherche du Canada en études acadiennes et francophones. Il enseigne les littératures acadienne, québécoise, franco-ontarienne et francophone de l'Ouest. Ses travaux portent sur la représentation des enjeux identitaires, individuels et collectifs, dans les espaces culturels francophones du Canada. Il s'intéresse également aux transferts culturels en contexte de migration, de continentalité et de mondialisation. En 2015, il a fait paraître *Des identités mouvantes : Se définir dans le contexte de* *la mondialisation* (Éditions Nota bene, prix Gabrielle-Roy 2015), un ouvrage qui aborde ces problématiques. Il a aussi publié de nombreux articles savants et chapitres d'ouvrages collectifs sur les littératures francophones du Canada. Il a co-dirigé des dossiers spéciaux de revue dans *Voix et Images* (2011), avec Jean Morency, *@nalyses* (2011), avec Emir Delic et Lucie Hotte, et *Québec Studies* (2012), avec Jean Morency.

Myriam Vien poursuit des études doctorales au Département de langue et littérature françaises de l'Université McGill. Elle a complété un mémoire de maîtrise intitulé *Formes et figures du grotesque dans* La Grande Tribu *de Victor-Lévy Beaulieu*, s'intéressant aux enjeux formels de la mise en scène du grotesque et ses effets sur la temporalité dans le récit. Ses recherches actuelles portent sur la représentation de la laideur dans le roman québécois du XXe siècle.

Jean Wilson est professeur agrégé à l'Université Sainte-Anne. Il y enseigne la langue et la littérature. Il s'intéresse aux invariants narratifs dans le cinéma, la BD, le roman et la poésie. Il est l'auteur d'un recueil de poésie.

TABLE DES MATIÈRES

- JIMMY THIBEAULT, DANIEL LONG, DÉSIRÉ NYELA ET JEAN WILSON
«Introduction»..7

- JEAN MORENCY
«De la nationalité à la régionalité : la reconfiguration actuelle des littératures francophones du Canada»..................................19

- LUCIE HOTTE
«Au-delà de l'exiguïté : les œuvres de France Daigle, de André Christensen et de Simone Chaput»..................................31

- PÉNÉLOPE CORMIER ET ARIANE BRUN DEL RE
«Vers une littérature franco-canadienne? Bases conceptuelles et institutionnelles d'un nouvel espace littéraire»..................53

- JULIE DELORME
«Exil, errance et emprisonnement dans les littératures migrantes au Québec et en Ontario français»..................................77

- DANIEL LONG
«Les horizons sylvestres : la forêt comme lieu de révélation et de renouvellement dans le roman acadien»..................99

- JIMMY THIBEAULT
«Dire l'Acadie *autrement* : la reconfiguration des espaces identitaires acadiens dans la poésie récente»..................................119

- RENALD BÉRUBÉ
«Fond d'écran et montage de récits : entre histoire et fiction, *Noces de sable* de Rachel Leclerc»..................................145

- ISABELLE KIROUAC-MASSICOTTE
«Le récit des origines : cosmogonie minière et rituel dans *Les héritiers de la mine* de Jocelyne Saucier»..................161

- DÉSIRÉ NYELA
«*In nomine patris*... Jacques Savoie et l'universalité du polar»........177

- MYRIAM VIEN
«Victor-Lévy Beaulieu sur James Joyce : la Tour de Babel réinventée»....199

- FRANÇOIS PARÉ
«Postface : Microscopie de la lumière»..................................217

Collection Archipel/Aplaqa
Sous la direction de Cécilia W. Francis et de Robert Viau

Cécilia W. Francis et Robert Viau (dir.), *Littérature acadienne du 21ᵉ siècle*, Moncton, Éditions Perce-Neige, coll. «Archipel/Aplaqa», 2016, 304 p.

Robert Proulx (dir.), *Paroles et Images*, Moncton, Éditions Perce-Neige, coll. «Archipel/Aplaqa», 2013, 181 p.

Autres titres de l'Association des professeurs des littératures acadienne et québécoise de l'Atlantique (APLAQA)

Benoit Doyon-Gosselin, David Bélanger et Cassie Bérard (dir.) *Les institutions littéraires en question dans la Franco-Amérique*, Québec, Presses de l'Université Laval, coll. «Culture française d'Amérique», 2014, 388 p.

Cécilia W. Francis et Robert Viau (dir.), *Trajectoires et dérives de la littérature-monde. Poétiques de la relation et du divers dans les espaces francophones,* Amsterdam/New York, Éditions Rodopi, 2013, 603 p.

Monika Boehringer, Kirsty Bell et Hans R. Runte (dir.), *Entre textes et images. Constructions identitaires en Acadie et au Québec*, Moncton, Institut d'études acadiennes, 2010, 392 p.

Lucie Hotte (dir.), *(Se) raconter des histoires. Histoire et histoires dans les littératures francophones du Canada*, Sudbury, Éditions Prise de parole, 2010, 688 p.

Samira Belyazid (dir.), *Littérature francophone contemporaine*, Lewiston, Edwin Mellen Press, 2008, 218 p.

Carlo Lavoie (dir.), *Lire du fragment : analyses et procédés littéraires*, Québec, Éditions Nota bene, 2008, 494 p.

Janine Gallant, Hélène Destrempes et Jean Morency (dir.), *L'œuvre littéraire et ses inachèvements*, Montréal, Groupéditions, 2007, 270 p.

Maurice Lamothe (dir.), *Fête et littérature : espace privé et espace public*, numéro spécial de *Port Acadie. Revue interdisciplinaire en études acadiennes*, nᵒˢ 8-9, automne 2005-printemps 2006, 259 p.

Larry Steele (dir.), avec la collaboration de Sophie Beaulé et Joëlle Cauville, *Appartenances dans la littérature francophone d'Amérique du Nord*, Ottawa, Le Nordir, 2005, 164 p.

Magessa O'Reilly, Neil Bishop et A.R. Chadwick (dir.), *Le Lointain. Écrire au loin, Écrire le lointain*, Beauport (Qc), Publications MNH, coll. «Écrits de la Francité», 2002, 216 p.

Robert Viau (dir.), *La Création littéraire dans le contexte de l'exiguïté*, Beauport (Qc), Publications MNH, coll. «Écrits de la Francité», 2000, 520 p.

Laurent Lavoie (dir.), *La Poésie d'expression française en Amérique du Nord. Cheminement récent*, Beauport (Qc), Publications MNH, coll. «Écrits de la Francité», 2000, 182 p.

Louis Bélanger (dir.), *Métamorphoses et avatars littéraires dans la francophonie canadienne*, Vanier (Ont.), Éditions L'Interligne, 2000, 153 p.

Betty Bednarski et Irene Oore (dir.), *Nouveaux Regards sur le théâtre québécois*, Montréal, XYZ éditeur/Dalhousie French Studies, 1997, 203 p.

Maurice Lamothe (dir.), *Littératures en milieu minoritaire et universalisme*, numéro spécial de *La Revue de l'Université Sainte-Anne*, 1996, 197 p.

www.ingramcontent.com/pod-product-compliance
Lightning Source LLC
Chambersburg PA
CBHW070610170426
43200CB00012B/2645